CASE BOOK
ケースブック
経営管理 要論

岸川善光 [編著]
Kishikawa Zenko

同文舘出版

〈**ケースブック・執筆協力者一覧**（初版刊行時）〉
横浜市立大学国際総合科学部　岸川善光ゼミナール

第1章：小松連
第2章：曾ケイリン=玉根伶子=萩原剛，笠原春樹=佐川謙太，川口翔=細川耕助
第3章：中村舞
第4章：中村舞（絹谷奈々，細川耕助）
第5章：小松連，根本宇宙，藤岡峻
第6章：市川麻里絵（小松連），仁木善久
第7章：根本宇宙，栁瀬広貴
第8章：仁木善久，玉根伶子
第9章：安永愛
第10章：根本宇宙，高橋真緒=横井由貴（細川耕助），小尾勇太

はじめに

　本書『ケースブック経営管理要論』は,「経営学要論シリーズ」第2巻『経営管理要論』の姉妹書である。『経営管理要論』とその姉妹書である本書は, 大学(経営学部, 商学部, 経済学部, 工学部経営工学科など)における「経営管理論」(「経営管理総論」・「マネジメント論」などの類似科目を含む), 大学院における「経営管理特論」の教科書・参考書として活用されることを意図している。

　また, 中小企業診断士試験第1次試験(企業経営理論, 運営管理など), 同第2次試験(組織, マーケティング・流通, 生産・技術, 財務・会計に関する事例問題)の受験参考書として, 多面的に活用されることを意図している。

　本書の最大の特徴は,「理論と実践の融合」を価値前提としている編著者の「経営管理論」に関する教育内容および教育方法をかなり忠実に再現していることである。編著者は, 1970年代前半以降, 産業能率大学, 日本総合研究所において, 経営コンサルタントとして, クライアントの経営診断, 経営管理に関するソリューションの支援に従事してきた。その後, 久留米大学(商学部・大学院ビジネス研究科), 横浜市立大学(国際総合科学部・大学院国際マネジメント研究科)等において,「経営管理論」を担当科目の1つとしている。

　この「経営管理論」における教育方法として,「理論と実践の融合」を実現するために「ケーススタディ方式」を大学移籍当初から継続的に採用している。すなわち, 通年4単位科目で6回のケーススタディを課しており, ケーススタディ・リポートの提出を単位認定の要件としている。

　本書は, 横浜市立大学で編著者が担当している「経営管理総論」のケーススタディ・リポートをほぼ原型のまま採録した。原型のまま採録することの利点・欠点はあらかじめ想定できるものの, 後述する本書の活用シーンを考慮すると, 原型のまま採録することの利点が欠点を上回ると判断した。もちろん, リポートの形式および文字数などは,「ケーススタディのやり方」というケーススタディ・マニュアルに基づいて事前に統一している。

本書に掲載した30のケースは，1ケースあたりの標準的な作成期間を2週間と規定している。本書は，ケーススタディ・リポートをほぼ原型のまま採録しているものの，採録後，編著者が若干手を加えた。

　ケースの記述は，原則として公表情報（書籍，雑誌，インターネット情報など）に基づいている。公表情報を参考にした場合，出所を明示するよう指示しているが，あるいは漏れがあるかも知れない。また，学生の勘違いによる誤記がある可能性も否定できない。その場合は，実践的な経営管理教育の方法論開発の意図に免じて是非ともご容赦頂きたい。

　本書の第一の活用シーンとしては，授業の際，『経営管理要論』などの教科書を用いた理論の修得と並行して，本書『ケースブック経営管理要論』に掲載されている具体的なケースを用いて，分析の視点は妥当か，他の視点はないかなど，学生の「考える力」を引き出すことができる。近年の学生は，「覚える力」は受験勉強で鍛えられているものの，「考える力」ははなはだ心許ない。経営管理において，「考える力」の欠如は致命的であるので，この活用方法は価値があると思われる。

　第二の活用シーンとしては，ケースを用いることによって「理論と実践の融合」を学生に体感させることができる。『経営管理要論』で理論の骨子を修得し，『ケースブック経営管理要論』で実践的な疑似体験を行うことによって，理論と実践がどのように融合しているかを体感できたとき，学生の経営管理に関する知識はより実践的なものになる。この他にも，「理論と実践の融合」のために，本書の活用シーンは数多く考えられる。

　本書は，「経営学要論シリーズ」の既刊書と同様に，同文舘出版の市川良之取締役をはじめとする編集スタッフにいろいろとお世話になった。「最初の読者」でもある編集スタッフのコメントは，今回も極めて有益であった。記して格段の謝意を表したい。

2009年5月

岸　川　善　光

───◆ 目　次 ◆───

【第1章】経営管理の意義　　1

　1．企業と環境―アップル・イン・コーポレイテッド……………3
　2．企業の社会的責任―トヨタ自動車………………………………11
　3．コーポレート・ガバナンス―三菱自動車工業…………………19
　＜まとめと今後の研究課題＞………………………………………27

【第2章】経営管理論の生成と発展　　29

　1．新古典的管理論―グーグル………………………………………31
　2．戦略的管理論―ダイエー…………………………………………39
　3．社会的管理論―ジョンソン・エンド・ジョンソン……………47
　＜まとめと今後の研究課題＞………………………………………55

【第3章】経営管理の体系　　57

　1．総合経営管理と機能別管理―ヤマト運輸………………………59
　2．経営管理の階層―富士通…………………………………………67
　3．経営管理のプロセス―オリエンタルランド……………………75
　＜まとめと今後の研究課題＞………………………………………83

【第4章】経営戦略　　　　　　　　　　　　　　85

1. 製品・市場戦略―ユニクロ ································· 87
2. 競争戦略―日本コカ・コーラ ··························· 95
3. ビジネス・システム戦略―アスクル ··············· 103
   ＜まとめと今後の研究課題＞ ································ 111

【第5章】経営組織　　　　　　　　　　　　　　113

1. 組織の動態化―前川製作所 ······························· 115
2. 組織文化―ドワンゴ ·· 123
3. 組織間関係―ドトール・日レスホールディングス ·········· 131
   ＜まとめと今後の研究課題＞ ································ 139

【第6章】機能別管理　　　　　　　　　　　　　141

1. 人的資源管理―日本IBM ··································· 143
2. 研究開発管理―キヤノン ··································· 151
3. マーケティング―資生堂 ··································· 159
   ＜まとめと今後の研究課題＞ ································ 167

【第7章】経営情報　　　　　　　　　　　　　　169

1. 高度情報社会の進展―ソフトバンク ··············· 171
2. 情報システムの開発・設計―ミスミグループ ······ 179
3. 経営情報と経営管理―楽天 ······························· 187
   ＜まとめと今後の研究課題＞ ································ 195

【第8章】イノベーション　197

1. 技術革新―シャープ……………………………………………… 199
2. 産業組織の変革とイノベーション―セブン-イレブン………… 207
3. BPR―パナソニック……………………………………………… 215
　＜まとめと今後の研究課題＞……………………………………… 223

【第9章】経営のグローバル化　225

1. 多国籍企業―プロクター・アンド・ギャンブル……………… 227
2. 多国籍企業間競争の新展開―インデックス（Inditex Group）‥235
3. 異文化経営―イトーヨーカ堂…………………………………… 243
　＜まとめと今後の研究課題＞……………………………………… 251

【第10章】経営管理論の今日的課題　253

1. 知的財産権と経営管理―角川グループホールディングス…… 255
2. サービス・マネジメント―ザ・リッツ・カールトン大阪…… 263
3. 経営管理教育―日本製紙………………………………………… 271
　＜まとめと今後の研究課題＞……………………………………… 279

索　　引………………………………………………………………… 281

第1章

経営管理の意義

　本章の3つのケースは,『経営管理要論』の第1章と対応している。『経営管理要論』の第1章は,下記の左側に示されるように,5節で構成されている。その中から,今日の時代性を特に考慮して,企業と環境,企業の社会的責任,コーポレート・ガバナンスの3つのテーマに焦点をあて,右側の3つのケースを選択した。

　1．企業組織の成立
　2．企業と環境……………………【ケース1】アップル・イン・コーポレイテッド
　3．企業の社会的責任……………【ケース2】トヨタ自動車
　4．経営者の職能
　5．コーポレート・ガバナンス…【ケース3】三菱自動車工業

　【ケース1】アップル・イン・コーポレイテッドでは,企業と環境とのかかわり方について考察する。従来,企業と環境とのかかわり方として,環境の変化に企業が合わせる「環境適応」が主流とされてきた。
　しかし,【ケース1】では,企業が環境を主体的に創造する「環境創造」の重要性について考察する。具体的には,創造する「場」,「領域」に焦点

をあて，創造する「場」，「領域」を規定するドメインについて言及する。特に，環境と企業ドメインとの整合性，企業ドメインと事業ドメインとの整合性に焦点をあてて考察する。

また，ドメインの定義は，物理的定義と機能的定義に大別されるが，【ケース1】では，機能的定義の重要性について言及する。ちなみに，ここでいう機能的定義とは，顧客ニーズ，顧客機能の充足を重視した定義の方法である。

【ケース2】トヨタ自動車では，企業の社会的責任（CSR）について考察する。社会性の追求が近年戦略性を帯びて，いわゆる「戦略的社会性」の重要性が叫ばれるようになった。すなわち，ビジネスの原点を「世のため，人のため」に求め，それに戦略性を付加しようとする試みが注目されつつある。

そこで，【ケース2】では，顧客満足，従業員満足，取引先満足，社会満足を追求することがそのまま利益につながるのか，トヨタ自動車の実践について検討を加える。ステークホルダーへの説明責任など，戦略的社会性の追求の基盤についても合わせて言及する。

【ケース3】三菱自動車工業では，コーポレート・ガバナンスのあり方について考察する。多発する企業の不祥事，2006年から施行された会社法によって，近年，コーポレート・ガバナンスの議論は極めて活発に行われている。監査役設置会社に加えて委員会設置会社の導入など，機関設計に関する議論も深まりつつある。

このような背景を踏まえて，【ケース3】では，三菱自動車の企業不祥事の主な原因を，内部統制機能の不全，組織体制の不備ととらえ，執行と監督の分離，情報の透明度の確保など，その解決策について検討する。コーポレート・ガバナンスは，経営の健全性の確保，経営の効率化を実現するために，今後ますます重要な経営管理上の課題となるであろう。

＊ケースとして選択したアップル・イン・コーポレイテッド，トヨタ自動車，三菱自動車工業のホームページおよび各社に関連する参考文献を公表情報として参照した。記して謝意を申し上げる。

第1章 経営管理の意義

1 企業と環境

❶ このケースを読む前に

　企業の存続・発展には，企業を取り巻く環境（市場・株主・銀行・取引先企業など）との適合が重要である。さらに進んで，企業が環境（例えば市場）に主体的に働きかけ，需要を掘り起こす（市場環境創造型）企業に転身していくことが必要不可欠の条件である。

　本ケースでは，2003年当時のアップル・イン・コーポレイテッド（以下，アップル）が，iPod，iTunes Music Storeを販売し，環境創造（市場環境創造）に成功した要因をドメインの視点から考察する。

(1) 設　問

　企業が環境創造（市場環境創造）を実現するには，創造する「場」，「領域」が必要である。創造する「場」，「領域」を決めるドメインの定義が環境創造につながるのではないか。

　ドメインは，企業レベルでの企業ドメインと事業レベルでの事業ドメインがあり，企業ドメインは環境との整合性，事業ドメインは企業ドメインとの整合性が重要となる。ドメインの整合性が企業にどのようなシナジー効果を生み出すのであろうか。

(2) キーワード

　ドメイン：榊原［1992］は，「組織体がやり取りをする特定の環境部分のこと[1]」と定義している。一般に企業の活動領域や事業分野と呼ばれているものであり，企業などの組織が対象とする事業の広がりのことを意味している。

　企業ドメイン：企業ドメイン（corporate domain）とは，企業レベルを対象としたドメインのことであり，その企業の活動領域，存在領域，事業領域，

事業分野を指す[2]。複数の事業を持つ企業では，複数の事業全体の広がりを指す。

　事業ドメイン：事業レベルを対象としたドメインであり，事業レベルでの活動領域，存在領域，事業領域，事業分野のことである。企業ドメインをより具体化した個別事業の活動領域，存在領域，事業領域，事業分野を指す[3]。

　ドメインの物理的定義：レビットの提唱した製品そのものや技術そのものをドメインの定義とする方法である。よく知られた例として，「鉄道会社」，「映画会社」などがある。

　ドメインの機能的定義：機能的定義は，製品や技術そのものではなく，製品や技術がどのような顧客機能・顧客ニーズを満たすかという顧客志向の視点にたって，ドメインを定義する方法である[4]。よく知られた例として，「輸送」，「娯楽」などがある。

❷ ケース

(1) **企業概要**

　　企　業　名：アップル・イン・コーポレイテッド
　　設　　　立：1976年4月1日
　　資　本　金：210.3億USドル（2008年3月期）
　　事業内容：Macintosh，iPod開発，販売等
　　売　上　高：324.8億USドル（2008年3月期）
　　営業利益：68.95億USドル（2008年3月期）
　　従業員数：35,100名（2008年3月期）

(2) **ケース**

　アップルは，1976年にスティーブ・ジョブズ（以下，ジョブズ）とスティーブ・ウォズニアクによって創業されたコンピュータ会社である。ジョブズたちは，IBM社がマニア向けと興味を示さなかった小型の個人向けコンピュータである「パーソナル・コンピュータ」を作り，アップル社を創業した。

　「パーソナル・コンピュータ」は大ブームとなり，「パソコン」という新ジャンルの商品を世界に知らしめた。その後，「Mac」という名前を付け，マ

ウスを使ったパソコンを製品化し、世界中のパソコンがこの形となった[5]。

1977年、二人は研究開発に専念するため、他社から社長をスカウトした。しかし、ジョブズは、1983年に社長となった元ペプシコーラ社長ジョン・スカリーとの経営方針の対立により、解雇されてしまった。

ジョブズを解雇後、アップルは、ソフトウェアを商品として特化するマイクロソフト社のWindowsとのOS戦争に敗れた。Windowsを使用していないMacはパソコン・シェアを大きく落とすこととなった。

アップルがWindowsのシェア拡大により危機的状況に陥っていた頃、ジョブズは解雇後に、OSだけでなく、様々なソフトを開発し、戦略的に優れたネクスト社を創業した。不振の続くアップルは、1997年にネクスト社を買収し、再びジョブズをアップルのリーダーに復帰させた。

〈iPod販売〉

ジョブズを再びリーダーに迎えたアップルは、パソコン事業との関連性を見据え、携帯音楽事業へ多角化し、2001年10月24日にiPodの発売を開始した。

iPodは内蔵ハードディスクに音楽を保存する次世代のポータブルミュージックプレーヤーであり、それまであったウォークマン市場に代わり、後述するiTunes Music Store（以下、ITMS）との連携によりiPod市場を創造した。

〈iTunesの進化〉

当初のiTunesは、Mac専用のメディアからiPodに曲を転送するソフトであり、自社製品であるMacの販売促進を狙っていた。しかし、iPodの人気と販売促進のため、2002年7月にWindows版iTunesをリリースした。Windows版iTunesのリリースにより利用者が増加し、iPodは爆発的な売り上げを記録した。

iPodの進化として、2003年4月28日にITMS（現在のiTunes Store）との連携により、それまでになかったインターネットから直接ダウンロードし、iPodに転送して音楽を持ち運べるというスタイルが確立された。

以前にも、音楽配信事業は他に存在していたが、1曲あたりの値段が高かったうえに操作が複雑で使いづらく、特定のレーベル（レコード会社）の曲しか買えないため、顧客は当然ついてこなかった。販売者側からの視点に立つと、利益を出す必要があり、経営関係がある特定のレーベルの曲を販売す

ることは当然のことであった。

　しかし，アップルが目指していたのは，人々がインターネットを通して頻繁に音楽を買える世界であった。そのためには，どんな音楽でも簡単に見つけられる必要があり，アップルは，そのことをクリアするためにメジャーレーベルの曲を一通り揃え，1曲あたりの利益をほとんど諦めた。代りとして，レーベルを説得するうえでも必要であったDRM（デジタル著作権管理技術）を使用し，iTunes Music Storeで買った曲は，iPodでしか聞けないようにした[6]。

❸ 分　析

(1)　分析の視点

　アップルがパソコン事業での停滞に対し，iPod事業で大成功を収めている要因を，①企業ドメインと環境の整合性，②企業ドメインと事業ドメインの整合性，の2点を中心として分析する。

(2)　問題点

　アップルが1970年代に展開したパソコン事業の問題点と，携帯音楽事業への多角化を行った際の問題点をドメインの観点からあげる。

　企業が定義するドメインは，組織のメンバーや外部の人々によって広く支持されたときに，初めてドメインとして機能するようになる。それゆえドメインの機能をみる際には，社会的・相互作用的なプロセスが重要である。すなわち，ドメインの的確な定義が重要であると同時に，経営者と組織メンバーとのやり取り，あるいは企業組織と外部環境とのやり取りを通じて形成される「合意」が必要不可欠である。榊原は，ドメインに関するコンセンサス（社会的合意）のことをドメイン・コンセンサスと呼び，その重要性を強調した[7]。

　図表1-1-1に示されるように，アップルの1976年の企業ドメインの定義は，「一人一台のコンピュータを提供」であった。そして，「パソコン」市場の新たな創造に成功した。ここでのドメインの定義は，パソコンというハードの部分に視点をおいたレビットのいう物理的定義に大きく視点をおいたも

第1章 経営管理の意義

図表1-1-1　アップルのドメイン・コンセンサス（重なった部分）

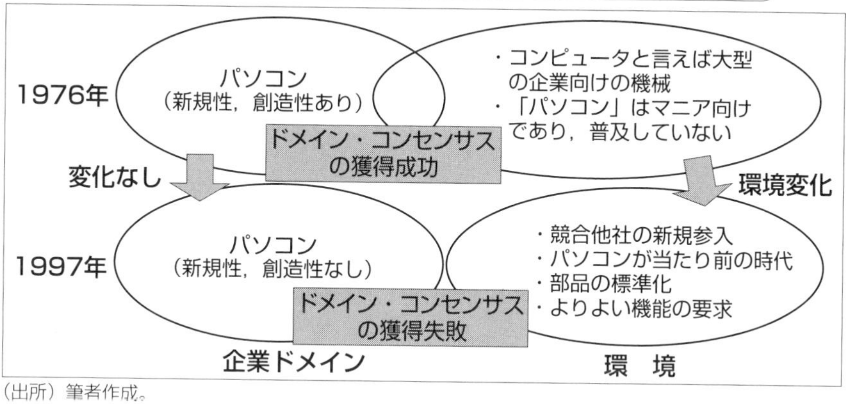

1976年
- パソコン（新規性，創造性あり）
- コンピュータと言えば大型の企業向けの機械
- 「パソコン」はマニア向けであり，普及していない

ドメイン・コンセンサスの獲得成功

変化なし　　　　　　　　　　　環境変化

1997年
- パソコン（新規性，創造性なし）
- 競合他社の新規参入
- パソコンが当たり前の時代
- 部品の標準化
- よりよい機能の要求

ドメイン・コンセンサスの獲得失敗

企業ドメイン　　　　　　　　　環　境

(出所) 筆者作成。

のであったといえる。

　しかし，「パソコン」という物理的定義に偏ったドメインの定義のせいか，その後の競合企業の新規参入と顧客ニーズの変化により，ドメイン・コンセンサスの獲得に失敗した。アップルの業績悪化は，「パソコン」という市場を創造後，顧客機能・顧客ニーズが変化し，企業ドメインの見直し・変更が必要であったにも関わらず，ジョブズ解雇によってドメインを再定義しなかったことに要因がある。すなわち，レビットのいう物理的定義に偏り，機能的定義を軽視したことに大きな原因があったといえる。

　ドメインの再定義をしなかったアップルは，それまで通り，「パソコン」の開発・製造・販売を行い，ソフトウェアに特化したマイクロソフトのWindowsに敗れた。具体的には，OSが互換性をもたないクローズド・システムになっていたことから，パソコン自体の販売層が広がらず，業績が悪化した。

　次に，多角化したiPod事業における問題点として，事業ドメインが定義しづらいことがあげられる。事業ドメインは企業ドメインとの整合性が重要であり，より具体的な形が必要となる。しかし，企業ドメインが「パソコン」という物理的定義に偏っているため，事業ドメインが限定されてしまい，さらに新規事業であるiPodは，どうしても具体的な製品がドメインとなり，物理的定義に偏ってしまうという問題が発生する。

(3) 課　題

　以上の問題点から導き出されるアップルの課題として，①企業ドメインを顧客機能・顧客ニーズを満たすドメインへの再定義，②企業ドメインと事業ドメインの適合，の2点があげられる。

　事業が1つであったことから企業ドメインがそのまま事業ドメインであり，「パソコン」という企業ドメインで停滞していたアップルが，今後顧客に提供すべき機能とは何であろうか。それは，すでに大きなシェアを持つWindowsと互換性のあるOSを使用し，Windowsとは違った顧客機能・顧客ニーズを満たすことによって環境創造を実現することである。

　同時に必要なこととして，ネットワークを利用した機能化に特化すべく活用するiPodの事業ドメインを，企業ドメインと整合性のあるドメインとして定義することである。また，企業ドメインとの整合性を図るとともに，iPod市場を広げ，連続的なイノベーション，シナジー効果を創発するために，iPodの事業ドメインを，新規性，創造性のある機能的定義とすることが課題である。

(4)　解決策

　アップルはジョブズ復帰によって，有能な経営者が再びリーダーとなった。アップルの具体的な解決策として，図表1-1-2に示されるように，企業ドメインの再定義を行い，「デジタル・ライフスタイル」という新しいパソコンの在り方を提供した[8]。アップルは，「デジタル・ライフスタイル」という機能的定義を企業ドメインとしてスタートさせ，iPodとの連携を図ることによってネットワークを使ったさらなる機能化の進展，パソコンを活用した機器の活用が増加している環境とのドメイン・コンセンサスを得ることに成功した。

　連携するiPodは，事業ドメインとして従来の携帯音楽プレーヤーと差別化し，「パソコンの周辺機器」としてとらえず，「ポケットの中に全音楽ライブラリーを持ち運ぶ」というドメインを定義した[9]。これが従来の携帯音楽プレーヤーとは違い，顧客機能・顧客ニーズを満たす機能的定義であることから，従業員にも顧客にも理解され，ドメイン・コンセンサスの獲得に成功し

第1章 経営管理の意義

図表1-1-2 アップルの具体的な解決策

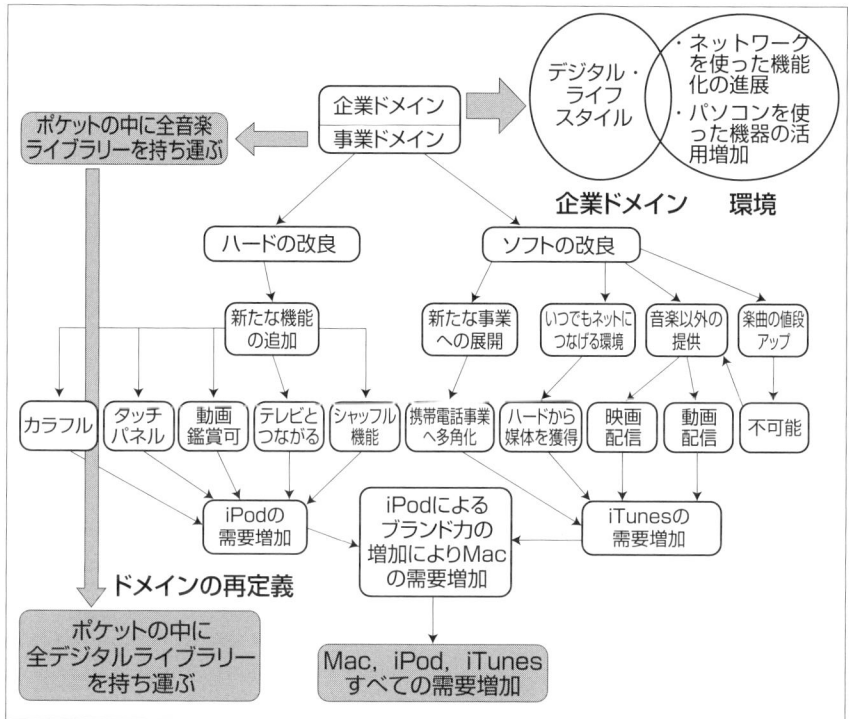

(出所) 筆者作成。

た。

　その後もアップルは，ジョブズを中心としてより視覚的なものを求める消費者の需要に適合し，音楽の形を動画，映画など「デジタル・ライフスタイル」を実現できる新たなドメイン「全デジタルライブラリーをポケットに持ち運ぶ」という事業ドメインを再定義したと考えられる。

　以上のようにドメインを市場環境に合わせて再定義し，ドメイン・コンセンサスを得ることは，多用なニーズにあった機能を整備する必要性に迫られることである。それは，企業に技術革新（イノベーション）の創出を市場が促していることを意味する。

　具体的には，図表1-1-2に示されるように，カラフル・シャッフル・動画配信・映画配信・携帯事業進出など，新機能の追加・新事業の展開を行う

ためのイノベーションの必要性に迫られるということである。

　多角化したアップルは，パソコンの事業ドメインと同一である「デジタル・ライフスタイル」という企業ドメインを残し，新しくパソコン事業の事業ドメインを再定義し，企業ドメインと整合性のとれる機能的定義とすることが今まで以上に必要であると考える。そして，パソコンやiPodだけでなく，「デジタル・ライフスタイル」を確立するのに必要な新たな事業を行い，常に環境―企業ドメイン―事業ドメインの整合性をはかり，時には自らが主体的に環境を創造していくことが今後のアップルにとって必要であるといえよう。

1）榊原清則［1992］6頁。
2）岸川善光［2006］89頁。
3）同上書91頁。
4）同上書94頁。
5）林信行［2008］4-5頁。
6）同上書133-135頁。
7）榊原清則［1992］33-35頁。
8）林信行［2008］4-5頁。
9）寺本義也＝岩崎尚人＝近藤正浩［2007］。

参考文献

大滝精一＝金井一瀬＝山田英夫＝岩田智［2006］『経営戦略　論理性・創造性・社会性の追求　新版』有斐閣アルマ。
大谷和利［2008］『iPodを作った男』アスキー新書。
岸川善光［2006］『経営戦略要論』同文舘出版。
岸川善光［2007a］『経営診断要論』同文舘出版。
岸川善光編［2007b］『ケースブック　経営診断要論』同文舘出版。
榊原清則［1992］『企業ドメインの戦略論』中公新書。
寺本義也＝岩崎尚人＝近藤正浩［2007］『ビジネスモデル革命』生産性出版。
林信行［2008］『アップルの法則』青春出版社。
八木良太［2007］『日本の音楽産業はどう変わるのか』東洋経済新報社。
Apple.inc HP≪http://www.apple.com/jp/≫

第1章 経営管理の意義

2 企業の社会的責任

❶ このケースを読む前に

　本ケースでは，近年注目されつつある企業の社会的責任を積極的な面からとらえようとする試みについて考察する。企業の社会性を満たすことが，同時に企業の利益につながるか考察する。

(1) 設 問

　社会性の追求が近年戦略性を帯び，「戦略的社会性」の追求が行われている。この社会性の追求がそのまま企業の利益につながるであろうか。
　CS（customer-satisfaction），ES（employee-satisfaction），PS（partners-satisfaction），SS（social-satisfaction）の総体の向上こそが「戦略的社会性」の追求の目的ではないか。
　図表1-2-1に示されるように[1]，そのすべての関係をwin-winの関係にすることによって，企業の社会的責任を果たし，社会の利害関係者の調整を行うことが，戦略的企業価値創造の成功につながるのではないか。

(2) キーワード

　企業の社会的責任：株主，従業員，消費者，取引業者，金融機関，政府，地域住民など，企業の利害関係者（stakeholder）に対する義務のことである[2]。
　戦略的社会性：「市場性」，「営利性」を追求する「企業⇒社会」という観点に加えて，「社会⇒企業」という観点から経営戦略をとらえ，社会性，倫理性，人間性，コンプライアンス（法令遵守），価値観等を重視した考え方のことである。社会性を追求することは，実は「市場性」，「営利性」の追求と矛盾しない考え方である[3]。
　SRI（社会的責任投資）：投資判断の際に，従来の財務情報による判断に加えて，社会性の観点からの評価を加味した投資手法である[4]。

図表1-2-1　4つの満足と企業価値創造

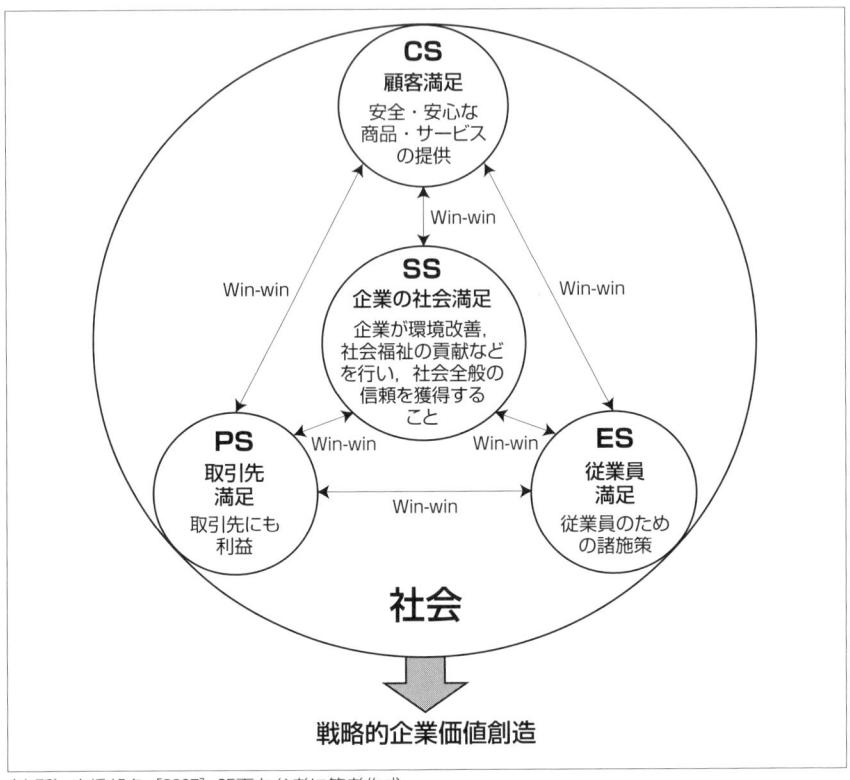

（出所）髙橋邦名［2007］35頁を参考に筆者作成。

❷ ケース

(1) **企業概要**

　　企 業 名：トヨタ自動車株式会社
　　　　　　　（TOYOTA MOTOR CORPORATION）
　　設　　立：1937年（昭和12年）8月28日
　　資 本 金：397,000百万円（2008年3月期）
　　事業内容：自動車の製造・販売
　　売 上 高：23,948,000百万円（2008年3月期）
　　経常利益：2,270,375百万円（2008年3月期）
　　従業員数：67,650名（連結会社合計299,394名）（2008年3月期）

第1章 経営管理の意義

(2) ケース

トヨタ自動車株式会社(以下,トヨタ)は,豊田佐吉が創業した豊田自動織機製作所(現在の豊田自動織機)の中に開設された自動車部が起源である。自動車部の開設の中心になったのは,佐吉の息子である豊田喜一郎であった。1935年に自動車製造を開始し,1937年に独立した新会社「トヨタ自動車工業株式会社」を設立した。

〈トヨタの環境コスト〉

トヨタは,社会的責任を果たすために環境配慮に力を入れており,図表1-2-2に示されるように[5],トヨタと日産自動車株式会社(以下,日産)の環境コストを比較すると,トヨタの方が500億円以上多い。環境コストとは,事業活動に起因する環境への負荷を低減させることを目的とした支出,およびこれに関連した支出を指す[6]。また,環境コストの割合で約8割を占める環境研究開発費では,2005年時点で,トヨタが1561億円,日産が956億円と大きく差がある。

〈トヨタの森〉

トヨタは以前から環境施策に力を入れていた。1985年,「1990年代プロジェクト」を策定し,「トヨタの森計画」を立ち上げた。「ガソリン自動車が二

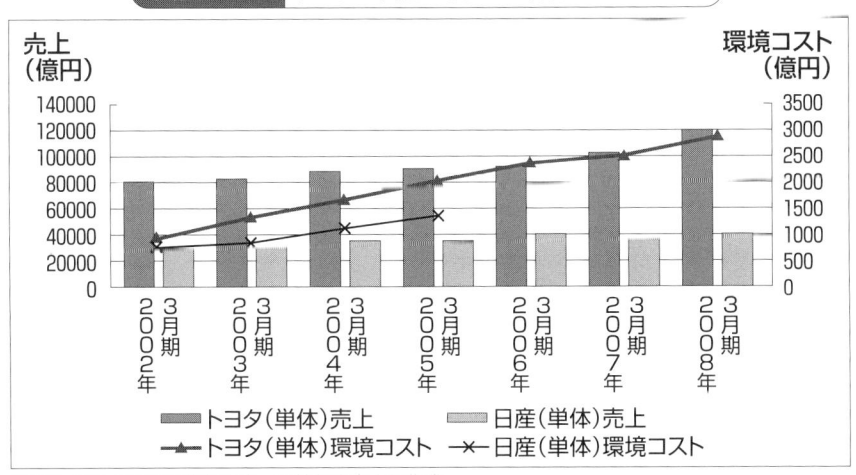

図表1-2-2 トヨタと日産の売上と環境コストの比較

(出所)各社の有価証券報告書,環境報告書より作成。

酸化炭素を出して温暖化を進めているなら，木を植えることでその分二酸化炭素を固定していくという選択肢がある」という考えであった。トヨタの森の象徴として愛知県豊田市のトヨタ自動車本社から車で30分ほどの山地に，敷地面積45ヘクタールの「フォレスタ・ヒルズ」という名称のモデル林がある。このモデル林は，トヨタによって植えられた木でできており，トヨタが育成をしている[7]。トヨタの森も，環境コストの一部である。

〈ハイブリッド車〉

トヨタは1997年12月10日，世界初の量産ハイブリッド車である初代「プリウス」を発売した。

この日は折しも，国連で世界環境問題が討議された前日であった。そのため，世界中の環境問題への関心がこの「プリウス」に集まった。当時のプリウスの価格設定は215万円であった。当時のトヨタ製電気自動車「RAV4」が495万円であったことを考えると，新技術を搭載したこの価格はもちろん採算割れを覚悟した価格であった。しかし，経験曲線効果を前提として，「プリウス」の心臓部である「THS」（トヨタ・ハイブリッド・システム）を，その後「エスティマ」「クラウン」など，車種別にハイブリッドの味付けを変えながら次々と搭載したことにより，予想を上回る量産効果を生み出し，初期コストを回収した[8]。

❸ 分　析

(1) 分析の視点

トヨタは，「車＝環境に悪い」というイメージを「車＝環境に配慮」というイメージに変えることに成功した。トヨタのこのような試みを，前述したSS（企業の社会満足）を中心として，図表1‐2‐1に示される戦略的企業価値の創造につながるかどうか分析する。

(2) 問題点

トヨタの社会的責任の果たし方としての地球環境保護対応策は，コスト負担増だけでなく，本当に企業に利益をもたらしているのか。従業員や株主などのステークホルダーの視点からとらえたとき，利益が直接的に数値に反映

されていないのではないかという問題がある。

　トヨタはトヨタの森をはじめとする活動により，他社と比べ環境コストが格段に多い。前述したように，プリウスも当初は採算割れを覚悟した販売を行い，営業利益にマイナスの効果を与えていた。環境コストをカバーするため，コスト削減の理由のもとに，結果的に取引先負担，従業員負担を押し付けてしまう恐れがある。これでは，SSの充足を理由にES, PSが犠牲となり，結果として社会満足を満たすことはできず，企業価値は向上しない。

(3) 課　題

　上記の問題点から導き出されるトヨタの課題は，①長期的視野に基づく共通理解を持たせること，②具体的な活動を通した説明責任の強化，の2点があげられる。

　第一の課題として，各種ステークホルダーに長期的視野を持たせることがあげられる。トヨタの環境配慮活動が直ちに利益として現われない問題は，短期的な視点である。長期的視野に立った場合には，コスト以上のリターンを得ることができるというトヨタの考え方を理解させることが欠かせない。

　第二の課題として，ステークホルダーに対する説明責任の強化があげられる。説明責任を強化するためには，よりわかりやすい形で情報を公開し，具体的な活動を通して，取引先や社員一人ひとりにトヨタの企業姿勢を伝えなければならない。

　以上の2点の改善を通じ，トヨタは環境にやさしく安全で快適な高品質の車作りを目指し，かつその車作りに関わっている多くの労働者を人間として大切に扱う企業であることを認識させることが可能になる。

(4) 解決策

　第一の課題の長期的な視野を持たせることについて解決策をあげる。企業の利益は，単純化すると売上から費用を差し引いたものである。すなわち，売上が多ければ多いほど，費用が少なければ少ないほど，利益は多くなる。したがって，環境対応のためのコストや，高い人件費，高品質ではあるが高い原材料などは，短期的には収益上マイナス要因とされる。単純化していう

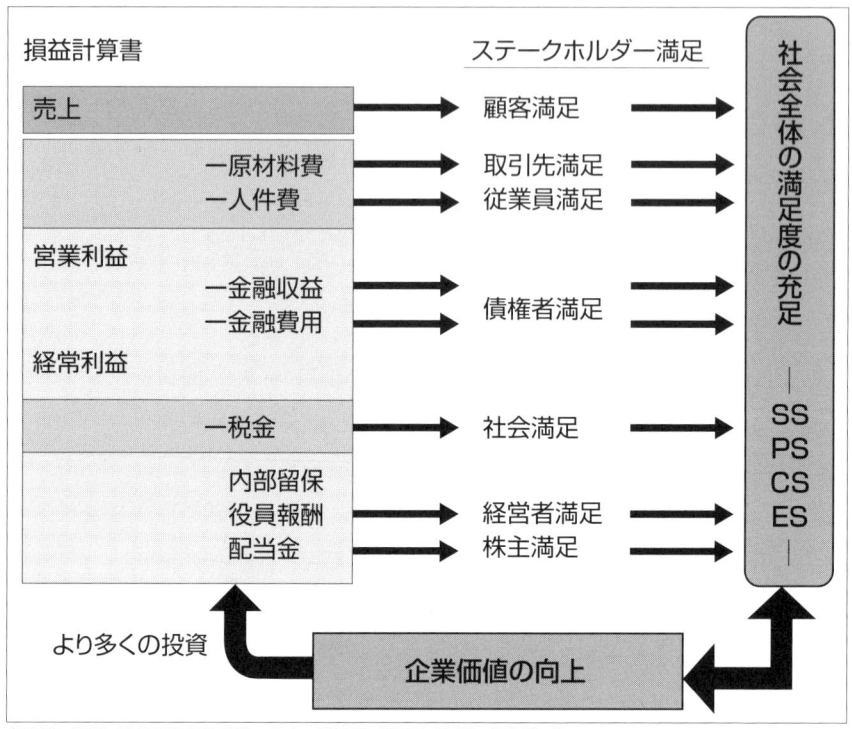

(出所) 高巌=日経CSRプロジェクト [2004] 62頁を参考に筆者作成。

ならば，財務情報から企業の収益力を評価する際には，CSR対応は，コスト（マイナス要因）として認識される[9]。

しかし，図表1-2-3に示されるように，「社会⇒企業」の戦略的社会性ととらえると，将来的な企業価値向上が「コスト＜リターン」につながるという考え方を理解することができるようになる。

より多くの投資を行い，社会的責任を充たすことが，図表1-2-3に示されるように，SS，PS，ES，CSの満足につながり，企業が発展することによって，より多くの投資を行うという正の循環が確立する。

第二の課題である説明責任の強化について，2005年1月にはトヨタの企業活動の柱である「トヨタ基本理念」(1992年制定) を，ステークホルダーとの関係を念頭に「社会・地球の持続可能な発展への貢献」で解説した。

また，2008年6月11日，東京都内で「トヨタ環境フォーラム」を開催し，「研究開発」「モノづくり」「社会貢献活動」の3つの分野で，低炭素社会に貢献するためのアクションプランを発表した。具体例として，「ハイブリッドシステム」，「サスティナブル・プラント活動[10]」，「トヨタの森」，などを示した。

　以上の施策により，実際にトヨタは，日本経済新聞社が実施した第11回2007年「環境経営度調査」の企業ランキングで，2年連続でトップとなった。

　この考えを従業員一人ひとりに情報を提供し，トヨタの理念を明確にすることで，正の循環は維持されるのである。

　正の循環に負の効果を出さないようトヨタの労働者のみならず，下請，孫請けの賃金，労働条件，健康状態などの実態を公開し，国内はもとより，国際的信用を獲得し，社会的評価を受ける体制を作ること[11]が解決策としてあげられる。

　以上のように，環境コストの意味を示し，社会・ステークホルダーに対する説明責任を果たし，社会的責任を果たす行動を行うことによって，社会と企業でWin-Winの関係を図ることができる。トヨタの長期的な視野に基づく社会性の追求が企業の利益につながり，常にステークホルダーとの調整を行うことによる社会的責任を果たす活動を行ったことが，より多くの環境投資につながり，多数のハイブリッド車の販売や環境配慮活動を可能にしたのである。また，多くの環境研究開発費は次世代カーである燃料電池車，電気自動車の開発にも優位性を持つ。

1）高橋邦名［2007］35頁。
2）岸川善光［1999］235頁。
3）岸川善光［2007］72頁。
4）高巌=日経CSRプロジェクト［2004］59頁。
5）日産の2006年以降の環境コストは，表示方法変更により記載せず。
6）環境省『環境会計ガイドライン2005年』(Environmental Accounting Guidelines 2005)。
7）中沢孝夫=赤池学［2000］10頁。
8）水島愛一郎［2006］51頁。

9）髙巖=日経CSRプロジェクト［2004］63-64頁。
10）サスティナブル・プラント活動とは，2007年にトヨタが「自然を活用し，自然と調和する工場づくり」を目指し，下記3つの観点を踏まえた「持続可能な活動」をグローバルに展開することである。
　　① 低CO_2生産技術の開発・導入と日常カイゼン活動によるエネルギー低減
　　② 太陽光などの再生可能エネルギーの活用によるエネルギー転換
　　③ 工場の森づくり活動による地域交流，生態系保護
11）伊藤欽次［2007］28頁。

参考文献

伊藤欽次［2007］『トヨタの品格』洋泉社。
岸川善光［1999］『経営管理入門』同文舘出版。
岸川善光［2006］『経営戦略要論』同文舘出版。
岸川善光［2007］『経営診断要論』同文舘出版。
髙橋邦名［2007］『CSR時代のミッションマネジメント』泉文堂。
髙巖=日経CSRプロジェクト［2004］『CSR企業価値をどう高めるか』日本経済新聞社。
中沢孝夫=赤池学［2000］『トヨタを知るということ』講談社。
日本総合研究所編［1998］『生命論パラダイムの時代』第三文明社。
水島愛一郎［2006］『新トヨタ主義の秘密』こう書房。
森本三男［1994］『企業社会責任の経営学的研究』白桃書房。
環境省『環境会計ガイドライン2005年版 Environmental Accounting Guidelines 2005』環境省総合環境政策局環境経済課。
≪http://www.env.go.jp/press/file_view.php3?serial=6396&hou_id=5722≫
≪http://www.env.go.jp/en/ssee/eag05.pdf≫
トヨタ自動車HP≪http://toyota.jp/≫
日産自動車HP≪http://www.nissan.co.jp/≫

第1章 経営管理の意義

3 コーポレート・ガバナンス

❶ このケースを読む前に

　企業統治の歴史において，日本的ガバナンスは，グローバルに受け入れる内容としては不十分であった。日本でも，多発する不祥事や事件を背景として，コーポレート・ガバナンスの議論が活発化した。本ケースでは，不祥事の起きたガバナンス体制を分析し，経営管理を適切に行うためになすべきことを考察する。

(1) 設　問

　コーポレート・ガバナンスの目的は，大きく分けて，①経営の健全性，②経営の効率性，の2つがあげられる。2つの目的を達成するために必要なことは何であろうか。

　またコーポレート・ガバナンスの議論は，近年「所有と経営」の分離から，「執行と監督」の分離というテーマへ移行しつつある。しかし，その執行と監督の分離は日本では達成されていないと言える。その理由は何であろうか。

(2) キーワード

　コーポレート・ガバナンス：企業の目的そのものを決定し，経営管理が適切に行われているかどうかをチェックする制度のことである[1]。一般に，株主，取締役会を中心としたステークホルダーが，経営者の暴走をいかに防止し，規律づけ，結果として健全な企業成長を促進するか，という焦点がある[2]。

　内部統制：基本的に，業務の有効性および効率性，財務報告の信頼性，事業活動に関わる法令等の遵守（コンプライアンス）並びに資産の保全の4つの目的が達成されているとの合理的な保証を得るために，業務に組み込まれ，組織内のすべてのものによって遂行されるプロセスをいう[3]。内部統制は，あくまで経営者が，経営活動を行うに当たって，自らが企業内に構築する管

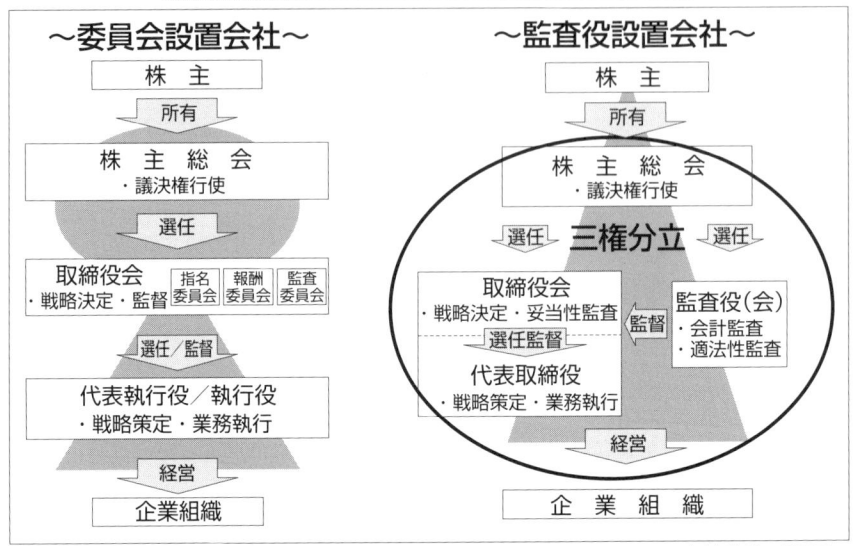

図表1-3-1 委員会設置会社と監査役設置会社

（出所）田村達也《http://www.murc.jp/report/quarterly/200703/69.pdf》73頁を筆者が一部修正。

理体制をいう[4]。

　監査役設置会社：従来の日本型の株式会社である。①意思決定機関としての株主総会，②執行機関としての取締役会および代表取締役，③監督機関としての監査役，の3つの機関を用いた三権分立のガバナンス体制である[5]。

　委員会設置会社：米国型の株式会社である。企業を株主のものとし，図表1-3-1に示されるように[6]，取締役会の中に「指名・監査・報酬[7]」の3委員会を置く株式会社である。各委員会はそれぞれ取締役3名以上で組織され，その過半数は社外取締役で構成される。一番の特徴は「執行と監督の分離」であり，取締役は執行役の監査を行う一元的なガバナンスである。

❷ ケース

(1) 企業概要

　　企 業 名：三菱自動車工業株式会社
　　創　　立：1970年4月20日
　　資 本 金：657,389百万円（2008年3月期）

事業内容：自動車製造，販売
売　上　高：連結2,682,103百万円（2008年3月期）
経常利益：85,700百万円（2008年3月期）
従業員数：連結33,202名（2008年3月期）

(2) ケース

　三菱自動車工業株式会社（以下，三菱自動車）は，三菱重工業株式会社の自動車部門から独立し，1970年に設立された。1990年代前半のパジェロの大ヒットにより，1995年には，トヨタ，日産に次ぐ国内自動車産業の3位の地位を獲得した。しかし，1996年に，米国子会社のセクハラ訴訟事件，翌年1997年には総会屋への利益関与事件が発生するなどガバナンスの問題が指摘されていた[8]。当時の三菱自動車のガバナンス体制は，監査役設置会社である。
　コーポレート・ガバナンスを指摘され，三菱自動車は，2000年4月に取締役の人数を減らし，新たに業務執行に責任を負う執行役員制度の導入を決めた。しかし，導入直後に，クレーム隠し[9]が浮き彫りとなり，出鼻をくじかれた。

〈リコール隠し事件の発端〉

　2000年6月にリコール隠しがあったと内部告発があり，7月初めに三菱自動車本社などの立ち入り検査を実施した。その結果，1995年11月の定例監査で報告されていなかったクレーム情報があることが分かった。隠されていたと見られるクレーム報告書などの書類は，社員のロッカールームなどから見つかり，立ち入り検査の直前の日付の資料も含まれていたという[10]。
　2000年7月の記者会見で，当時三菱自動車の社長の河添克彦は「クレーム情報があったことは聞いていたが，リコール隠しはない」と大見栄を張った直後に，三菱自動車の担当者が「大型バスの不具合を運輸省に届け出ずに，回収，修理した」と報告に盛り込まれていなかった違反を発表し，リコール隠しを露呈した。

〈新たなリコール隠し〉

　2004年に「三菱」ブランドが再び傷付いた。三菱ふそうトラック・バス株式会社（以下，三菱ふそう）が，整備不良をタイヤ脱落の原因と繰り返してき

た従来の主張を翻し，設計上の欠陥を認めたためである[11]。三菱ふそうも，2003年に三菱自動車から独立した企業であり，元のリコール隠しは，三菱自動車の乗用車部門，バス・トラック部門と両方で行われており，バス・トラック部門での新たなリコール隠しが発覚した。新たなリコール隠しによって，執行役員制度導入は効果をもたらさなかったことが判明した。

〈三菱自動車のリコール隠しの理由〉

「モノづくり日本一」の三菱重工の一部門である以上，三菱の自動車部門は強くなければいけなかった[12]。三菱というブランドを汚してはならないという理由から，リコールが恥となる社風が社内を覆っていた。しかし，業績悪化からリストラが相次いだ結果，内部告発によるリコール隠しが発覚した。

❸ 分　析

(1) **分析の視点**

企業不祥事には，ガバナンスに起因する多くの問題点がある。ガバナンス上の問題点を分析し，コーポレート・ガバナンスの本質を理解することによって，適切な経営管理が必要であることを明らかにする。

(2) **問題点**

以上のケースから導出される事件発生の真因は，①内部統制機能が働いていなかったこと，②組織体制に問題があったこと，の2点があげられる。

第一に，三菱自動車のリコール隠しは，2000年7月の社長会見で発覚したように，情報が社長まで伝達されておらず，当時都合の悪い情報は社長まで届かず隠ぺいされる社風が存在しており，内部統制機能が形骸化していた。内部統制機能の形骸化により，情報の透明度が確保されていなかったことは，経営の効率性も低下させ，業績の悪化につながり，リストラの過程で内部告発があった。

第二に，組織体制上の問題点をあげる。2000年6月のリコール隠しの発覚当時，三菱自動車のガバナンス体制は監査役設置会社である。執行役員導入前の三菱自動車のガバナンス体制は，図表1-3-2に示される通りであり，取締役会は経営管理者（社長・会長など）を兼務する社内取締役で構成され，

第1章 経営管理の意義

図表1-3-2 三菱自動車のガバナンス体制の不備

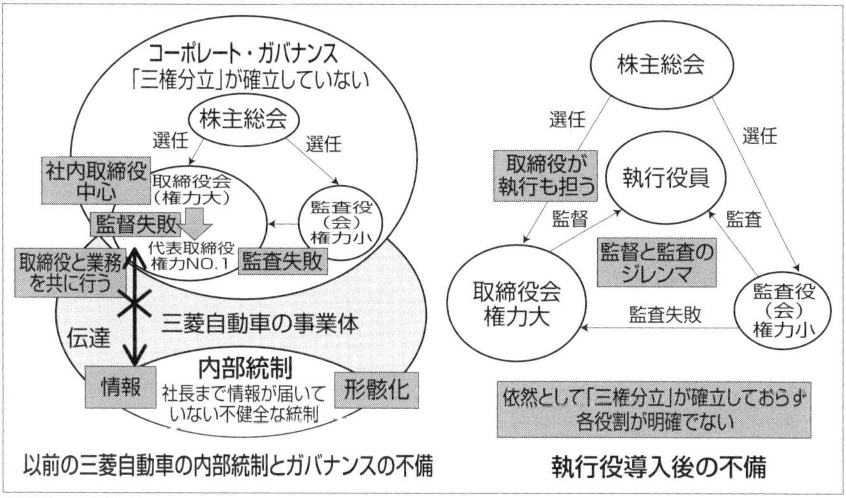

[図：以前の三菱自動車の内部統制とガバナンスの不備／執行役導入後の不備]

コーポレート・ガバナンス「三権分立」が確立していない
株主総会—選任—取締役会(権力大)／監査役(会)権力小
社内取締役中心、監督失敗、代表取締役権力NO.1、監査失敗
取締役と業務を共に行う、伝達、情報、三菱自動車の事業体
内部統制：社長まで情報が届いていない不健全な統制、形骸化

株主総会—選任—執行役員／監査役(会)権力小
取締役が執行も担う、取締役会権力大、監督と監査のジレンマ、監査失敗
依然として「三権分立」が確立しておらず各役割が明確でない

（出所）筆者作成。

自ら行った業務を自ら監督する体制であるため，代表取締役を監督する本来の取締役会の機能が果たされていなかった。また，監査役よりも取締役会のほうが権力は大きく，取締役会に対する監査もできていなかったといえる。つまり，三権分立は達成されていなかったのである。

執行役員制を導入した後も，図表1-3-2に示されるように，執行役を監査する監査役と取締役会による監督が重複する問題や，取締役会は相変わらず監査役より上位者であり，監査役が実質的に取締役会を監査するような関係にはなっていなかったのである。また，事実上取締役会が執行する分野もあり，ここでも代表取締役の権力が大きく，意思決定は以前のガバナンスと同じく上位者の取締役会によって行われ，意思決定プロセスに変化はなかった。つまり，執行役員制度は改善ではなく，各役割の混乱を招いただけであった。

(3) 課　題

　三菱自動車の課題は，経営の透明度を上げ，執行と監督の分離を徹底することによって，失った信用を取り戻すことである。

第一に，内部統制の整備による情報の透明度の確保である。理由として，いくら組織体制を変革しようと，社長や経営幹部まで情報が伝達されていなければ，トップを監査しても意味がないからである。社内の役員がロッカーに報告書を隠すような，経営者の意向に反して自分勝手な行動をとると，ガバナンスは機能しない。

　第二に，経営者の高潔な倫理観が要請される。経営者に高潔な倫理観が欠如すると，不祥事の発生や効率性の低下が起こる。三菱自動車では，トップからも不祥事が発生していることから，高潔な倫理観が欠如していた。そうであるとすれば，今後「外から見た透明性とわかりやすさ」が必要不可欠である。

　「コーポレート・ガバナンス確立のため」と称しただけの執行役員導入のように，意思決定プロセスに変化のない，意味のないガバナンス体制はあまり意味がない。つまり，取締役会に残った経営幹部が執行役員としての担当分野をもち，社長の指揮下に入って業務執行にあたるのではなく，取締役（director）と執行役（officer）の分離を徹底し，監督の機能を高めることが必要である。

(4) 解　決　策

　では，どのような組織に変革すればよいのか。経営トップも不祥事に関与した三菱自動車では，内部統制の整備だけで不祥事の防止を実現することはできないと思われる。そのため，三菱自動車は執行役員制度を導入し，執行と監督の分離を図ることにした。執行役員制度をとったならば，取締役とCEO，CFO，などを分離し，代表取締役社長など経営と監督の両方を統括するポジションをなくすことが解決策として考えらえる。

　また具体的な解決策として，図表1-3-1に示されるように，委員会設置会社へと移行することが考えられる。日本取締役協会専務理事の矢内裕幸によれば，経営の効率性は，これまで取締役会の専決事項であった経営権限を執行役・代表執行役に委譲することによって可能となる。経営の透明性の向上は，これまで社長・会長などの経営トップが事実上握っていた取締役や執行役員の指名・報酬・監査などの権限を，過半数の社外取締役が実権を握る

取締役会に委譲することで可能となる[13]。そして積極的な社外取締役の活用により，社外取締役に正確な情報を提供し，独立した立場からの監視によって，コンプライアンスなどの機能をチェックするのである。

しかし，多くの企業では社外取締役への情報提供，独立性が整備されておらず，形だけのものとなってしまっている。そのため，エンロン事件の発生や，日本企業が委員会設置会社への移行によって，成功する企業が少ないのである。

以上の分析から，内部統制の整備により，社内，社外を問わず，経営者が情報の透明度を高めることは，監査役設置会社あるいは社外取締役を利用した委員会設置会社の双方にとって必要不可欠の課題である。

三菱自動車は，内部統制の整備を形だけでなく，プロセスとして業務に組み込んでいくことによって，情報の透明性を向上することができる。委員会設置会社への移行により，執行と経営の分離の徹底ができる。以上の2つの条件を満たすことによって，事業の効率性，健全性を確保することができると考えられる。

執行と経営の分離は，高潔な倫理観を長い間持ち続け，内部統制の整備によって経営の健全性と効率性を維持していた日本企業には不要なことであるといってよかったのかもしれない。つまり，高潔な倫理観を持ち続けられ，情報の透明度の確保ができていることを示すことができれば，日本型のような独自のガバナンスがあってよいのである。しかし，経営の現実をみると，社会的責任を重視しているトヨタでさえ，現在のように景気が悪化すると，派遣社員整理のような事態が発生する。

また，不祥事の発生やグローバル化により，ガバナンス体制が問われている現在では，より「外から見た透明性とわかりやすさ」が追求される。高潔な倫理観を持ち続けられない企業では，内部の情報の透明度を高めることと同時に，外部の目も活用するガバナンス体制が必要となる。

---

1) 岸川善光［1999］240頁。
2) 八田進二［2007］4頁。
3) 同上書48-49頁。「統制環境」，「リスクの評価と対応」，「統制活動」，「情報と伝達」，

「モニタリング［監視活動］」および「IT（情報技術）への対応」の6つの基本的要素から構成される。
4）同上書5頁。
5）岸川善光［1999］26頁。
6）田村達也≪http://www.murc.jp/report/quarterly/200703/69.pdf≫73項。
7）「報酬委員会」は，取締役と執行役の報酬を決める。「指名委員会」は，取締役の選任・解任案を株主総会に提出する。これらの権限は従来，実質的に会長や社長が握っていたが，社外取締役という外部の目の影響が大きくなる。「監査委員会」は，取締役と執行役の職務執行の監査などを担当する。
8）斎藤憲［2007］190頁。
9）リコールは自動車の安全性などにかかわる欠陥を製造会社の費用負担で回収，修理する制度である。
10）日本経済新聞，2000/07/19。
11）日本経済新聞，2004/03/12。
12）産経新聞取材班［2001］220頁。
13）経済産業研究所HP。

参考文献

飫冨順久［2006］『コーポレート・ガバナンスとCSR』同文舘出版。
川村眞一［2007］『内部統制と内部監査』同文舘出版。
岸川善光［1999］『経営管理入門』同文舘出版。
岸川善光［2007］『経営診断要論』同文舘出版。
斎藤憲［2007］『企業不祥事辞典　ケーススタディ』日外選書。
産経新聞取材班［2001］『ブランドはなぜ堕ちたか　雪印，そごう，三菱自動車事件の真相』角川書店。
八田進二［2007］『（逐条解説）内部統制基準を考える』同文舘出版。
日本経済新聞，2000/07/19。
日本経済新聞，2004/03/12。
経済産業研究所HP≪http://www.rieti.go.jp/jp/index.html≫
三菱自動車HP≪http://www.mitsubishi-motors.co.jp/≫

第1章 経営管理の意義

まとめと今後の研究課題

　『経営管理要論』の第1章のテーマは，経営管理の意義について理解を深めることである。現代は「組織の時代」といわれ，企業など様々な組織によって社会活動が営まれている。組織は人為的なものであるので，組織の存続・発展を図るためには，経営管理の機能が必要不可欠である。『経営管理要論』では，企業組織の成立，企業と環境，企業の社会的責任，経営者の職能，コーポレート・ガバナンス，の5つの論点について考察している。
　【ケース1】アップル・イン・コーポレイテッドでは，5つの論点の内，企業と環境との関わり方について考察している。企業と環境との関わり方として，環境の変化に企業が合わせる「環境適応」と，企業が環境を主体的に創造する「環境創造」の2つがあるが，【ケース1】は，「環境創造」の重要性について言及している。
　また，「環境創造」を実現する上で，創造する「場」，「領域」に焦点をあて，「場」，「領域」を規定するドメインについても考察している。ドメインについては，まず企業ドメインと事業ドメインに区分し，環境と企業ドメインとの整合性，企業ドメインと事業ドメインの整合性について検討している。さらに，ドメインの定義について，物理的定義と機能的定義に大別し，顧客ニーズ，顧客機能の充足を重視した機能的定義の重要性について言及している。
　今後の研究課題として，ドメインの再定義について，具体的に検討することが望ましい。拙著『経営戦略要論』では，日本企業におけるドメイン再定義の事例として，富士写真フィルム，花王，シャープ，日本電気（NEC），東芝，西武セゾングループの6社をとりあげている。また，米国企業におけるドメイン再定義の事例として，IBM，3M，Motorola，Hewlett-Packerd，Johnson & Johnson，Wal-Mart，Walt Disneyの7社をとりあげている。これら日本企業および米国企業におけるドメインの再定義の共通点として，物理的定義から機能的定義に変更されつつあることが読みとれる。観察企業数を増やせば，「一定の法則性」を導出できるかも知れない。

【ケース2】トヨタ自動車では，企業の社会的責任（CSR）について考察している。地球環境保護に典型的な「社会性」の追求が近年戦略性を帯びて，いわゆる「戦略的社会性」の重要性が叫ばれるようになった。「戦略的社会性」とは，社会貢献，社会満足，企業倫理，社徳など，「社会性」を追求する戦略が，実は，「市場性」「営利性」の追求となんら矛盾しないという現実を踏まえた概念である。

【ケース2】では，「戦略的社会性」の追求の重要性について焦点を合わせて検討した結果，長期的視野の必要性，ステークホルダーに対する説明責任，社会的評価制度の必要性などの検討課題を導き出している。

企業の社会的責任（CSR）に関する今後の研究課題として，社会性の追求と業績との相関関係の定量化，ステークホルダーの再吟味，ステークホルダー間の調整方法などがあげられる。

【ケース3】三菱自動車では，コーポレート・ガバナンスのあり方について考察している。近年多発する企業不祥事，2006年から施行された会社法，内部統制システムの普及などの要因によって，コーポレート・ガバナンスの議論は，理論的にも実務的にも活発に行われている。

【ケース3】では，コーポレート・ガバナンスの伝統的な議論ではなく，三菱自動車の企業不祥事の主な原因を，内部統制制度の不全，組織体制の不備ととらえ，執行と監督の分離，情報の透明性の確保などの解決策を導きだしている。しかし，これとて紙幅の関係もあり十全な解決策とは言い難い。

コーポレート・ガバナンスに関する今後の研究課題として，上の【ケース2】でも述べたステークホルダーの再吟味が必要不可欠である。「会社は誰のものか」という単純な問いかけでは，コーポレート・カバナンスの議論は深まるとは思えない。理論的にも，実務的にも，ステークホルダーに関する本質的な掘り下げが欠かせない。

本章では，上述した3つのケースを選択したが，企業組織の成立に関して，市場か組織かの選択に関するとテーマ，経営者の職能に関するテーマなど，経営管理の意義について考察するテーマは枚挙にいとまがない。

第2章 経営管理論の生成と発展

　本章の3つのケースは，『経営管理要論』の第2章と対応している。『経営管理要論』の第2章は，下記の左側に示されるように，6節で構成されている。
  1．古典的管理論
  2．新古典的管理論……【ケース1】グーグル
  3．近代的管理論
  4．適応的管理論
  5．戦略的管理論………【ケース2】ダイエー
  6．社会的管理論………【ケース3】ジョンソン・エンド・ジョンソン
すなわち，『経営管理要論』では，経営管理論の約100年間にわたる学説史を下記のように体系的に考察している。
  1．古典的管理論……合理性の追求（テイラー，フォード，ファヨール，ウェーバー）
  2．新古典的管理論…人間性の追求（メイヨー＝レスリスバーガー，リッカート，マグレガー，ハーズバーグ，マズロー）

3．近代的管理論……システム性の追求（バーナード，サイモン，サイアート＝マーチ）
4．適応的管理論……条件適応性の追求（バーンズ＝ストーカー，ウッドワード，ローレンス＝ローシュ）
5．戦略的管理論……戦略性の追求（チャンドラー，アンゾフ，ポーター）
6．社会的管理論……社会性の追求（地球環境問題，企業倫理，企業の社会的責任）

【ケース1】グーグルでは，古典的管理論のいわばアンチテーゼともいえる新古典的管理論に準拠しつつ，グーグルが追求している人間性について考察する。【ケース1】では，人間性の追求の中で，特に職務満足の実現に焦点をあて，職務満足が従業員の生産性，欠勤などの組織行動（組織における人間行動）に大きな影響を及ぼすことに言及する。具体的には，職務満足を満たすには何が重要とされるのか，組織行動論の知見を一部取り入れながら考察する。

【ケース2】ダイエーでは，戦略的管理論の5つの論点（ドメイン，製品・市場戦略，経営資源，競争戦略，ビジネス・システム戦略）のうち，製品・市場戦略，競争戦略に焦点を当て，ダイエーの衰退の要因について考察する。すなわち，【ケース2】では，成長性を重視するあまり，本業との関連性がなく，競争優位性を持たない製品・市場分野に新規参入を強行し，多角化を試みたのはなぜか。また，消費者のニーズが変化しているにも関わらず，従来の大量仕入れ，大量安価販売にこだわったのはなぜか，これらの実態を踏まえつつ，課題および解決策について考察する。

【ケース3】ジョンソン・エンド・ジョンソンでは，社会的管理論について考察する。具体的には，【ケース3】では，社会性の典型である企業倫理に焦点をあて，企業倫理を追求することによって，業績も向上するという相関関係に言及する。特に，企業倫理の共有において，コンプライアンス型の倫理制度と価値共有型の企業倫理制度を比較し，それぞれの利点・欠点について言及する。

＊ケースとして選択したグーグル，ダイエー，ジョンソン・エンド・ジョンソンのホームページおよび各社に関連する参考文献を公表情報として参照した。記して謝意を申し上げる。

第2章 経営管理論の生成と発展

1 新古典的管理論

❶ このケースを読む前に

　本ケースでは，企業の中で働く人の心理や欲求などを含む人間性について考察する。人が働く中で生まれる心理にはどのような要因が存在し，また企業はその心理をどのように利用しているのであろうか。

(1) 設　問

　人はストレスによる不満や，昇進による満足を職務から得ている。職務に対する不満を防ぐと同時に，職務満足を与えるために従業員が持つ人間性への配慮が企業側に求められる。

　では，人が自分の職務に対して満足を感じるためにはどのような職務環境が適切であり，「企業と従業員の幸福の両立」の達成には何が必要なのか。

(2) キーワード

　新古典的管理論：人間集団の側面に焦点をあてた経営管理論である。古典的管理論に対するアンチテーゼとして，経営管理における合理性の追求から，人間性の追求を行うようになった[1]。メイヨー＝レスリスバーガーのホーソン実験，ハーズバーグの「動機づけ-衛生理論」，マズローの「欲求5階層説」などが代表的な研究としてあげられる。

　職務満足：仕事に対する一般的な態度のことである。給料の高低，肉体への影響，精神への影響，人間関係，社会的評価など多様な側面がある。職務満足は従業員の生産性や退職，欠勤などの組織行動に大きな影響を及ぼす[2]。

　人本主義：伊丹敬之［1987］によれば，人本主義とは資本主義に対照する意味を持つとされる。ヒトが経済活動の本源的かつ稀少な資源であることを強調し，その資源の提供者たちのネットワークのあり方に，企業システム編成の中心的原理を求めようとする考え方である[3]。

31

❷ ケース

(1) 企業概要

　　企　業　名：Google, Inc.（日本では2001年，グーグル株式会社を設立）
　　設　　　立：1998年9月7日
　　資　本　金：百万ドル
　　事業内容：インターネット関連事業，ソフトウェアの研究・開発・販売
　　売　上　高：3,870百万ドル（2007年6月）
　　営業利益：1,100百万ドル（2007年6月）
　　従業員数：13,748名（2007年6月）

(2) ケース

　米Fortune Magazinesは，福利厚生，企業の成長率，企業，給料，売上高，立地，報酬，女性の割合，規模，従業員（離職率・雇用率など），人種の多様性といった項目を，米Fortune Magazineの尺度で総合的に評価する特集「働きがいのある企業トップ100」（100 Best Companies to Work For2006, 2007, 2008）を行っている。Google, Inc.（以下，グーグル）は2007年，2008年と2年連続トップとして選ばれた[4]。

　上記の評価の要因とされる，グーグルが築き上げた特徴的な職務環境は，下記の5点である[5]。

図表2-1-1　Googleの企業方針

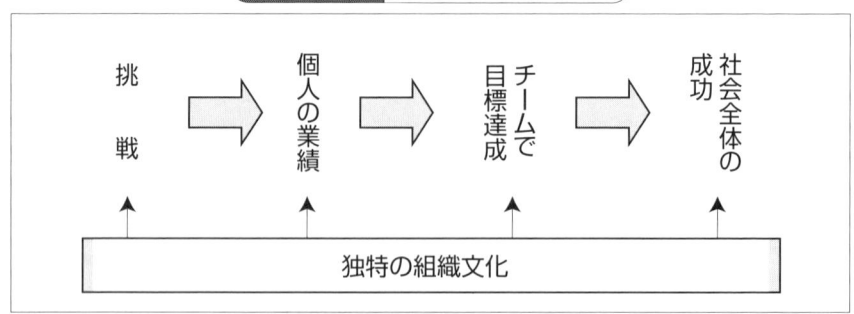

挑戦　→　個人の業績　→　チームで目標達成　→　社会全体の成功

独特の組織文化

（出所）Google HPから，Googleが発見した10の事実に基づいて筆者作成。

① 大学のキャンパスのような生き生きとした雰囲気
② 社交の場の充実
③ 社内の設備の充実
④ その他・社員のストレス解消のための工夫
⑤ 20パーセント・タイム・ルール（自由時間）

　グーグルは上記のサービスを社員に提供し，充実した福利厚生，独自の社内環境（雰囲気），社員の自己実現につながる仕事を与える組織文化を作り上げた。

図表2-1-2　グーグルの売上

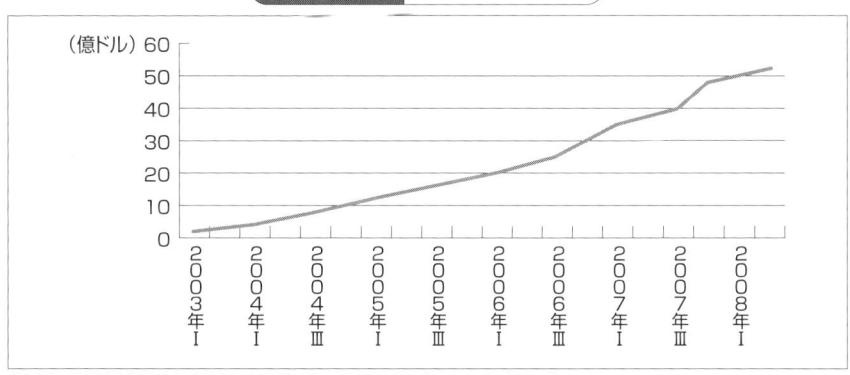

(出所）週刊東洋経済［2008/9/27］40，41頁に基づいて，筆者作成。

図表2-1-3　従業員数(左目盛)と研究開発費(右目盛)

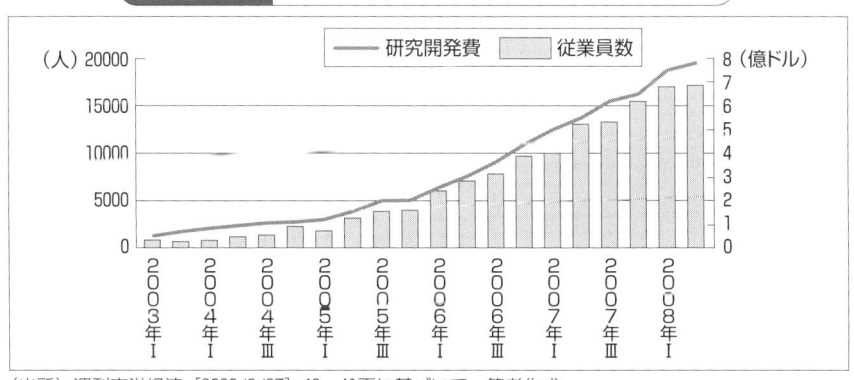

(出所）週刊東洋経済［2008/9/27］40，41頁に基づいて，筆者作成。

また，グーグルの働くスタイルは図表2-1-1に示されるように，独特の組織文化を中心に従業員の労働意欲から成り立っている。組織文化が従業員の仕事に大きな影響を与えている。
　図表2-1-2，図表2-1-3に示されるように，現在，売上は年々増加し，従業員数および研究開発費も伸びている。海外に拠点を作り，それぞれ米カリフォルニア州・マウンテンビューにある本社で行っているものと同じサービスを提供し，グーグルの組織文化を形成している。

❸ 分　析

(1) 分析の視点
　本ケースでは，グーグルがなぜこのようなサービスを従業員に与えているのか，「企業と従業員の幸福の両立」の必要性の観点から考察する。
　また，従業員のモティベーションと職務満足を満たす要因を分析するために，グーグルが提供しているサービスを組織論的期待モデルに照らし合わせ，その関係性に言及する。

(2) 問題点
　グーグルは社員に多くのサービスを与え，従業員同士の関わりを重要視していることがケースから読みとれる。よってグーグルは人本主義企業であると言える。グーグルがコストを株主にかけず，従業員にサービスとして与えているのは，組織文化の変革を目的とした戦略的投資を行っているからではないのか。
　また，グーグルの戦略的投資は従業員にとって有効であるのか，さらに，従業員が個々に持つ欲求を満たすにはどのようにすればよいのか。これらの点が必ずしも明確でない。

(3) 課　題
　はじめに，モティベーションと職務満足の要因について分析する。
　坂下昭宣［1985］は，モティベーション・プロセス理論を統合し，組織論的期待モデルを構築した。図表2-1-4に示されるように，このモデルはモ

第2章 経営管理論の生成と発展

図表2-1-4　組織論的期待モデル

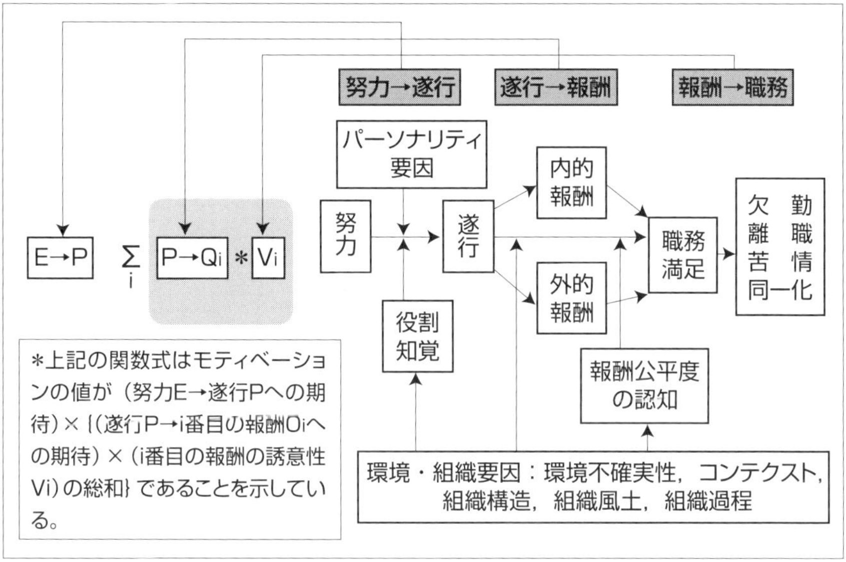

```
                    努力→遂行   遂行→報酬   報酬→職務
                  パーソナリティ
                      要因
                                   内的
                                   報酬
  E→P   Σ  P→Qi * Vi   努力 → 遂行              職務    欠 勤
         i                                      満足   離 職
                                   外的         職務   苦 情
                                   報酬          →   同 一 化
                      役割
                      知覚         報酬公平度
                                   の認知

  *上記の関数式はモティベーショ
  ンの値が（努力E→遂行Pへの期    環境・組織要因：環境不確実性，コンテクスト，
  待）×｛（遂行P→i番目の報酬Oiへ        組織構造，組織風土，組織過程
  の期待）×（i番目の報酬の誘意性
  Vi）の総和｝であることを示してい
  る。
```

（出所）坂下昭宣［1985］112頁に一部追加。

ティベーションの値を，個人が持つ努力からあるレベルの遂行をもたらす期待と確率（E→P）と，努力によってもたらされる遂行が報酬をもたらす期待と確率（P→Oi）と，その報酬の誘意性（報酬を受け取ることの魅力，価値）の関数式によって表わしているものである[6]。

坂下［1985］によると，以下の条件下の環境・組織要因がモティベーションを高めるとされている[7]。

① 集権化（≒上司の許可が必要とされる環境）が低く，複雑性（組織構造の複雑性）と公式化が高い組織構造はモティベーションを高める。

② 温かい支持的な風土（組織に広がっている全般的に良好的な仲間意識と相互扶助の感情）を形成している，または職務遂行の圧力を減らすことによって，モティベーションは高めることができる。また，コミュニケーションにおいて量よりも質（＝情報の正確性）が重要である。

③ 従業員の複雑性統合能力（個人が環境から分化した情報ビットを取り入れ，それを統合していく能力。広義の情報のプロセシング能力[8]）を高めることにより，高い遂行レベルとモティベーションを得ることが可

能となる。

　グーグルが提供したサービスは上記の３つの要因に当てはまるものが多いことがわかる。活発な職場内コミュニケーションや仕事の自由度の高さ，職場環境の良さは，人が持つ仕事に対する動機づけをより強化させるのである。またケースにおけるサービスの特徴として，「息抜きに困らない」ことに主眼を置いていることが１つあげられる。従業員が職務遂行に対して不満を抱える際に，サービスが息抜きを与え，不満を解消するのである。

　そして，特徴的なサービスとして「20パーセント・タイム・ルール」があげられる。ケースにも記述した通り，これは従業員の自由度が非常に高く，役割知覚に大きな影響を与えるものであると考えられる。また従業員の自己実現に影響を与えると考えられ，職場内の評価や昇進といった外的報酬のほかに，「自分で成功させた」という達成による自己への内的報酬を得られる可能性が高い。

　次に，人本主義と組織文化の変革について分析する。

　従業員主権，分散シェアリング，組織的市場という特徴を持つ人本主義のメリットは，下記の３点があげられる[9]。①企業活動に努力を注ぎ込みやすくなる。②長期的かつ全体的な視野を持って意思決定をしやすくなる。③能力蓄積をチームとして行うことに熱心になる。グーグルは充実したサービスを組織変革のツールとして扱い，人本主義へと組織文化を変革させた。企業が従業員のことを第一と考え，従業員が企業のために尽くしてくれる人材になるように環境を変えた。企業が従業員のことを考え，従業員が企業のために尽くす，「企業と従業員の幸福の両立」と言える相互作用が生まれることを目的として，サービスの提供を行ったのである。そしてグーグルは，収益とモティベーション向上の両立に成功したと考えられる。

　以上の分析で，グーグルが期待モデルに則したモティベーションアップの方法をとっていること，人本主義が従業員にとってプラスの要因であることがわかった。グーグルは意図的に豊富なサービスを与え，働きやすい場を整えることによって，社員に働いてもらおうとしているのである。つまり，社員が働くことに不満を持たせないような組織文化を作るための戦略的投資を行っている。

(4) 解決策

　ホーマンズによると，社会システムには「活動」と「相互作用」と「感情」の３つの要素がからんでいるとされる。「活動」とは人々が遂行する課業（タスク，作業）のことであり，「相互作用」とはこれらの課業を遂行する人々の間に起こる行動であり，「感情」とは個人間，グループ内に醸成される態度である。この３つの要素は相関しており，どれかに変化がおこると，その変化は他の２つにも波及される。仕事（つまり，活動）が果たされるためには，人々の協力（つまり，相互作用）を必要とするということである。また，人々にその仕事を続けさせるには，その仕事が満足（感情）を与えるものでなければならない[10]。

　企業という社会システムの中で，構成員である従業員の心理や欲求は重要であり，仲間内や上司とのコミュニケーション，チーム内でのリーダーシップの発揮，欲求の充足を企業がうまく引き出してあげることが必要不可欠である。グーグルは従業員がより企業に利益をもたらす存在にするために，またそのような従業員をうまく創造できるように組織文化を変えた。

　グーグルは組織文化に焦点を当てた戦略的投資を行い，人本主義を基盤とした職務環境を形成させた。グーグルの組織における従業員主権は，従来にはない独自のやり方で，従業員の企業に対する忠誠心を築き上げた。そして，ケースであげたサービスを社員に提供し，充実した組織文化を変革したのである。

　形成された組織文化と職務環境内で，従業員は長期的，全体的な視野を持った意思決定をもって仕事に挑戦している。彼らの高い役割知覚の程度と，コミュニケーションが円滑に行われる職務環境は，チームによる職務の遂行を活発にするのである。そして，チームで成功した業績は会社全体の成功となり，仕事に対する遂行に見合った報酬を得ることを可能とする。以上のプロセスは，社員のモティベーションを向上させ，最終的に職務に対して満足感を得ることになる。

　グーグルが「働き甲斐のある企業トップ100」においてトップを２回も連続で取れた要因は，「企業と従業員の幸福の両立」を満たしていたからである。つまり，社員の職務満足が組織文化によって影響を受け，企業の利益につな

がるという関係を見抜き，従業員へのサービス提供という戦略的投資を行ったからであるといえよう。

1）岸川善光［1999］52頁。
2）上田泰［2003］55，56，61頁。
3）伊丹敬之［2000］71頁。
4）http://money.cnn.com/magazines/fortune/rankings/
5）Vise, A. D. = Malseed, M.［2005］訳書146-148，205頁。
6）坂下昭宣［1985］113頁より一部抜粋引用。
7）同上書126，149頁。
8）同上書318，319頁より抜粋引用，筆者が一部追加。
9）伊丹敬之［1993］89頁。
10）Hersey, P. = Blanchard, H. K. = Johnson, E. D.［1996］訳書70，71頁。（Homans, C. G. の記述を引用している。）

参考文献

Hersey. P = Blanchard. H. K = Johnson. E. D［1996］, *Management Of Organizational Behavior: Utilizing Human Resorces*, 7th ed., Printice-Hall.（山本成二=山本あづさ訳［2000］『行動科学の展開［新版］』生産性出版。）

Vise, A. D. = Malseed, M.［2005］, *THE GOOGLE STORY*, The Bantam Dell Publishing Group, a division of Random House, Inc.（田村理香訳［2006］『Google 誕生――ガレージで生まれたサーチ・モンスター――』イースト・プレス。）

伊丹敬之［1993］『人本主義企業』ちくま学芸文庫。
伊丹敬之［2000］『日本型コーポレートガバナンス：従業員主権企業の論理と改革』日本経済新聞社。
上田泰［2003］『組織行動研究の展開』白桃書房。
岸川善光［1999］『経営管理入門』同文舘出版。
岸川善光［2007］『経営診断要論』同文舘出版。
坂下昭宣［1985］『組織行動研究』白桃書房。
週刊東洋経済，2008年8月21日号，東洋経済新報社。
Google HP＜http://www.google.com＞
Fortune magazine＜http://money.cnn.com/magazines/fortune/＞

第2章 経営管理論の生成と発展

2 戦略的管理論

❶ このケースを読む前に

　本ケースでは，戦略的管理論の重要性について，株式会社ダイエー（以下，ダイエー）のバブル後の衰退をケースとしてとりあげ考察する。戦略的管理論を考察する上で，「ドメイン」，「製品・市場戦略」，「経営資源」，「競争戦略」，「ビジネス・システム戦略」，の5つの論点があげられる。本ケースではその中で「製品・市場戦略」，「競争戦略」に注目し，ダイエーの衰退の原因を探る。

(1) 設　問

　ダイエーの衰退の原因は一体何なのであろうか。製品・市場戦略の視点から多角化戦略の失敗，競争戦略の視点からコスト・リーダーシップ戦略の失敗によるダイエーの衰退について考察する。

(2) キーワード

　多角化戦略：製品，市場ともに新たな分野に進出し，そこに成長の機会を求める戦略である。具体的には，技術開発，業務提携，M&A（合併，買収）などがあげられる[1]。

　シナジー効果[2]：企業が拡大，多角化するために隣接する事業分野に進出する際，すでに持っている経営資源を生かし，低コスト，高効率の事業展開ができる効果である。

　プロダクト・ライフサイクル：製品が開発されてから衰退するまでの一連のプロセスである。①開発期，②導入期，③成長期，④成熟期，⑤衰退期，の5つに区分される[3]。

　コスト・リーダーシップ戦略：競争企業と比較して商品を低コストで生産，販売し，他社の優位に立とうとする戦略である[4]。

❷ ケース

(1) **企業概要**

企 業 名：株式会社ダイエー
設　　立：1957年4月10日
資 本 金：565,00百万円
事業内容：総合小売業
売 上 高：972,288百万円（2008年2月）[5]
経常利益：8,629百万円（2008年2月）
従業員数：5,882人（2008年2月）

(2) **ケース**

　株式会社ダイエー（以下，ダイエー）は，中内功により1957年に大阪で創業され，以降流通革命による価格破壊によって成功を収めた。そして，拡大成長を続け小売業では初の1兆円企業へと上り詰めた。しかし，その後は一転して衰退の一途をたどった。ダイエーは，業績不振の店舗が発生しても，継続して売上至上主義をかかげ，拡大路線を推し進めた。
　ダイエーが行った売上至上主義の代表的なものとして，以下のものがあげられる。

〈多店舗経営〉

　69年度に44店舗であった店舗数が，73年度には111店舗になるなどと急速な多店舗展開を行った。代表的なものとして東京進出を図った「首都圏レインボー作戦」があげられる。首都圏レインボー作戦では，首都圏にある個人経営のスーパーを買収し進出を図った。後に土地バブルが起き，ダイエーは首都圏にある保有土地による「土地含み経営」へとつながることとなった。

〈提携・買収〉

　図表2-2-1に示されるように，当時のダイエーは，提携・買収を繰り返し，小売業以外にも様々な方面へと多角化していったことが分かる。

〈エブリデー・ロー・プライス体制とハイパーマート〉

　1990年，ダイエーは単品管理の徹底，死に筋商品の排除，全商品を毎日安

図表2-2-1 ダイエーの行った提携・買収の主な流れ

1960〜1980	首都圏進出，地方スーパーと業務提携，ローソンミルク社と提携（コンビニエンスストアのノウハウを導入）。
1980〜1990	オ・プランタン（仏の百貨店），Kマート，ホリデーマートなどの海外資本との提携・買収。ローソンとサンチェーンの合併によりダイエーコンビニエンスシステムとなる。丸興（クレジット会社），ほっかほっか亭と業務提携。
1990〜1997	中内がリクルートの代表取締役になる。日本ドリーム観光の合併。ダイエー，忠実屋，ユニードダイエー，ダイナハの合併。ヤオハン16店舗の買収。

(出所) 佐野眞一 [1998] に基づいて筆者作成。

く提供する「エブリデー・ロー・プライス体制（EDLP）」を構築した[6]。EDLPは，ダイエーの売上拡大主義における廉価販売システムの枢軸であった。

　EDLPを具現化したものが，ハイパーマートである。ハイパーマートとは，食料品を中心とし，商品を低価格で販売する倉庫型店舗である。

　それまでの日本の小売店舗とは違い，比較的地価の安い場所に出店し，店舗設備も床がコンクリートの打ちっぱなしなど，コストを抑えた造りになっていた。店員の数も人件費削減のために少人数に抑え，陳列も流通センターの大型のカゴをそのまま陳列する「ロールカート方式」を採用した。商品は自社ブランドの安価なＰＢ商品（ダイエー独自のブランド商品）が中心で，既存の店舗に対して2割から4割の商品数の削減を実施した。

　しかし，ハイパーマートは期待されたほど売上げをあげることはできなかった。1996年，店舗レイアウトなどの見直しが図られたが，依然として低価格，ローコスト運営の姿勢は変化することがなく，毎年数店舗もの新規出店を続けた。

❸ 分　析

(1) 分析の視点

　本ケースでは，バブル後のダイエーの衰退の原因を経営戦略の視点から検討する。中でも多角化および消費者ニーズの変化をとりあげ，どのようにダイエーの衰退に影響したのか考察する。

(2) 問題点

　ダイエーの衰退の反省点として，まず，経営目標を「成長性」から「収益性」へ変換が必要であった。当時のダイエーは，収益性を重視せずに成長性の高い事業にばかり資源を集中した。

　成長率を重視するあまり，優位性を持たない分野であっても新規参入をした。不況によって，国内市場における成長機会が限定されるようになると，関連性のない事業分野に多角化を試み事業失敗へとつながった。

　次に，ダイエーのコスト・リーダーシップ戦略の1つともいえるEDLPの失敗があげられる。ダイエーは，品数の削減と大量仕入れによりコストを抑え，安価販売を実現した。当時のダイエーは商品の価格を重視していた。一方で，消費者は従来に比べ価格よりも品質や独自性を重視するようになっていた。また，嗜好が多様化していたため消費者のニーズに応えられず，1店舗あたりの商品数が少ないハイパーマートでは，商品が思ったように売れなかった。

　売上げを上げるためのさらなる安価販売や，売れ残り商品の値下げ処分などによってかえって販売費がかさみ，収益が得られなくなったと考えられる。

　また，新規店舗の出店をみても，ダイエーの売上至上主義の問題点を見て取ることができる。ダイエーは売上げや不動産の含み益を，毎年何店舗にもおよぶ新規店舗の出店に充てた。このことによって，売上げや資産は増加しても，収益が得られない状況になってしまったと考えられる。

(3) 課　題

　ダイエーが収益を得られなくなってしまった原因を，ダイエーの掲げた拡大路線の観点から考察する。まず，ダイエーの行った多角化戦略がどのような分類に入るのか考察する。アンゾフ［1965］によれば，多角化戦略には水平型多角化，垂直型多角化，集中型多角化，集成型多角化，の4つがある[7]。ダイエーは，初期の頃は水平型，垂直型の多角化戦略を行っており，バブル期の前後は集成型多角化を行っている。しかし，ノウハウのない新しい分野への進出である集成型多角化は，他の多角化に比べリスクが大きい。

　次に，ダイエーの多角化をタイプとパフォーマンスにより分析する。ダイ

エーは，M&Aによる拡大，土地の含み益のための不動産業，ホテル業への進出など非関連型多角化を行ったといえる。非関連型多角化は既存事業と新事業のシナジーを考慮せず推進される多角化である。非関連型多角化は危険分散になるが集成型多角化と同様にノウハウがないため，関連型多角化に比べリスクが大きい。

次に，ダイエーの多角化を行った時期に注目する。ダイエー衰退の要因としてあげていたダイエーのバブル後の多角化は，多角化戦略としての利益が大きく失われている。企業には多角化できる限界があり，その限界は企業の資産，外部環境により決定される。また企業の多角化には最適点があり，景気の拡大期には最適点を超えて多角化を行う企業が出てくるが，このような企業は，景気の後退後，最適な状態よりも落ち込んでくると考えられる。

本ケースでは分析指標として，多角化度指数を用いる。多角化度指数とは，複数の事業分野を持つ企業が，どの程度多角化が進んでいるかを示す指標である。数字が大きいほど多角化が進んでいることが示される[8]。

図表2-2-2に示されるように，バブル崩壊後の1996年の曲線の極大地付近の「多角化の利益」が他と比べ大きく削られ，多角化戦略の利益が大きく失われている。しかし，1991年，2001年の曲線からは営業利益の向上がみら

図表2-2-2　多角化度指数と営業利益率の関係

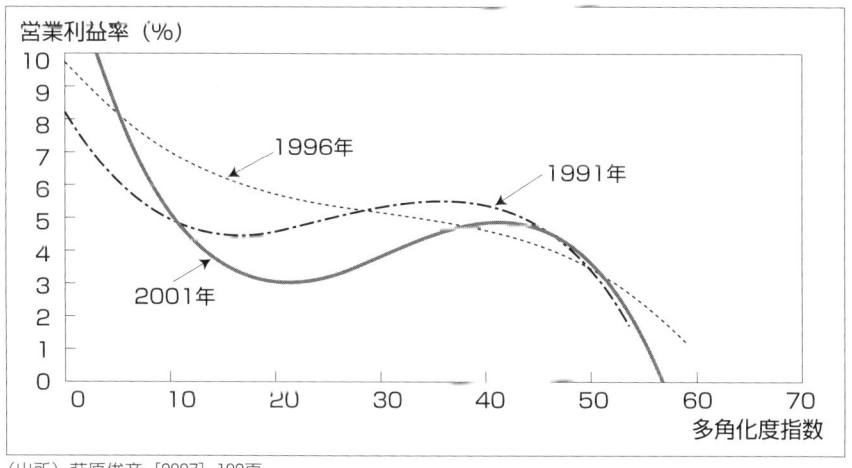

(出所) 萩原俊彦 [2007] 102頁。

れることから，適切な多角化度指数のもとで多角化を行えば，利益につながることが分かる。ダイエーは，企業規模の拡大だけに執着せず，営業利益の向上を考慮した多角化戦略を行うべきであった。

　もう1つの原因として，消費者ニーズの変化に対する対応の失敗があげられる。バブル経済の生成によって商品の高価格帯へのシフトが促進され，大型店舗に対する規制緩和によって一店舗におけるアイテム数が著しく増大した。その結果，消費者はより多くの情報を入手し，価格以外の面で商品の購入を決定し，消費選好の多様化が見られた[9]。また，プロダクト・ライフサイクルの期間が短くなり，消費選好の移り変わりは激しくなった。

　消費者の嗜好が多様化する中で，品数が少なく，ほとんどの商品がＰＢ，テナントも入っていないハイパーマートは，消費者にとって魅力的なものではなく，結果的に売上げも伸び悩んだと考えられる。

　以上に示されたように，多角化戦略の視点から，環境に応じて最も適した多角化戦略を行うことが課題の1つとしてあげられる。

　もう1つの課題は，いかに消費選好の移り変わりの激しい市場で，消費者のニーズを察知して売れる商品を提供し続けていくかがあげられる。また，価格以外の面でいかにして魅力のある商品を提供できるかも課題の1つである。

(4) 解決策

　以上に示された課題を，プロダクト・ポートフォリオ・マネジメント（ＰＰＭ）を用いて考察する。ＰＰＭとは，多角化した製品，市場（事業分野）に対して，経営資源の配分を適正化する手法のことである[10]。ボストン・コンサルティング・グループによれば，事業を成長率と自社の強みの観点から，①成長率が高く自社の強みがある花形商品，②成長率は低いが自社の強みがある金のなる木，③成長率は高いが自社の強みはない問題児，④成長率が低く強みもない負け犬，の4つに分類される。

　1990年代のダイエーの事業を4つの分類に当てはめると，図表2-2-3のようになる。

　負け犬に分類されるレジャー，ホテル，ディベロッパー事業などは，子会

図表2-2-3　ダイエーのPPM

	花形商品	問題児
高↑成長率↓低	金の成る木	負け犬
	小売業，外食産業	レジャー業，ファイナンス事業 ホテル事業，ディベロッパー事業

強い ←──────── 自社の強み ────────→ 弱い

（出所）森田克徳［2004］に基づいて筆者作成。

社との株式の持ち合いで資金的な負担になっている。また，本来の事業である小売業とあまり関連性がなく，シナジー効果が低いため，売却などの事業撤退措置をとるべきである。また，金のなる木である小売業は，ダイエーの核といえる事業である。ダイエーはＥＤＬＰ体制の見直しを図り，小売業に重点を置いた資源分配を行うべきである。

　ダイエーの収益低下の主な原因の1つは，売れ残り商品の見切り値下げである。ダイエーは，大量仕入れ，大量安価販売を行って売上げを伸ばそうとした。しかし，このことが大量の売れ残り商品を生み出す原因となった。

　ダイエーは1981年にＰＯＳシステムを導入しているが，ＰＯＳシステムを有効に活用しているとはいえない。ＰＯＳシステムを活用すれば，売れる商品を把握して消費選好を察知でき，商品を必要な量だけ仕入れることができる。

　また，ダイエーは数多くのＰＢ商品を開発してきた。多くのＰＢ商品は，価格を重視した商品であるが，問題点や課題で述べたように，消費者の関心は，価格から品質やブランドへとシフトしていった。ダイエーのＰＢ商品開発のノウハウを生かし，消費選好に合った商品をＰＢで独自に開発すれば，他の小売企業に対して差別化を図ることができる。消費選好の移り変わりを察知し，顧客のニーズに応えることが，当時のダイエーに足りなかった姿勢である。

1）岸川善光［2006］117,118頁。
2）大前研一［1981］163頁。
3）岸川善光［2006］145頁。
4）Porter, M. E.［1980］訳書49頁。
5）ダイエーＨＰ≪http://www.daiei.co.jp/≫
6）森田克徳［2004］182頁。
7）Ansoff, H. I.［1965］訳書100頁。
8）萩原俊彦［2007］102頁。
9）森田克徳［2004］166頁。
10）岸川善光［2006］35頁。

参考文献

Ansoff, H. I.［1965］*Corporate Strategy : An Analytic Approach to Business Policy for Growth and Expansion*, McGraw-Hill.（広田寿亮訳［1969］『企業戦略論』産能大学出版部。）

Porter, M. E.［1980］*Competitive Strategy*, The Free Press.（土屋坤＝中辻萬治＝服部照夫訳［1982］『競争の戦略』ダイヤモンド社。）

大前研一編［1981］『マッキンゼー　成熟期の成長戦略』プレジデント社。

岸川善光［2006］『経営戦略要論』同文舘出版。

岸川善光編［2007］『ケースブック　経営診断要論』同文舘出版。

佐野眞一［1998］『カリスマ―中内㓛とダイエーの「戦後」』日経BP社。

萩原俊彦［2007］『多角化戦略と経営組織』税務経理協会。

溝上幸信［1994］『ダイエーVSヨーカ堂―全国制覇を遂げたダイエーに収益で迫るヨーカ堂　両雄が目指すローコスト戦略の今後を占う』ぱる出版。

森田克徳［2004］『争覇の流通イノベーション　ダイエー・ヨーカ堂・セブンイレブン・ジャパンの比較経営行動分析』慶應義塾大学出版会。

3 社会的管理論

❶ このケースを読む前に

本ケースでは，近年関わりの深い経営管理論といえる社会的管理論について考察する。この理論が注目を浴びている背景は，ニュースや新聞などで企業不祥事が相次いで報道されている中で，企業倫理や企業の社会性の追求が，消費者の企業を選ぶ1つの新しい軸となったことがあげられる。

社会の企業判断軸が変わってきていることから，企業も社会に合わせて経営管理を変えていく必要がある。

(1) 設 問

近年，倫理性を持つ企業経営は，利益につながるという考えが一般的になりつつある。しかし，倫理的活動にはコストがかかり，効果的に経営戦略に取り入れなければ利益にはつながらない。

では，社会性・倫理性の追求を効果的に行い，利益を生み出すためには何が必要であろうか。

(2) キーワード

社会的管理論：社会的管理論とは，企業倫理や企業の社会性の追求が消費者の企業を選ぶ新しい軸として生まれてきている背景のもと，経営戦略の中に社会性の追求を取り入れた経営管理論である。

企業倫理[1]：企業行動の意思決定の根幹にある倫理。シェルドン［1924］によると，企業の経営者は社会において，産業を代表し，指揮・統制職能を有しており「公共の福祉」「公共の利益」を企業倫理として，以下の3点の具体的目標を追求しなければならないとしている。

① 産業は公共に有益な質と量の財貨・用役を創造しなければならない。
② 富の生産過程において，産業は公共の全般的福祉にできるだけの注意

を払うべきであり，それに有害な方策をとってはならない。
③　産業は生産された富を公共の最高目的にもっとよく使えるように分配すべきである。[2]

倫理網領[3]：上級管理者の哲学や会社の倫理行動に関する期待をはっきり述べるための主要な手段である。会社が倫理に関するどのような領域に注意を払っているかを規定し，行動を導く核となる価値を規定して組織に準拠枠を与えているものである。

❷ ケース

(1) **企業概要**

　　企　業　名：ジョンソン・エンド・ジョンソン株式会社
　　設　　　立：1961年1月
　　資　本　金：4,000百万円（2006年12月期）
　　事業内容：総合医療・健康関連用品の輸入・製造販売
　　売　上　高：6,132,200百万円（2006年12月期）
　　経常利益：237,470百万円（2006年12月期）
　　従業員数：1,821名（2006年12月月期）

(2) **ケース**

　ジョンソン・エンド・ジョンソン株式会社（以下，ジョンソン社）は，世界57カ国に250以上のグループ企業を有し，総従業員数119,200名の陣容を誇る「世界最大のトータル・ヘルスカンパニー」として，消費者向け製品，医家向け製品などを販売している。

　また，新製品（過去5年の中で上市した商品）が総売上高の約30％に達しており，この比率は長期間にわたって維持されている。また，ジョンソン社における研究・開発費は総売上高の約13％を占めており，2007年度実績で約7,700百万ドルと，ヘルスケアビジネスに限らず全ての産業の中でもトップクラスの投資額となっている。

　医療や薬品の経営は，ニーズが絶えることがないという市場の安定性を持っている。しかし，消費者の信頼を失ってしまうと大規模な損失を被ってし

第2章 経営管理論の生成と発展

まう。

〈タイレノール事件〉

1982年9月30日に，シカゴ・サン・タイムズ紙からジョンソン社へ「タイレノールにシアン化合物が混入された」という通報が届いた。シカゴ警察は，死亡した7人が直前にタイレノールを服用していたことを発表した。しかし，情報発表時には，タイレノールにシアン化合物混入の疑いがあるというだけであり，直接的な死亡原因であるかは不明であった。

事件の情報を受け，ジョンソン社のジェームス・バーグ会長（当時）は，記者会見を行い，消費者へタイレノールを服用しないよう警告し，シアン化合物混入の疑いのある製品の全回収を発表した。その後，衛星放送を使った30都市にわたる同時放送・専用フリーダイアルの設置新聞の一面広告・TV放映などのマスコミを使用した積極的な情報公開を行った。また，タイレノールの生産を中止し，販売をやめて小売店から製品の回収を行った。

新パッケージの開発，営業部門による医師へのプレゼンテーションなど多方面に渡る対応策によって，1982年12月（事件後2ヵ月）には，事件前の売上の80％まで回復した。

こうしたジョンソン社の行為は，事件の真実が判明しジョンソン社の無実が証明されるととともに称賛され，図表2-3-1の業績推移で明らかなよう

図表2-3-1 ジョンソン社の業績推移

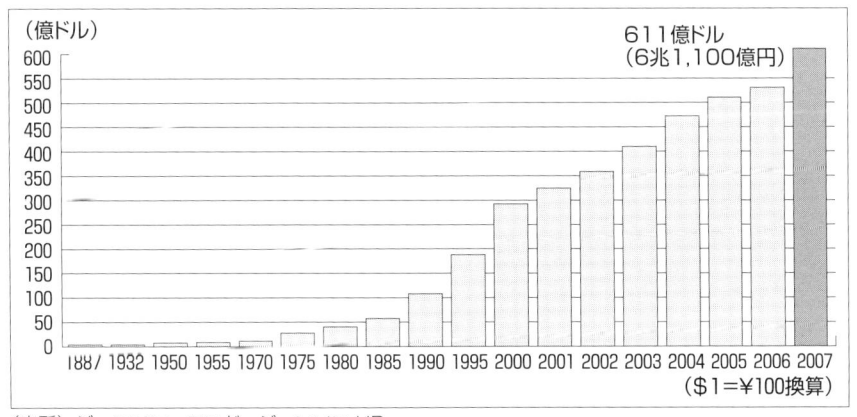

611億ドル
（6兆1,100億円）

($1=¥100換算)

（出所）ジョンソン・エンド・ジョンソンHP。

に，今では企業ブランドの発展につながっている。

❸ 分　析

(1) 分析の視点

本ケースでは，タイレノール事件で発揮されたジョンソン社の迅速な倫理的行動をもとに，経営戦略において効果的であり，倫理性の追求に必要なものとは何かを分析する。

(2) 問題点

タイレノール事件発生時に，ジョンソン社が瞬時に対応策をとることができたのは，「OUR CREDO」という倫理綱領が企業に浸透していたことが根底にあると考えられる。

ここで現れる問題点は，図表2-3-2に示されるように，多くの企業は倫理綱領を有しているが，それらをインターネットで公表したり，企業倫理委員会などの専門部署を作っておらず，多くが形式的な社会性・倫理性の追求にとどまり，有事においての対応が円滑に進まず，コストだけが発生している状態になっていることである。

(3) 課　題

以上のことから課題としては，企業の根本的な方向性を示している倫理綱

図表2-3-2　日本における企業倫理制度化状況

企業倫理・行動指針の策定	72.5%
企業倫理類のインターネット公表	18.3%
企業倫理担当役員の任命	34.2%
企業倫理委員会の設置	33.7%
企業倫理担当部署の設置	27.5%
教育・研修の実施	39.8%
現場での倫理活動組織設置	5.1%

（出所）2004年度　慶応義塾大学COE調査に基づいて筆者作成。

第2章 経営管理論の生成と発展

領を有事の際に迅速かつ，社会的な行動をするためにグローバルな視野で発信，整備していくことがあげられる。

(4) 解決策

企業における倫理の制度化手法には，コンプライアンス型と価値共有型の2つの制度化手法がある[4]。

倫理綱領等の制度を有しているにも関わらず，経営や社員への企業倫理の浸透が乏しいのは，倫理の制度化手法がコンプライアンス型であることが関係している。

コンプライアンス型は，危機管理的な発想に基づいた法令遵守に主眼を置いており，倫理綱領等を制定するが，表面的かつ形式的なものにとどまり，制度の内容や社員への浸透度ではなく，企業が倫理綱領を有することによって完成とみなしてしまう傾向がある[5]。

また，コンプライアンス型の倫理基準を浸透させた場合，硬直的でマニュアル化した経営を招いてしまう。このような硬直的な特性を持つコンプライアンス型では有事の際に社内が混乱してしまい，統制することができなくなってしまう。

図表2-3-3に示されるように，価値共有型は本質的な倫理の重要性の把握と組織に倫理を浸透させるための自発的，能動的な倫理制度となる。このような自発性を持った倫理制度は企業の特色を出すことにつながり，社内が「やらされている」という義務的な考えから「やっている」という考えにシフトする。このような能動的な考えによって，社内をうまく統制することができる。

つまり，解決するときの前提として，企業内の倫理を制度化する際に，図表2-3-3で示されているような，価値共有型の倫理制度を採用することが望ましい。

ジョンソン社のタイレノール事件に対する対応は，価値共有型の倫理制度を持っていたからこそ，迅速かつ社会性を重視した行動になったのである。

価値共有型の倫理制度を整えた上で，この倫理を社内に浸透させなければならない。この方法として，個人に行き渡るような細分化した情報ネットワ

図表2-3-3　コンプライアンス型と価値共有型の比較

	コンプライアンス型	価値共有型
精神的基盤	外部から強制された基準に適合	自ら選定した基準に従った自己規制
倫理綱領の特徴	詳細で具体的な禁止条項	抽象度の高い原則
目的	非合法行為の防止	責任ある行為の実行
リーダーシップ	弁護士が主導	経営者が主導
管理手法	監査と内部統制	責任を伴った権限委譲
相談窓口	内部通報制度（ホットライン）	社内相談窓口（ヘルプライン）
教育方法	座学による受動的研修	ケース・メソッドをふくむ能動的研修
裁量範囲	個人裁量範囲の縮小	個人裁量範囲内の自由

(出所)　企業倫理研究グループ（代表：中村瑞穂）[2007]　9頁。

ークを作ることが必要となってくる。

　日本で細分化した情報ネットワークを有する企業である小林製薬では，商品開発における商品アイデアを社員提案制度という政策によって全社から集めている。小林製薬の社員用パソコンには，全社との連携をとるアイコンがネットワーク化されており，そのアイコンを使って社員は商品アイデアを提案していく。小林製薬の場合はこのようなネットワークを社員に商品アイデアを提案してもらうことを目的とし設備しているが，社内で個々の社員まで伝わるようなネットワークを構築し，全社との連携をとるという点では倫理制度を浸透させていく場合も十分に利用することができる。

　また，価値共有型の倫理綱領をインターネットなどの通信機器を用いてあらゆるステークホルダーに発信することが大切になってくる。ステークホルダーに公表するためには，倫理綱領自体も社会性を考えたものに固定化する必要がある。つまり，ステークホルダーに発信するという前提により企業が主観的に考えた倫理綱領ではなく，社会から「見られる」という客観的な視点から倫理綱領を策定することができる。

　さらに，経営理念は消費者が企業を選ぶ時の1つの重要なものとなっており，公表することによって消費者の信頼を獲得し，結果的には顧客の獲得にもつながる。

図表2-3-4 効果的な倫理の制度化

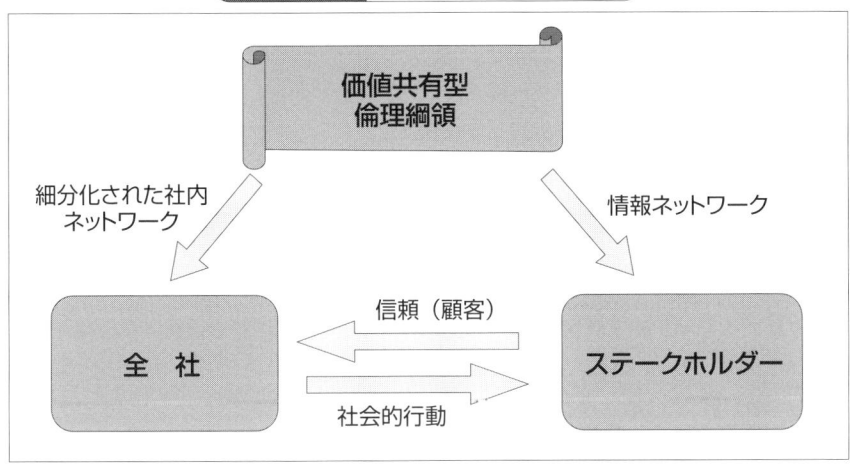

価値共有型倫理綱領

細分化された社内ネットワーク

情報ネットワーク

全 社 ← 信頼（顧客） ← ステークホルダー

社会的行動 →

（出所）筆者作成。

　つまり，企業内で倫理を制度化する際に，倫理綱領が企業に浸透し，効果的に機能する仕組み作りを行うためには，①価値共有型の倫理綱領の採用，②細分化された情報ネットワーク，③ステークホルダーへの公表，が必要となってくる。

　最近の企業不祥事は，企業倫理が形骸化していることが原因でおきているといっても過言ではない。こういう状況では企業の行動を導く核となる倫理綱領を見直し，重要視していく必要がある。いつの時代においても顧客があっての企業活動であり，社会性を追求していくことが企業存続につながる。

1）飯冨順久［2000］89頁。
2）Sheldon, O.［1924］77項。
3）Aguilar, J. F.［1997］訳書96頁。
4）企業倫理研究グループ（代表：中村瑞穂）［2007］7頁。
5）企業倫理研究グループ（代表：中村瑞穂）［2007］8頁。

参考文献

Aguilar, J. F.［1994］*Managing Corporate Ethics*, Oxford University Press, Inc.（水谷雅一=高橋浩夫=大山泰一郎訳［1997］『企業の経営倫理と成長戦略』産業能

率大学出版部。)
Sheldon, O. [1924] *The Philosophy of Management,* Sir Isaac Pitman and Sons Ltd.
飫冨順久［2000］『企業行動の評価と倫理』学文社。
岸川善光［1999］『経営管理入門』同文舘出版。
岸川善光［2002］『図説　経営学演習』同文舘出版。
岸川善光［2006］『経営戦略要論』同文舘出版。
岸川善光［2007a］『経営診断要論』同文舘出版。
岸川善光編［2007b］『ケースブック　経営診断要論』同文舘出版。
企業倫理研究グループ（代表：中村瑞穂）［2007］『日本の企業倫理—企業倫理の研究と実践—』白桃書房。
宮坂純一［1994］『現代企業のモラル行動』千倉書房。

まとめと今後の研究課題

『経営管理要論』の第2章のテーマは，経営管理論の生成と発展過程，すなわち学説史について理解を深めることである。『経営管理要論』では，経営管理論の生成と発展過程について，下記の6つに分類し，経営管理論の生成と発展過程に関する「一定の法則性」を導き出すことを目指している。

- 古典的管理論……合理性の追求
- 新古典的管理論…人間性の追求
- 近代的管理論……システム性の追求
- 適応的管理論……条件適応性の追求
- 戦略的管理論……戦略性の追求
- 社会的管理論……社会性の追求

【ケース1】グーグルでは，メイヨー＝レスリスバーガー，リッカート，マグレガー，ハーズバーグ，マズローなど新古典的管理論が対象とした人間性の追求について考察している。【ケース1】では，人間性の追求の中で，組織行動論の知見を一部とりいれながら，特に職務満足に焦点をあてて言及している。【ケース1】では，社員の職務満足が組織文化によって影響を受け，企業の利益につながるという関係に着目し，「企業と従業員の幸福の両立」の重要性を強調している。

今後の研究課題として，坂下昭宣［1985］が定式化した組織論的期待モデルなど，人間性の追求に関連する理論モデルの追試が必要不可欠である。ヒト，モノ，カネ，情報などの経営資源のうち，一時期，ヒトに対する過小評価の時代があった。しかし，経営管理の主体も客体もヒト抜きでは決してあり得ない。むしろ，経営資源としてのヒトの特性を踏まえて，雇用問題の解決など新たな人間性の追求が望まれる。

【ケース2】ダイエーでは，戦略的管理論について考察している。チャンドラー，アンゾフ，ポーターなどに代表される戦略的管理論では，主として戦略性を追求している。すなわち，企業と環境との関わり方に関する知識の

一般化・体系化を目指している。【ケース2】では，戦略的管理論の主たる論点であるドメイン，製品・市場戦略，経営資源，競争戦略，ビジネス・システム戦略のうち，製品・市場戦略，競争戦略の2つに焦点をあてている。製品・市場戦略に関しては，ダイエーの製品・市場戦略の特徴である非関連型多角化のリスクを主にとりあげている。また，競争戦略に関して，ダイエーの特徴である大量仕入れ，大量安価販売と「時代の要請」とのアンマッチについて言及している。

　今後の研究課題として，「製品・市場戦略」の前提となる「ドメイン」との関連性についての深耕が必要である。そうすれば，ダイエーの製品・市場戦略の特徴である非関連型多角化は，ドメインの再定義の曖昧さがその真因であることが理解できるであろう。競争戦略に関しては，製品単位の競争力だけでなく，ビジネス・システムの競争力にも目を向けるべきである。

　【ケース3】ジョンソン・エンド・ジョンソンでは，社会的管理論が主として対象とする社会性の追求について考察している。社会的管理論の特徴は，従来の経営管理論の枠組みを拡大して，企業と社会との関わり方，すなわち，地球環境問題，企業倫理，企業の社会的責任などに対する企業の対応に焦点をあてて考察することである。【ケース3】では，社会性の追求が企業存続の要因の1つであることに言及している。

　今後の研究課題として，地球環境問題への対応に関しては，環境マネジメント体制の確立，ステークホルダーに対する十全なコミュニケーション努力，環境配慮型製品・サービスの積極的な展開などがあげられる。企業倫理に関しては，先端的な企業倫理制度の事例研究が必要不可欠である。単なる規範論では，企業倫理の定着は困難である。企業の社会的責任に関しては，第1章のまとめでも述べたように，社会性の追求と業績との相関関係，ステークホルダーの再吟味，ステークホルダー間の調整方法などがあげられる。

　本章では，上述した3つのケースを選択したが，古典的管理論，新古典的管理論，近代的管理論，適応的管理論，戦略的管理論，社会的管理論の生成と発展過程において「一定の法則性」を導き出すには，さらに多くのケーススタディを行うなど，多面的かつ実証的な努力が必要である。

第3章 経営管理の体系

　本章の3つのケースは，『経営管理要論』の第3章と対応している。『経営管理要論』の第3章は，下記の左側に示されるように，5節で構成されている。

　『経営管理要論』では，経営管理について体系的に理解するために，①経営管理の対象，②経営管理の範囲，③経営管理の階層，④経営管理のプロセス，⑤経営管理論の位置づけ，の5つの観点を設定し，それぞれの観点から経営管理について考察している。

　1．経営管理の対象
　2．総合経営管理と機能別管理……【ケース1】ヤマト運輸
　3．経営管理の階層………………【ケース2】富士通
　4．経営管理のプロセス……………【ケース3】オリエンタルランド
　5．経営管理論の位置づけ

　【ケース1】ヤマト運輸では，上述した5つの観点のうち，経営管理の範囲（企業活動の全体を対象範囲とするか，個々の機能を対象とするか）について考察する。具体的には，全体を対象範囲とする総合経営管理と，個々の機能を対象範囲とする機能別管理の整合性をどのように保持してい

るかについて考察する。

　【ケース１】では，全体的な観点から，情報システムを用いることによって，総合経営管理と機能別管理の連結がより密接になり，高業績を実現しているのではないかという仮説を立て，ヤマト運輸の情報システムの実態について考察する。そして，ヤマト運輸の情報システムがさらに進化するためには，埋め込み型知識の活用が不可欠であるという観点から解決策を検討する。

　【ケース２】富士通では，経営管理の階層（トップ・マネジメント，ミドル・マネジメント，ロワー・マネジメント）の中で，ミドル・マネジメントに焦点をあて，ミドル・マネジメントの役割，スキル，さらにあるべき姿について考察する。従来，トップ・マネジメントに関する研究は多く蓄積されているものの，ミドル・マネジメントに関する研究の蓄積は必ずしも十分とはいえない。

　【ケース２】では，具体的に，富士通の管理職教育制度を軸としたミドル・マネジメントの活性化について検討する。企業が持続的成長を保つためには，行動変革論に準拠したミドル・マネジメントの活性化，行動変革が不可欠であり，行動変革がリーダーシップの源泉になることについても言及する。

　【ケース３】オリエンタルランドでは，経営管理のプロセス（①計画設定，②組織編成，③動機づけ，④統制）のうち，動機づけについて考察する。具体的には，顧客との接点を重視するサービス業における顧客サービスと組織構成員の動機づけ（モティベーション）との関連性に焦点をあて，何が動機づけに有効かを検討する。

　すなわち，【ケース３】では，動機づけの背景には，適切なリーダーシップとともにコミュニケーションが不可欠という観点に立ち，コミュニケーション・プロセスについて具体的に取り上げる。そして，言語的コミュニケーションだけでなく，非言語的コミュニケーション（表情，姿勢，ボディ・ランゲージなど）の重要性に言及する。

＊ケースとして選択したヤマト運輸，富士通，オリエンタルランドのホームページおよび各社に関連する参考文献を公表事例として参照した。記して謝意を申し上げる。

第3章 経営管理の体系

1 総合経営管理と機能別管理

❶ このケースを読む前に

　総合経営管理は，全体的な観点から機能別管理の整合性を保持することによって機能する。本ケースでは，特に情報の特性に着目する。情報システムを活用することによって，総合経営管理と機能的管理の整合性を保持する企業活動について考察する。

(1) 設　問

　全体的な観点から，機能と機能は，どのようにして整合性を保っているのか。整合性を保つためには，各機能別組織はどのような役割が求められるのであろうか。また，情報システムを用いることによって可能となった総合経営管理と業績との関連性はあるのか。

(2) キーワード

　総合経営管理：企業活動は，研究開発，生産，マーケティングなど，様々な活動によって営まれている。総合経営管理とは，これらの機能を企業活動の全体的な観点から整合性をもつように統合することを目的としている[1]。

　情報の特性：有意味の記号集合体である情報は，①複製できる，②体系化することによって価値を持つ，③重層化，分割化して活用できる，④時間による価値が変化する，⑤無限の処理過程ができる，⑥形態を変化させても同じ内容を保持できる，⑦多義的な意味や価値を持つ，⑧行動に結び付けないと価値を実現できない，という特性がある[2]。

　主体融合：情報ネットワーク時代のモノづくりは，企業と顧客との境界が消失する点に大きな特色を見出すことができる。すなわち，企業と顧客は，情報ネットワークを介してインタラクティブに情報交換しながら，ともにモノづくりを行っている[3]。

❷ ケース

(1) 企業概要

　　企 業 名：ヤマト運輸株式会社
　　設　　立：2005年3月31日（創立：1919年11月29日）
　　資 本 金：5,000百万円
　　事業内容：宅配便，クロネコメール便を中心とした一般消費者，企業向
　　　　　　　け小口貨物輸送サービス事業
　　売 上 高：3,381百万円（2008年3月期）
　　経常利益：70,594百万円（2008年3月期）
　　従業員数：143,276名（2008年3月期）

(2) ケース

　ヤマト運輸株式会社（以下，ヤマト運輸）の前身は，宅配便の生みの親小倉昌男の父，小倉康臣が創立した大和運輸株式会社である。創業当時は，運送トラック4台，社員15人でのスタートであった。当時は，トラック運送専門の業者は，大和運輸1社のみであった。

〈ヤマト運輸の全国ネット集配網確立〉

　宅配便サービスを開始した当時，ヤマト運輸の最重要課題は，全国ネットの集配網を確立することであった。ヤマト運輸は，地元の米屋や商店を取扱店として提携することによって，集配網を拡大した。コンビニエンスストアが誕生してからは，24時間営業という利点を生かし，取扱店はコンビニエンスストアへと比重が移行した。現在は，セブンイレブン，ファミリーマート，などのコンビニエンスストアが，ヤマト運輸の取扱店となっている。

〈宅急便の進化〉

　新商品が次々に生まれるのは，ヤマト運輸の社風である。ヤマト運輸の場合，セールスドライバーを始めとする現場社員が新しいサービスを提案している。たとえば，「時間指定」のサービス商品を提案したのは東北支社であり，「スキー宅急便」は北信越支社，「ゴルフ宅急便」は関東支社の現場の声が反映されて誕生したサービスである[4]。

また，有冨社長（2002年当時）は，ある30代の主婦が，宅配便をなるべく使わずに，タクシーに乗ってでも荷物を持って帰るという話を聞き，翌日配達では顧客は満足しないと感じ取った。そこから生まれたのが，電子メールで配達日を指定できる「宅急便通知サービス」である[5]。

〈今日の宅配事業と宅急便〉

　米国ロジスティクス管理協議会によれば，ロジスティクスとは，「顧客ニーズに対応するために，原材料，半製品，完成品，およびそれらの関連情報の産出地点から消費地店に至るまでの流れを効率的かつ費用対効果を最大ならしめるように計画，実施，統制すること」である。ここで，ヤマト運輸のロジスティクス事業のサービス内容は，以下の2点に要約できる。

① これまでに蓄積した物流ノウハウを駆使して，商品の受け入れ，保管，出庫，梱包，配送，商品情報の管理に至る各種物流サービスを顧客の要望に応じて組み合わせ，最適の物流システムを提案，提供する。

② 販売を支援するために不可欠な在庫情報をコンピュータによって管理し，常にフィードバックできるようにする[6]。

　これらは，今日では日常的に利用されているこれらのサービスであるが，高度な情報システムが機能してはじめて存在しうるものである。

❸ 分　析

(1) 分析の視点

　ヤマト運輸の情報システムは，各物流センターやドライバーが携帯しているシステムに情報が的確に流れている。このような機能と機能の結びつきは，ヤマト運輸の情報システムが確立していることによって可能であるという考えに基づいて考察する。

　また，ヤマト運輸の宅配事業が成功した要因は，これら情報システムを用いたロジスティクス事業にあるといえるのか。

(2) 問題点

　ヤマト運輸の問題点として，主に情報資源管理に関して指摘する。

　チェックランド（Checkland, P.）［1985］が提唱したシステム分析方法論に

よれば，情報資源管理は，①拒絶型（環境，提供者のどちらも情報のやりとりを拒絶する）から②順向型（環境および提供者に対して積極的に情報を要求し，その情報からさらに新しい情報を見出すことができる）へ変化しうる。つまり，かたいシステムからやわらかいシステムへの変化に対応させることができる[7]。

　ヤマト運輸の情報システムは，管理としてのシステムが確立しているために，ルーチンワークのみをデータの対象とする拒絶型の状態にあるのではないか。数値などに変換された顧客のデータのみを情報資源の対象とすると，変化し続ける環境に対応することができない。これは，新しい情報システムを導入しても同様のことがいえる。たしかに，現状において，ヤマト運輸の情報システムは，組織体質強化のために重要な役割を十分果たしているといえる。しかし，情報管理システムは，環境変化に対応することこそ，今後の情報資源管理に生かすことができるのである。

(3) 課　題

　ヤマト運輸の課題は，まず第1に，情報資源の対象を広げ，あいまいさを取り扱うことである。ここでいうあいまいさとは，人々によって伝達された情報を取り込むことを指す。つまり，情報資源の対象を数値や文字で表現された単なるデータのみではなく，従来は人を通してのみ取り扱えることができたノウハウや知識といったものにまで，範囲を広げることが必要である[8]。ここで，あいまいさを象徴とする企業文化や価値前提のことを埋め込み型知識という。それに対して，ハードの資源を移動型知識という。両者はそれぞれ，暗黙知と形式知に対応する概念である[9]。

　埋め込み型知識の具体例として，現場のセールスドライバーが収集できる顧客が直接発する声があげられる。配送する担当地域において，主婦の多くと独身男性が利用するサービス，時間帯は異なるものであると容易に考えることができる。しかし，実際にどのようなサービスを求められているかという情報は，セールスドライバーが意識せずに感じているだけでは，ネットワーク内においてその情報を戦略的に活用することは不可能である。この情報を知識として意識的に把握し，ネットワーク内で共有してこそ，新しい価

値創造に貢献することができる。

　埋め込み型知識の取得は，細分化できないものであるため容易ではないが，その移動が可能となった場合，長期間にわたりネットワーク内の能力レベルを飛躍的に拡張させることができる。そのため，ネットワーク内の新しい秩序形成が格段に実現しやすくなる。つまり，妥当性を欠いた既存価値が新しく必要とする価値に置き換えられ，高次学習がネットワーク内に起こりやすくなる。したがって，埋め込み型知識を共有する組織に変革することができる。

　第2に，組織にとって情報システムは，環境の変化に即応した意思決定として反映するべきである。図表3-1-1に示されるように，戦略的情報システムを導入することによって，情報システムは，データや情報技術を知識として取捨選択し，付加価値を生成するために情報資源を効果的に組み合わせ

図表3-1-1　従来型情報システムから戦略的情報システムへ

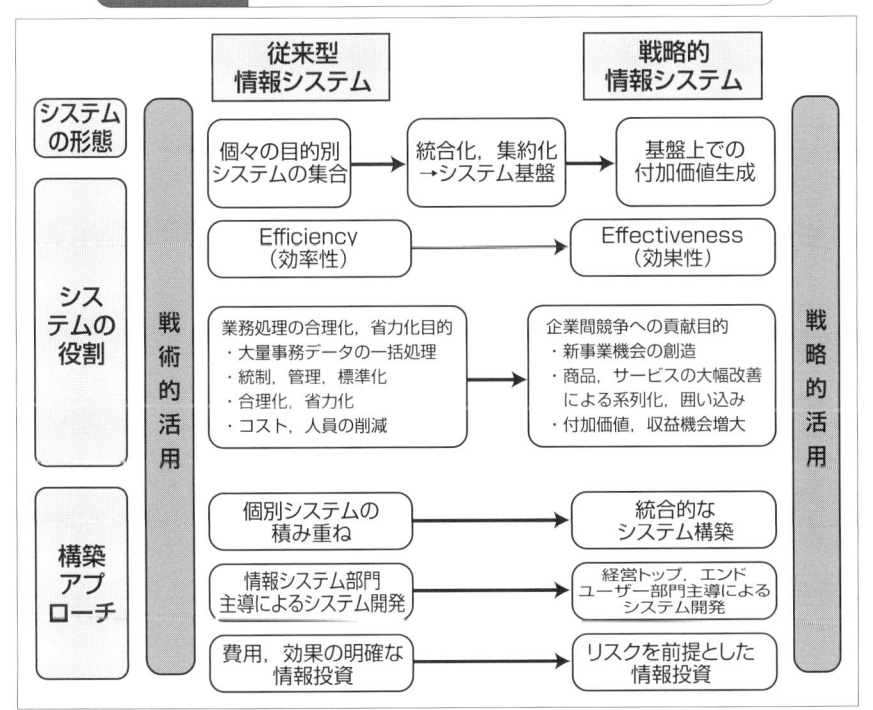

システムの形態	戦術的活用	従来型情報システム	→	戦略的情報システム	戦略的活用
		個々の目的別システムの集合	統合化，集約化→システム基盤	基盤上での付加価値生成	
		Efficiency（効率性）	→	Effectiveness（効果性）	
システムの役割		業務処理の合理化，省力化目的 ・大量事務データの一括処理 ・統制，管理，標準化 ・合理化，省力化 ・コスト，人員の削減	→	企業間競争への貢献目的 ・新事業機会の創造 ・商品，サービスの大幅改善による系列化，囲い込み ・付加価値，収益機会増大	
構築アプローチ		個別システムの積み重ね	→	統合的なシステム構築	
		情報システム部門主導によるシステム開発	→	経営トップ，エンドユーザー部門主導によるシステム開発	
		費用，効果の明確な情報投資	→	リスクを前提とした情報投資	

(出所) 日本情報処理開発協会編 [1991] 9頁。

る役割を担うことができる。つまり，組織学習のための総合的なシステム構築が情報資源管理の在り方である。

　また，情報資源の対象を広げ，ネットワーク内のレベルを上げることは，戦略的情報システムの導入にも役立つ。というのは，付加価値を生成するためには，埋め込み型知識の運用が不可欠なのである。戦略的情報システム導入の目的は，情報システムに基づいて新事業の創造や，既存サービスの向上を図ることである。顧客の視点に立ち，事業の効率性を図るのではなく，その効果性を図るためには，ネットワーク内において，高次学習を行った総合的な情報システムを構築しなければならない。

(4)　解決策

　企業文化や価値前提といった埋め込み型知識を生かすことによって，高次学習が働くメカニズムをネットワーク内に生じさせる。このようにするためには，企業対環境という図式ではなく，ネットワーク全体を1つの組織として捉え，企業間ネットワークをより密接に関連づける必要がある。

　ロジスティクス事業のターゲットは，顧客だけではなく，自社で物流を持たない中小企業や小売業者をも含む。これらをターゲットとするためには，企業間で情報システムの連携を図らなくてはならない。図表3-1-2に示されるように，ヤマト運輸独自の情報システムではなく，企業間に関わるシステムの開発を進めるべきである。

　つまり，システム自体に独自性を持たせず，商品やサービスで競争するのである。自社のシステムのみを利用して連携を図ろうとすると，パートナー企業は端末を複数設置しなくてはならない。この企業間システムを開発する際，埋め込み型知識をいかに共有，取得できるかどうかが重要である。例えば，季節やイベントに合わせて顧客に発信するビジネスを企画・運営する。顧客が今，必要としているものをより的確にサービスに取り入れることができるのは，パートナー企業との連携が図れていることが必要条件となる。

　このように，ヤマト運輸は，企業同士で需要，供給の関係を築くことができる。この関係こそ，ヤマト運輸の目指すべきロジスティクス事業である。顧客はただ単に購買する存在としてではなく，場合によっては供給者として，

第3章 経営管理の体系

図表3-1-2 企業間システムの開発

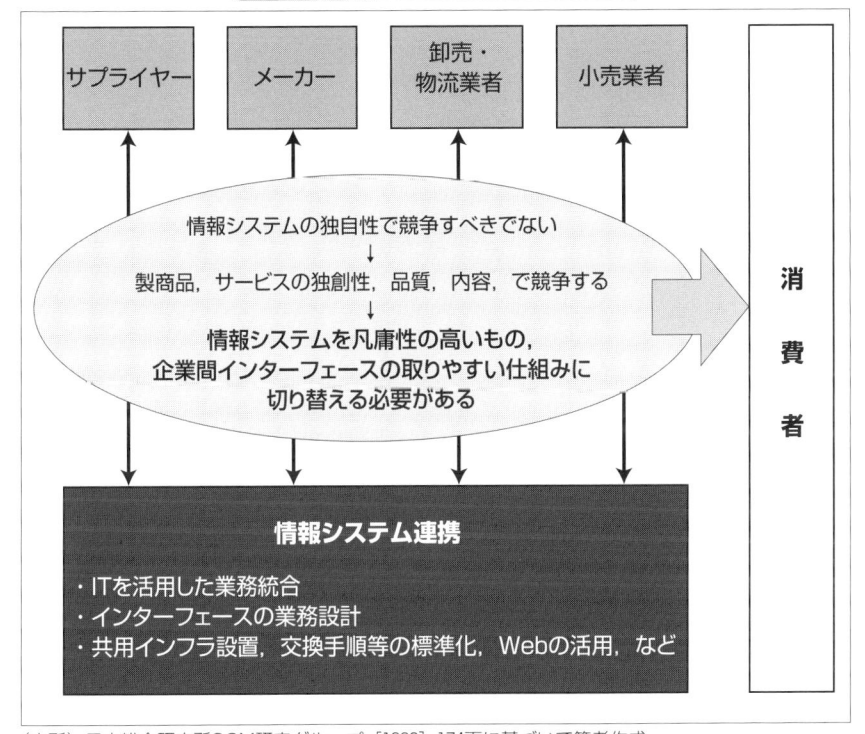

```
[サプライヤー] [メーカー] [卸売・物流業者] [小売業者]

   情報システムの独自性で競争すべきでない
            ↓
   製商品，サービスの独創性，品質，内容，で競争する
            ↓
   情報システムを凡庸性の高いもの，
   企業間インターフェースの取りやすい仕組みに
   切り替える必要がある

                                    → [消費者]

   【情報システム連携】
   ・ITを活用した業務統合
   ・インターフェースの業務設計
   ・共用インフラ設置，交換手順等の標準化，Webの活用，など
```

（出所）日本総合研究所SCM研究グループ［1999］174頁に基づいて筆者作成。

あるいはパートナー企業として，情報を発信しうる。つまり，供給者と消費者との境界線を崩し，ともにモノづくりに参加することができる。

しかし，宅配便事業の需要は飽和状態にあることを再認識しておく必要があるのではないか。業界トップのシェアを占めているヤマト運輸であるが，競合他社がシェアを伸ばしつつある今日，ヤマト運輸は，サービス内容の充実を図りつつ，ロジスティクス事業によって各機能別組織を活性化させ，組織全体，事業全体での整合性に関して，検討するべき時期を迎えている。

---

1) 岸川善光［2002］101頁。
2) 小川正博［1993］30頁。
3) 原田保［2000］52頁。

4）舘澤貢次［2002］88頁。
5）同上書76頁。
6）同上書60頁。
7）Checkland, P.［1981］訳書168頁。
8）島田達巳=海老澤栄一［1989］185頁。
9）高橋信夫［2000］197頁。

参考文献

Checkland, P.［1981］. *Systems Thinking, Systems Practice*, J. Wiley.（高原康彦=中野文平監訳［1985］『新しいシステムアプローチ―システム思考とシステム実践』オーム社。）
石橋曜子=高尾恭介［2005］『クロネコヤマトの宅急便 "NEKOシステム" 開発ストーリー』 株式会社アイテック 情報処理技術者教育センター。
宇野修［2003］『売るロジスティクス―品質の創造』白桃書房。
大久保隆弘［2003］『ヤマトは我なり！［宅急便］セールスドライバー"サービス力の本質"』ダイヤモンド社。
小川正博［1993］『企業の情報行動』同文舘出版。
岸川善光［1999］『経営管理入門』同文舘出版。
岸川善光［2002］『図説　経営学演習』同文舘出版。
岸川善光［2006］『経営戦略要論』同文舘出版。
岸川善光編［2007a］『ケースブック　経営診断要論』同文舘出版。
岸川善光［2007b］『経営診断要論』同文舘出版。
高橋信夫［2000］『超企業・組織論』有斐閣。
舘澤貢次［2002］『ヤマト運輸の野望』ぱる出版。
日本総合研究所SCM研究グループ［1999］『図解　サプライチェーンマネジメント早わかり』中経出版。
島田達巳=海老澤栄一［1989］『戦略的情報システム―構築と展開―』日科技連出版社。
日本情報処理開発協会編［1991］『我が国の情報化』日本情報処理開発協会。
原田保［2000］『知識社会構築と組織革新：関係編集』日科技連出版社。
ヤマト運輸HP≪http://www.kuronekoyamato.co.jp/index.html≫

第3章 経営管理の体系

2 経営管理の階層

❶ このケースを読む前に

　本ケースでは，ミドルと呼ばれる管理者層に関して，組織内で重要な役割を果たす試みについて分析する。また，中高年社員の管理者としてのあるべき姿も視野に入れて考察する。

(1) 設問

　経営管理の階層は，社長や専務取締役等を指すトップ・マネジメント，部長や課長等を指すミドル・マネジメント，係長や職長を指すロワー・マネジメントの3つに分類できる。各階層で必要なスキルは異なるが，ミドル・マネジメントで求められるスキル，役割とはどのようなものか。

　また，直面するタスクを遂行する上で，ミドル自身が十分な情報を持っているとは限らない。そのギャップを埋めるために，ミドルは自らが創発[1]し，変革するためにはどのような行動が必要なのか。

(2) キーワード

　人的ネットワーク：部門横断的な交流，協力を容易に実現するためには，ミドル・マネジメントによる左右のコミュニケーションによって，経営課題解決のために組織内での人的ネットワークを構築する必要がある。部門横断的交流が活発に行われることによって，異質の人々の相互作用が行われ，それを通して組織学習が促進される[2]。

　タスク不確実性：タスクを遂行するのに十分な情報を持っていないことをいう[3]。ミドルという立場の本質的属性は，タスクを遂行するために，部下や上司，他部門にも依存せざるを得ない。タスク不確実性は，管理者や経営者の置かれた状況を特徴づける[4]。つまり，ミドルにとって，このタスク不確実性をどのように克服するかは，達成度に違いが生じる重要な要素の1つ

である。

❷ ケース

(1) 企業概要

　　企 業 名：富士通株式会社
　　設　　　立：1935年6月20日
　　資 本 金：324,625百万円
　　事業内容：通信システム，電子デバイスの製造・販売等
　　売 上 高：5,330,865百万円（2008年3月期，連結）
　　経常利益：162,800百万円（2008年3月期，連結）
　　従業員数：167,374名（2008年3月期，連結）

(2) ケース

〈ホワイトカラー研修〉

　富士通株式会社（以下，富士通）の45歳の社員を対象とした教育制度をとりあげる。この制度に象徴されるように，富士通では，管理職の再生に積極的に取り組んでいる。

　この教育制度は1970年にスタートした。その目的は，以下の4点に要約できる。

① 現在までの自己の専門分野を超えた総合的な経営管理技術を身につけさせ，将来の経営幹部要員の育成，ならびに国内外の営業拠点や関係会社の経営を担当できる人材を育成する。
② 管理者に対して，さらに高度の各種管理技法を習得させることによって，多様化する社会に対応できる能力を育成する。
③ 各人の資質，能力の多面的な評価を通じて将来の進路を解明し，適材適所の配置を図ることにより，人材の有効活用に努める。
④ 幅広い人間性を備えた人材を育成するために，自己啓発の契機を与える。

　上記の目的を踏まえ，現在行われているミドルを活性化させるための取り組みの具体例として，「コーチング・アワセルブズ」をあげる。10ヶ月間研

修期間を設け,計30回の研修が行われる。午前9時から75分間,マネジメントの理論を学んだ後に,それぞれの受講者が身の回りに起きたことや悩みを披露し,他の受講者と一緒に解決策を探る。学んだことは,職場に戻って実践し,次の研修ではその成果や新たな課題について議論する[5]。

〈ミドルの負担軽減〉

1993年に成果主義を導入した富士通では,個人の目標設定,その目標に対する達成度のみで処遇を決定する方式を採用したことによって,目標を低く設定する社員が続出した。しかし,部下の働きは,期末の数字だけでは判断できない。そのため,プロセスを評価するためには,部下との意思疎通を緊密にし,日々の働きに目配せする必要があると考えた。

そのため,あえて高い目標を掲げさせ,期中に達成できなくてもそのプロセスを重視する評価方式に変更した。しかし,2001年からのIT(情報技術)バブル崩壊で業績が悪化し,富士通はリストラを余儀なくされ,評価制度の見直しは機能する段階には至らなかったという[6]。

2007年度に発足した業務プロセス改善ワーキンググループは,予算作成の業務の抜本的な見直しを進めている。部下の業務に関しての評価資料作成も簡素化し,管理職1人あたりの資料作成時間を4分の1に縮めることに成功している[7]。

❸ 分 析

(1) **分析の視点**

企業が持続的成長を保つために,富士通は,ミドル・マネジメントの活性化に努めている。ミドルが再生されることによって,組織全体に対して影響を与えるという考えに基づいて考察する。

(2) **問題点**

ミドル・マネジメントを活性化させる際に生じる問題点として,主に2点が考えられる。

まず第1に,ミドル・マネジメントの意識や行動の変革を妨げる要因として,彼らの企業変革に対しての理解不足があげられる。ミドル自身が,何を

どのように改善すれば良いのか自覚しない状態では変革は不可能である。

第2に，年功主義で現在のポジションに就いている管理者が未だに主流であるため，ミドル・マネジメントとして本来的に求められる能力やスキルが不足している点である。この能力は，①成果主義を適正に運用するための目標設定や評価に関する一連のスキル，②業務を的確に遂行するための業務マネジメントのスキル，の2つである[8]。このようなスキルは，研修を一度受けた程度では，修得することは難しい。

また，管理者行動の効果として，ミドル自身だけではパワーが不十分である。そのため，自部門の上司，他部門の上司，他部門の同僚，他部門の部下など，直接的な管轄下にはない人々に取り囲まれているミドルは，自身のパワーとタスク遂行に必要なパワーとの隔たりを意味するパワー・ギャップが生じやすい。特に外部への依存性は，自部門独自の戦略的課題を打ち出したり，自部門から企画を試行したりする場合において，より顕著になる。このようなタスク依存性こそ，ミドルの再生に対する最重要なハードルである。

(3) 課　題

ミドル・マネジメントのスキルを身につけるため，組織が継続して仕組みを構築し，ミドルの行動変革を促すべきである。そのために，図表3-2-1に示されるように，5つのステップから構成される行動変革論の考えを用いる[9]。

第1ステップは，「気づき」である。これは，ミドル自身がなぜ変わらなければならないのか，を強烈に気づくことが導入部分となる。しかし，具体的にどのような方法やアプローチがあるかわからなければ変革にはつながらない。この方法論の発見，自分自身のモデル作りに相当するのが第2，第3ステップである。

しかしこの段階において，変わらなければならないことを認識しても行動力のない者もいる。そこで，このような行動パターンが必要であることを自身の中で納得し，確信を十分に深めなければならない。上司の前で決意表明やディスカッションをすることによって，確信を得る方法もある。しかしここで留意すべきことは，最終的には組織のサポートが必要であるという点で

図表3-2-1 行動変革を促すための5つのステップ

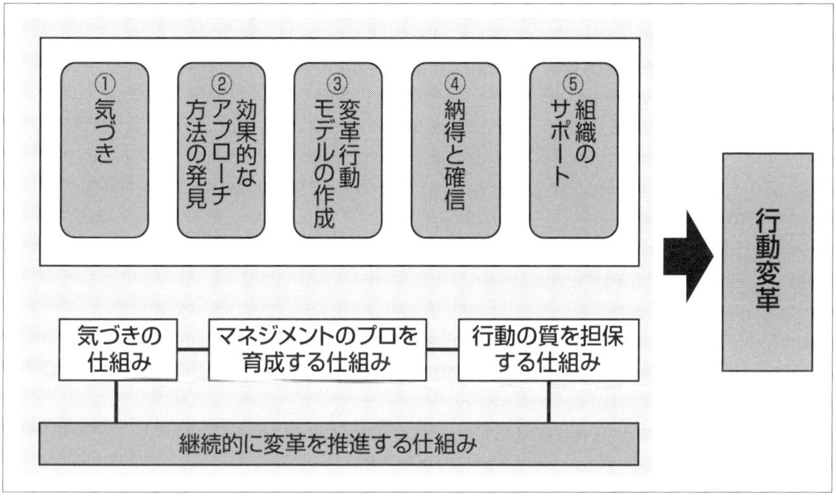

- ① 気づき
- ② 効果的なアプローチ方法の発見
- ③ 変革行動モデルの作成
- ④ 納得と確信
- ⑤ 組織のサポート

→ 行動変革

- 気づきの仕組み
- マネジメントのプロを育成する仕組み
- 行動の質を担保する仕組み

継続的に変革を推進する仕組み

(出所) 吉田寿 [2008] 217頁に基づいて筆者作成。

ある。自身の中で納得をし，理解できたとしてもこの段階が欠落してしまうと，継続的に行動変革を促すことは難しい。このように，納得と確信，組織がサポートする仕組みが第4，第5ステップに相当する。

第5ステップの重要性はこれらのステップの中で最も高いといえる。というのは，組織の中において，新しいプロセスが起こると従来の弊害が明確になるからである。そこで，ミドルが変革を起こそうとする行動を担保する仕組みが必要となる。ここで注意すべき点は，恐怖心に訴えてはならない点である。基本的には，本人の前向きな気持ちをベースにして主体性を持たせることが重要である。

(4) 解決策

問題点，課題で示したように，ミドルの意識，行動の変革を促すためには，リーダーシップを図ることができる人材を継続的に組織内で育成することである。

業務革新者の役割は，変化と競争の激しい市場環境において，既存領域の維持や改善にとどまらず，新しい付加価値を見つけるために技術革新や市場

の変化,流行などから敏感に察知して素早く反応することである。そのためには,自己の専門分野だけにとらわれず,幅広い領域や外部の人脈から新しい情報を吸収することによって,これまでの知との融合を図り,新しい付加価値を創造する能力が求められる。つまり,従来の枠組みを飛び越えて何かを創ることがミドルとしてのミッションであることを徹底的にトレーニングするべきである。これらの取組みによって,自らの成果として,何を成し遂げたか,成果をどれほど積み上げることができたか,など常に自問自答する習慣をつけることができる。

従来は「管理者」を育成するための教育がなされてきたが,必要とされているのは,変革を促すリーダーシップである。つまり,図表3-2-2に示されるように,「リーダー」を育成する教育へとシフトすることが必要である[10]。

ここでいうマネジャーとは,マネジメントをする人物であり,自分自身で

図表3-2-2　管理中心のマネジメントから変革を促すリーダーシップへ

	基本的な管理者の役割		今後期待される管理者の役割
	マネジメント		リーダーシップ
基本的な役割	上位目標の達成に向けて,複雑な環境に対応しながら「How」を構築し,示すこと ⇒マネジメントがうまく機能すれば,組織の秩序維持と運営の一貫性が保てる	＋	複雑かつ大きな環境変化の中で,「変革」を実現するための戦略「What」を構築し,示すこと ⇒過去の踏襲ではない変革を実現するものであり,現代の複雑でスピードが求められる環境下では,その重要性も高まっている
業務の基本	業務計画の立案と予算の策定 ⇒一定期間での目標を定め,その期間で実施する詳細な実行ステップと必要な経営資源を特定する	＋	ビジョンと戦略をつくりあげる ⇒様々な事象を分析し,事業・組織のあるべき方向を示し,それに向かうための現実的な道筋を明らかにする
	組織化と人材配置 ⇒計画目標達成に向け人材を確保し,責任の明確化,進捗把握の仕組みづくり,などの推進体制を整備する	＋	ビジョン達成に向け関係者のベクトルを統一すること ⇒上司・部下などすべての関係者とコミュニケーションを図り,ビジョン達成の意義とその方法について理解する
	コントロールと問題解決 ⇒実績と計画の乖離をチェックし,問題があれば解決手段を講じる	＋	動機づけと啓発 ⇒達成感,自尊心,価値観など,人間の根源的なエネルギーに働きかける

(出所)吉田寿[2008] 258頁。

第3章　経営管理の体系

仕事をするというよりは，他人や組織を動かしてタスクを実行する人物のことである。これに対して，リーダーとは，自らがビジョンを描き，率先してタスクに取組み，自己の一連の行動を通じて組織の目指すべき方向へ身をもって示す立場の人物のことである[11]。言い換えれば，伝統的なマネジメントの目的が既存組織の存続を前提として，これを機能させることにあるのに対し，リーダーシップの基本機能は，現時点の組織をより良い方向に導くための変革の推進にあたる。この定義の違いを踏まえて，リーダーに求められる役割を図表3-2-2に示す。

コッター（Kotter, J. P.）[1999]によれば，リーダーシップとは，ビジョンや戦略を策定し，その戦略遂行のために人々を結集させ，ビジョン実現に向け人々にエンパワーメント（権限委譲）を行って，場合によっては部下をモティベート（動機づけ）し，目的を実現させる力のことをいう[12]。しかし，現実には，マネジメントとリーダーシップは明確に区分できるものではなく，互いに補完性を持っている。このため，マネジメントを行った上で，リーダーシップを発揮することが求められていることが分かる。したがって，従来のマネジメントとしての役割をベースとし，それと並行してリーダーシップできる人材が必要である。

このように，変化が激しい現在の環境では，ミドル・マネジメントにおいてリーダーシップを発揮できる人材の育成が重要である[13]。

---

1 ）田坂広志［1997］8頁。
2 ）十川廣國［2002］150頁。
3 ）金井壽宏［1994］105頁。
4 ）同上書122，347頁。
5 ）日経ビジネス，2008年7月7日号，32頁。
6 ）調査の概要：2008年6月3～10日，日経BPインターネット調査システム「ＡＩＤＡ」で実施。調査対象は「NBonline」の会員で有職者。有効回答数は364，うち管理職は248である。
7 ）日経ビジネス，2008年7月7日号，33頁。
8 ）吉田寿［2008］214頁。
9 ）同上書217頁。

10）同上書224頁。
11）同上書254頁。
12）Kotter, J. P.［1999］訳書254頁。
13）吉田寿［2008］259頁。

参考文献

Kotter, J. P.［1999］, *What Leaders Really Do*, Harvard Business School Press.（黒田由貴子訳［1999］『リーダーシップ論―いま何をすべきか』ダイヤモンド社。）
金井壽宏［1994］『変革型ミドルの探求―戦略・革新指向の管理者行動』白桃書房。
岸川善光［2006］『経営戦略要論』同文舘出版。
岸川善光編［2007a］『ケースブック　経営診断要論』同文舘出版。
岸川善光［2007b］『経営診断要論』同文舘出版。
黒瀬邦夫［2005］『富士通の知的「現場」改革―事例にみるワークスタイル変革の実践』ダイヤモンド社。
城繁幸［2004］『内側から見た富士通「成果主義」の崩壊』光文社。
十川廣國［2002］『新戦略的経営・変わるミドルの役割』文眞堂。
田坂広志［1997］『創発型ミドルの時代　複雑系マネジメント10の発想転換』日本経済新聞社。
吉田寿［2008］『ミドルを覚醒させる人材マネジメント』日本経済新聞出版社。
日経ビジネス，2008年7月7日号，日経BP社。
富士通HP≪http://jp.hujitsu.com/／≫

第3章 経営管理の体系

3 経営管理のプロセス

❶ このケースを読む前に

テリー＝フランクリン（Terry, G. R. = Franclin, S. G.）[1982] によれば，管理過程（マネジメント・プロセス）は，①計画設定，②組織編成，③動機づけ，④統制，の4つに分類できる[1]。

本ケースでは，主に動機づけを中心に据えて考察する。組織の中の人間の心理を刺激して行動に結びつけるプロセスに着目し，組織心理学の視点も用いながら考察する。

(1) 設　問

組織を構成する人員を，動機づける（モティベートする）ためにはどのような刺激が必要なのであろうか。

本ケースでは，サービス業をとりあげる。顧客サービスと組織構成員のモティベーションとの関連性はどのように形成されるのか。

(2) キーワード

モティベーション：モティベーションとは，人間の意図的な行動を触発，指向し，また継続させる上で働く心理プロセスのことである[2]。人間の行動は，環境からの刺激に単に機械的に反応した結果として表れてくるものではない。環境の刺激を1つの契機としながらも，内部的な心理的プロセスを経ることによって行動が規定される。

コミュニケーション・プロセス：コミュニケーションとは，端的にいえば情報の流れのことである。情報の双方向の流れを指すコミュニケーションを「メッセージ（情報）を創造し交換するプロセス」と言い換えることができる。集団や組織の内部で行われているコミュニケーションは，環境不確実性を処理するために，組織構成メンバーたちやその役割が相互依存し合っている関

係のネットワークの中でメッセージを創造し交換するプロセスをいう[3]。コミュニケーション・プロセスは，①メッセージの送信者，②メッセージ，③チャネル，④メッセージの受信者，⑤メッセージのフィードバック，によって構成される。

　水平的コミュニケーション：コミュニケーションの方向性のうち，組織内において，横の階層へ伝達するコミュニケーションのことである。上下の階層へ伝達する垂直的コミュニケーションに比べて，水平的コミュニケーションはインフォーマルな性格を持っている。水平的コミュニケーションの効果は，メイヨー＝レスリスバーガーらが行ったホーソン実験によって証明されている。

❷ ケース

(1) **企業概要**
　　企 業 名：株式会社オリエンタルランド
　　設　　立：1960年7月1日
　　資 本 金：6,321百万円
　　事業内容：テーマパークの経営・運営及び不動産賃貸等
　　売 上 高：342,421百万円（2008年3月期，連結）
　　経常利益：27,510百万円（2008年3月期，連結）
　　従業員数：正社員　2,384名
　　　　　　　東京ディズニーランド　パーク社員　526名
　　　　　　　準社員[4]　16,266名（2008年3月期）

(2) **ケース**

　株式会社オリエンタルランドが経営する東京ディズニーランドが開園したのは，1983年4月15日であった。東京ディズニーランドのサービスは，カルフォルニアのディズニーランドのサービスやフロリダのウォルト・ディズニー・ワールドと比較しても決して劣らない程の質の高さで知られている[5]。

〈ディズニーランドの教育訓練〉
　キャスト[6]の厳しい品質管理は，最新鋭のファクトリー・オートメーショ

ンを操作するような確実性に支えられている。整備されたシステムや，的確な操作という背景を前提として，東京ディズニーランドが誇るマニュアルがその真価を発揮する。

東京ディズニーランドのトレーニング方法のポイントは，以下の通りである。

① まず，導入をスムーズに行う。第一印象は後の教育効果に影響が大きいため，初期の組み立ては特に注意する。
② 教育は段階的に行われる。まずは基本を教え，それからレベルの高い内容，実践的な内容へとシフトする。
③ 理論を理解したならば，その理論を実際の作業に置き換えた実務内容を教える。
④ 教育を終え，仕事に就いた段階において，必要に応じてフォローアップのトレーニングを行うことによって，初心を持ち続け，スキルの向上を心がける[7]。

現場でどのようにパフォーマンスを発揮するかを学ぶことを目的としているのが，ディビジョン・トレーニングである。ディビジョン・トレーニングは，経験を積んだキャストが，トレーナーとして新人キャストに対して行う。つまり，現場に一番近い教育は「先輩対後輩」型になっている。両者の関係は，教える側と教わる側に明確に区分されているものではない。このアプローチは，①トレーナー自身が，ともに仕事を遂行する仲間であること，②両者が同年代であること，の2点が特徴である。

〈準社員の再契約〉

東京ディズニーランドでは，パークの最前線のキャストが，毎日，初演のときの心構えを保つために教育や訓練などを実施しているが，契約期間に関しても，その環境を保とうとしている。

その具体例として，準社員との契約期間を最長で6カ月としている点があげられる[8]。万が一，その期間内に問題行動があれば，再契約はできない。経験年数によって評価するのではなく，キャストがゲストに対して感動を与えることができるのかという点が重要視されている。

〈魅せるための演技〉

　ショー・アップと呼ばれるキャストのアドリブともいえるパフォーマンスは，マニュアルには記載されていない[9]。このパフォーマンスは，キャストの間で口伝えされ，成文化されていないノウハウとして位置づけられている。このショー・アップは，マニュアルの内容を完全にクリアしていない時点では，決して許可されない。しかし，マニュアルの内容をクリアしているならば，ショー・アップはアドリブを取り入れたパフォーマンスとして奨励されるものである。このような，ショー・アップを目的とした現場内のマニュアル以外でのスキル・アップは，東京ディズニーランドのキャストの育成にとって大きな影響を与えている。

❸ 分　析

(1)　**分析の視点**

　周囲の社会環境と内面的環境の両者の影響によって，キャストがモティベートされるのであろうか。特に，自発的に行動する背景には，適切なリーダーシップとともにコミュニケーションが存在すると捉え，主にコミュニケーション・プロセスにその重点を置いて考察する。

　また，東京ディズニーランドにおいて，キャストをモティベートさせるためのアプローチが適切に行われているかどうか，に関しても分析する。

(2)　**問題点**

　キャストの現場において，情報の送り手から受け手への情報が伝達されるためには，図表3-3-1に示されるように，情報内容を含んだシグナルが送り手から受け手へ届けなくてはならない。このシンボルを運ぶ仕組みないし場を情報メディア，または情報チャネルという[10]。

　しかし，情報を正確に伝える上で，コミュニケーション・プロセスにおける各段階が正しく行われていないと考えられる。符号化の段階では，情報内容とシンボルとが適合していないという問題が大きい。伝えたい内容が日常的な言語では表わしきれない暗黙知を含んでいる場合，大事な部分が捨象され，単純化される可能性が高いため，受け手に対して情報が的確に伝わらな

第3章 経営管理の体系

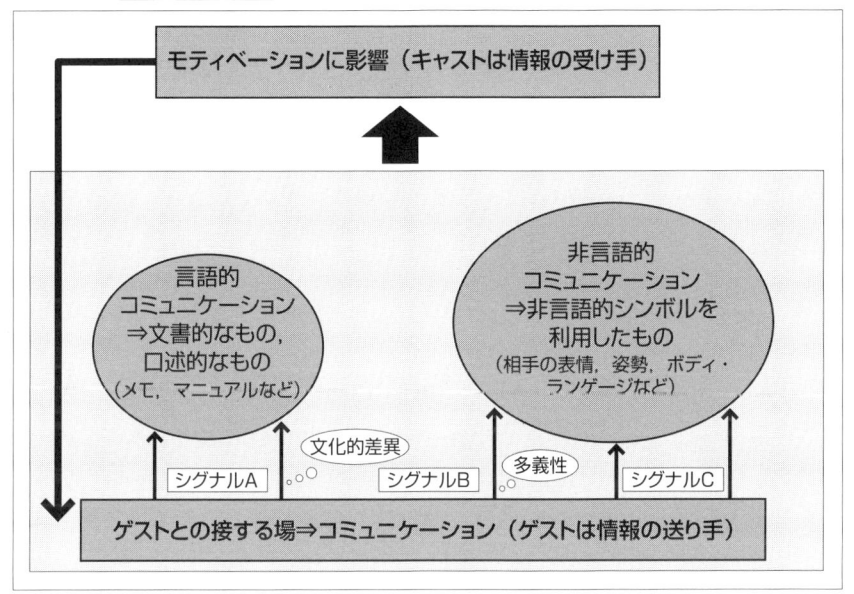

図表3-3-1　コミュニケーションとモティベーションの関係

モティベーションに影響（キャストは情報の受け手）

言語的コミュニケーション
⇒文書的なもの，口述的なもの
（メモ，マニュアルなど）

非言語的コミュニケーション
⇒非言語的シンボルを利用したもの
（相手の表情，姿勢，ボディ・ランゲージなど）

シグナルA　　文化的差異　　シグナルB　　多義性　　シグナルC

ゲストとの接する場⇒コミュニケーション（ゲストは情報の送り手）

（出所）筆者作成。

いのである。

　また，多様性の高いシンボルの解釈には，文化的な違いが反映されやすい。国や地域が同じでも，世代によってシンボルの解釈が異なる場合が少なくないため，コミュニケーション・プロセスの段階を正しく行えていない可能性もある。

(3) 課　題

　まず第1に，非言語シンボルを介して①キャストとキャスト，②キャストとゲスト，におけるコミュニケーションを図れているのかどうか，を積極的に確認しなくてはならない。キャストは，現場に出る前の段階において，ディズニー・ホスピタリティという文化に習い，意識や組織文化を予め共有できているが，キャストとゲストの文化は異なる場合がある。キャストのサービスは適切であるのかどうかを，繰り返し確認し合わなければならない。

　また，ゲストの多くはリピーターであるために，ある程度の期待を持って

来園する。キャストは，ゲストが抱いているその期待値を超えるサービスを提供して初めて，ゲストの満足を得ることができる。

　第2に，キャストの人材の問題点について，もう一度見直す必要がある。年齢的に若いキャストを育成し続け，回転率が早い状態は望ましくない。また，キャストの需要が今後も継続するとは限らない。したがって，トレーナーの役割を果たすことができるキャストを増員していくことが，課題としてあげられる。

(4)　解決策

　問題点，課題を考慮し，これらを解決するためには，ゲストとキャストを接する場を設けることが必要である。

　つまり，園内において，働くキャストと来園したゲストが，東京ディズニーランドの雰囲気の中に違和感なく溶け込む環境を作ることが求められる。その環境が形成されたとき，ゲスト自らその雰囲気を盛り上げ，最高のショーをキャストとともに作ることができる。

　図表3-3-2に示されるように，キャストをモティベートする方法は，多く考えられる。ここで，コミュニケーションとは，複数の時間的な流れとして認識すべきである。キャストのスキル，文化の均一化を図るためには，キャスト同士が互いに理解し合い，個人の資質の違いを認めて多様な人間性を柔軟に受け止め，人間的な対応が求められる[11]。つまり，自他部門のキャストに対して，情報を伝える水平的コミュニケーションを用いる必要がある。たとえば，素晴らしい仕事を成し遂げたキャストに対して，キャスト同士で投票し合い，互いを讃え合うこともできるであろう。

　また，ゲストとキャストとが接する場において，キャストは，直接ゲストと触れ合い，その場の状況を心で捉えることが求められる。これは，日常的な言語とは異なる非言語的シンボルを使ったコミュニケーションである。マニュアルに書いてあるようなお辞儀の仕方など「態度」を守っているのではなく，そのレベルを超えた瞬間だけの「動き」をキャストが体現しなくてはならない[12]。マニュアルに掲載されている点もあるが，ゲストは，その状況に即して対応してくれたという，キャストの動きに対して感動するのである。

第3章 経営管理の体系

図表3-3-2 キャストをモティベートする方法

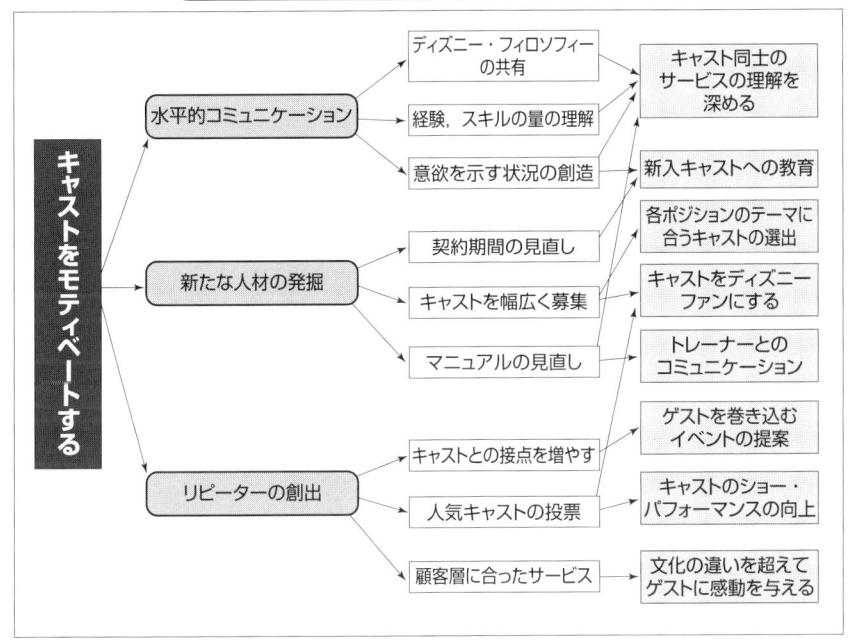

```
キャストをモティベートする
├─ 水平的コミュニケーション
│   ├→ ディズニー・フィロソフィーの共有 →→ キャスト同士のサービスの理解を深める
│   ├→ 経験，スキルの量の理解
│   └→ 意欲を示す状況の創造 →→ 新入キャストへの教育
├─ 新たな人材の発掘
│   ├→ 契約期間の見直し →→ 各ポジションのテーマに合うキャストの選出
│   ├→ キャストを幅広く募集 →→ キャストをディズニーファンにする
│   └→ マニュアルの見直し →→ トレーナーとのコミュニケーション
└─ リピーターの創出
    ├→ キャストとの接点を増やす →→ ゲストを巻き込むイベントの提案
    ├→ 人気キャストの投票 →→ キャストのショー・パフォーマンスの向上
    └→ 顧客層に合ったサービス →→ 文化の違いを超えてゲストに感動を与える
```

(出所) 筆者作成。

　例えば，雨天に来園したゲストに対し，そのときの状況も影響するが，キャストが片膝をついてゲストと接している様子が見られる。この状況は，キャストとゲストが非言語的シンボルを介して，感動を共に感じ，文化的差異を超えた共振する場となる。
　また，キャストが楽しみながら仕事ができる環境を作ることも大切である。つまり，キャスト自身をディズニーファンにすることによって，納得しながらゲストにサービスを提供できるということである。
　したがって，キャストはパーク内の非言語的シンボルを受けとり，ゲストとともに感動することによってモティベーションを保ち，より良いサービスを提供できるのである。すなわち，ゲストに支持される東京ディズニーランドであり続けるためには，サービスや雰囲気を体現するキャストの存在が必要不可欠であるといえる。

1）Terry, G. R. = Franclin, S. G.［1982］7頁。
2）上田秦［1995］83頁。
3）林伸二［2007］169頁。
4）準社員とは，非正規雇用者のことを指す。学生アルバイトは準社員に属する。
5）志澤秀一［2002］42頁。
6）東京ディズニーランドにおいて，直接的に来客（ゲスト）に対して接するスタッフのことを指す。
7）志澤秀一［2002］104頁。
8）小松田勝［2007］32頁。
9）同上書166頁。
10）上田秦［1995］210頁。
11）志澤秀一［2002］196頁。
12）小松田勝［2007］213頁。

参考文献

Harsey, P = Blanchard, K. H. = Johnson, D. E.［1996］, *Management of Organizational Behavior Utilizing Human Resources,* 7th ed., Prentice-Hall.（山本成二=山本あづさ訳［2000］『行動科学の展開［新版］』生産性出版。）
Terry, G. E. = Franclin, S. G.［1982］, *Principles of Management,* 8th ed,. Richard D. Irwin.
上田秦［1995］『〈シリーズ／高度情報化社会の経営学〉組織の人間行動』中央経済社。
小松田勝［2003］『東京ディズニーランド「継続」成長の秘密』商業界。
小松田勝［2007］『ディズニーランドのホスピタリティ　世界一のアルバイトはどのようにして生まれたのか』長崎出版。
岸川善光［2006］『経営戦略要論』同文舘出版。
岸川善光編［2007a］『ケースブック　経営診断要論』同文舘出版。
岸川善光［2007b］『経営診断要論』同文舘出版。
林伸二［2007］『組織心理学』白桃書房。
志澤秀一［2002］『改訂版　ディズニーランドの人材教育』創知社。
オリエンタルランドHP＜http://www.olc.co.jp/news/news.cgi?home_f＞

まとめと今後の研究課題

『経営管理要論』の第3章のテーマは，経営管理に関する体系的な理解を深めることである。そのために，経営管理の対象（経営システム），経営管理の範囲（総合経営管理と機能別管理），経営管理の階層（トップ・マネジメント，ミドル・マネジメント，ロワー・マネジメント），経営管理のプロセス（計画設定，組織編成，動機づけ，統制），経営管理論の位置づけ，の5つの観点を設定し，それぞれの観点から経営管理について考察している。

【ケース1】ヤマト運輸では，全体を対象とする総合経営管理と，個々の機能を対象とする機能別管理の整合性をどのように保持するかについて考察するとともに，情報システムによる総合経営管理と機能別管理の連結に焦点をあてて言及している。そして，情報システムを基盤とするロジスティクス事業の重要性を強調している。さらに，暗黙知と類似した概念である埋め込み型知識をいかに情報システムに取り組むかについて考察している。

今後の研究課題として，ロジスティクス事業と企業間システム（企業間関係，組織間関係）の構築との相関関係を実証的に明確化する必要がある。具体的には，どのようなロジスティクスの形態と企業間システムの形態の組み合わせが妥当であるか，その解明のためには，多面的な実証研究が欠かせない。ロジスティクス事業は，その特性上，複数の企業の複数の機能を横断的に連結することによって成り立つので，企業間システムの設計・再設計が極めて重要な課題となるからである。

【ケース2】富士通では，経営管理の階層の中で，ミドル・マネジメントに焦点をあて，ミドル・マネジメントの役割，スキル，あるべき姿について考察している。特に，【ケース2】では，富士通の管理職研修を軸としたミドル・マネジメントの活性化に言及している。本ケースの執筆協力者には全く伏せていたが，実は，著者は経営コンサルタント時代に，富士通の管理職研修に22年間従事した経験がある。執筆協力者が富士通の管理職研修の何に関心があり，どのように評価するのか，とても興味深かった。行動変革論に

準拠した行動変革が不可欠であり，行動変革がリーダーシップの源泉になるという指摘もそれなりに納得できる。

今後の研究課題として，ミドル・マネジメントの必要性について，根源的な実証研究が欠かせない。具体的には，ミドル・マネジメント不要論が叫ばれているが，本当にそうなのか。様々な局面を抽出して，ミドル・マネジメントの役割を抽出する必要がある。具体的な方法論として，様々な局面において，もしもミドル・マネジメントがいなかった場合，結果はどうなるであろうかというシミュレーション（ケーススタディ）を重ねることによって，情報システムの活用，組織の形態などが明確になるであろう。地道な実証研究の裏づけを欠いたミドル不要論は，一種のプロパガンダに過ぎない。

【ケース３】オリエンタルランドでは，経営管理のプロセスのうち，動機づけについて考察している。具体的には，顧客との接点を最重視するサービス業における顧客サービスと組織構成員の動機づけとの関連性に焦点をあて，何が組織構成員の動機づけに有効かを検討している。【ケース３】では，顧客と組織構成員が接する「場」の設定に工夫が必要という知見を得ている。その場合，言語的コミュニケーションだけでなく，表情，姿勢などの非言語的コミュニケーションの重要性についても言及している。

今後の研究課題として，動機づけ（モティベーション），コミュニケーション，リーダーシップなど，「組織における人間行動」，「組織の中の人間行動」を研究対象とする組織行動論の知見を踏まえて，さらに実証的な研究が欠かせない。すでに，動機づけ（モティベーション）に関して，内容理論（マズロー，マグレガー，ハーズバーグ，マクレランド，アルダーファーなど），プロセス理論（アダムズ，ブルーム，ポーター＝ローラーなど）が蓄積され活用されている。

本章では，上述した３つのケースを選択したが，経営管理の対象，経営管理論の位置づけについても緻密な考察が欠かせない。特に，経営管理の対象である経営システムの範囲が，関係性の拡大に伴って，近年急速に拡大しつつある。その結果，経営管理論の位置づけも，それに伴いますます学際的な色彩を帯びつつある。

第4章 経営戦略

　本章の3つのケースは，『経営管理要論』の第4章と対応している。『経営管理要論』の第4章は，下記の左側に示されるように，6節で構成されている。すなわち，『経営管理要論』では，経営戦略の意義に引き続き，拙著『経営戦略要論』で採用した5つの経営戦略の構成要素（①ドメイン，②製品・市場戦略，③経営資源，④競争戦略，⑤ビジネス・システム戦略）について，体系的に考察している。

1．環境変化と経営戦略
2．ドメイン
3．製品・市場戦略……………【ケース1】ユニクロ
4．経営資源の蓄積・配分
5．競争戦略………………【ケース2】日本コカコーラ
6．ビジネス・システム戦略…【ケース3】アスクル

　【ケース1】ユニクロでは，製品・市場戦略について考察する。製品・市場戦略を効果的ならしめるためには，製品差別化，市場細分化，業界細分化の3点が不可欠であるが，本ケースでは，製品差別化に重点をおいて考察する。

製品差別化を実現するために，【ケース１】では，顧客の「ニーズの束」を再認識し，ニーズに対して戦略的な対応が不可欠であることについて言及する。すなわち，「ニーズの束」を最も有効なセグメンテーション変数によって分類し，顧客に訴求することの重要性について考察する。製品差別化は，製品の特性はもちろん重要であるものの，顧客ニーズに対応するための多様なセグメンテーションが成功の鍵になる。

　【ケース２】日本コカコーラでは，競争戦略について考察する。ポーターは，競争の基本戦略として，①コスト・リーダーシップ戦略，②差別化戦略，③集中戦略，の３つに分類しているが，本ケースではその中で，差別化戦略に焦点をあてる。ちなみに，差別化戦略とは，自社の製品・サービスに何らかの独自性を出し，顧客の「ニーズの束」に対して競合企業との差をつけることによって，相対的かつ持続的な優位性を保つための戦略である。

　上述した基本を踏まえて，【ケース２】では，競合企業に対する差別優位性を獲得するために，販売促進の方法，特に，広告を通じた差別優位性の獲得について言及する。広告の効果として，ブラックウェル他が提唱したように，認知的反応，情緒的反応，行動的反応があげられるが，情緒的反応の重要性，情緒的反応に訴えて，好意形成を行うことの重要性について考察する。

　【ケース３】アスクルでは，ビジネス・システム戦略について考察する。ビジネス・システムとは，顧客に価値を届けるための機能・経営資源を組織化し，それを調整・制御するシステムのことである。本ケースでは，ディマンド・チェーン（需要連鎖）の特徴である顧客ニーズ主導型のビジネス・システムをいかに形成するかについて考察する。

　具体的には，【ケース３】では，顧客（個客）のニーズを個別にとらえ，ワン・トゥ・ワン・マーケティングとプラットフォームをベースとしたビジネス・システムを構築することについて言及する。

＊ケースとして選択したユニクロ，日本コカコーラ，アスクルのホームページおよび各社に関連する参考文献を公表情報として参照した。記して謝意を申し上げる。

第4章 経営戦略

1 製品・市場戦略

❶ このケースを読む前に

製品・市場戦略を効果的ならしめるためには，製品，市場，業界について，複数のセグメントに分割することがその前提である。つまり，①製品差別化，②市場細分化，③業界細分化，の３点が不可欠である[1]。このケースでは，主に，製品差別化に重点をおいて論述する。

(1) 設 問

ニーズの多様化に対応するために，企業は製品差別化を通じて顧客の支持をどのように獲得するのであろうか。また，製品差別化とは，新製品の新しい技術のみを強みとするものなのか。

(2) キーワード

製品差別化（product differentiation）：製品差別化とは，製品の品質，性能，包装，販売経路，サービスなど，製品の特性を基準として，他社の製品と差異をつけて，顧客に異なる製品であることを認識させることである。製品差別化に必要な要素としては，①規模（広がり），②類似性，③測定可能性，④接近可能性，などがあげられる[2]。

製品開発戦略（product development strategy）：現有の市場に対して，新製品を投入して，売上の増大を図る戦略である。具体的には，新たな製品機能，用途の創出などがあげられる[3]。

❷ ケース

(1) 企業概要

　　企 業 名：株式会社ユニクロ
　　設　　立：1974年9月2日

資 本 金：1,000百万円
事業内容：商品企画，生産，販売までの自社一貫コントロールによる製造小売業
売 上 高：586,400百万円（2008年8月期）
経常利益：85,600百万円（2008年8月期）
従業員数：4,799名（2008年8月期）

(2) ケース

〈徹底した製品開発〉

　株式会社ユニクロ（以下，ユニクロ）は，2008年9月中旬に改良を重ねた発熱保温肌着のヒートテックを発売した。ヒートテックは，昨年秋冬で販売枚数2000万枚を記録した製品である。ヒートテックは，2003年に初登場したが，毎年，抗菌などの新機能を付加し改善を図ってきた。2006年には，東レ株式会社（以下，東レ）とのパートナーシップに基づき，汗をよく吸い取り速乾性のあるポリエステル長繊維の開発・量産に成功した。東レ幹部は，「ここまで素材にこだわる衣料品企業は世界にない」と証言する[4]。

〈潜在ニーズを発掘〉

　ユニクロは，ヒートテックの他にも急速に販売枚数を伸ばしている製品がある。その1つは，ブラジャーカップを内蔵したキャミソールのブラトップである。これは，2005年に初登場したが，2008年には320万枚もの販売数を記録した。「がちがちにバストを寄せて上げるのではなく，自然に楽に着こなしたい」という女性の潜在ニーズを満たした製品である。

　ユニクロは，約3年間そのような潜在ニーズに気づくことができなかった[5]。ブラトップを下着の延長商品としてではなく，ユニクロの本流であるカジュアルウエアとして展開したことがヒットした要因である。来店客の目につく売り場を確保し，記者会見やテレビ広告によって認知度を高める施策も行った（図表4-1-1参照）。

　ブラトップのヒットには，もう1つの要因がある。それは，「きれいにみせたい」という女性の心理を刺激した点である。インナーウエアは，頭から着ることが多いため，ブラトップに関しても同じようにしてしまいがちであ

図表4-1-1　ブラトップの販売実績

	商品の特徴，改善点	販売枚数
2004年	胸パッドつきインナーウエアとして発売した。	
2005年	カップが変色するため，カラーバリエーションが増やせない。	100万枚
2006年		120万枚
2007年	原料の見直しによって，カップの変色を防いだ。薄い生地を採用するなど，ファッション性を高めた。	160万枚
2008年	テレビ広告を展開し，大ヒットを記録した。	320万枚

(出所) 日経ビジネス，2008年12月15日号，36頁に基づいて筆者作成。

るが，2008年に流れたテレビコマーシャルでは，足から履くようにして身につける女優の姿があった。下から押し上げるため，バストの形を整えることができる。価格のお得感だけではない点に女性は敏感に反応した[6]。

　また，このブラトップのようにインナーとカジュアルウエアの両方の技術を組み合わせた商品は，下着専門メーカーや他のアパレルメーカーにはできないものである。つまり，下着専門メーカーは，カジュアルウエアを扱っておらず，他のカジュアルウエアを製造するアパレルメーカーは，ブラジャーに関するノウハウがほとんどないのである。

❸ 分　析

(1) 分析の視点

　顧客のニーズが多様化している現在の市場は，顧客に適した製品を提供することが困難な状況にある。その中で，各々のセグメントに対して製品の差別化を図ることによって，どのように顧客適合を図ることができるのか。
　従来まで，市場戦略は，主に購買局面にその焦点を合わせてきたが，いまやどのようにその製品を使用するかという使用行動にまで拡大しているという考えに基づいて考察する。

(2) 問題点

　ユニクロの問題点は，技術革新以外での製品差別化を見出さずに，顧客に適した製品を提供しようとしている点である。

ユニクロは，品質向上を目的とし，多くの新しい技術の開発を成功させてきた。ヒートテックやブラトップといった製品に関しても，これらの技術革新が背景にあってもたらされたものといえる。しかし，技術革新に基づく新商品の開発のみがイノベーションであるという考えが，企業内に定着してはならない[7]。製品差別化とは，製品そのものに対して競争優位を見出すが，決して技術革新のみが競争優位の源泉とはなりえないのである。

　また，ユニクロは，生地や裁縫など，品質の高さには定評がある。その品質の高さに加え，商品企画，生産，販売までの自社一貫コントロールによる調達力を強みとして低価格を実現している。しかし，ユニクロのようにベーシックなカジュアルウエアは，市場にありふれており，競合他社の製品も品質が向上し，顧客が製品のみにその差異を見出せなくなっていることも事実である。

　つまり，現状のままでは，1999年以降のように，競合他社との製品の差異が図れなくなった際，業績は低迷してしまうと考えられる。

(3) 課　題

　伊丹敬之 [1980] によれば，製品のライフサイクルが短縮化している現在では，顧客の「ニーズの束」を再認識し，ニーズに対しての戦略的対応をしなくてはならない[8]。図表 4 - 1 - 2 に示されるように，その戦略的対応をする際に重要な 3 点の本質がある。第 1 の本質は，「ニーズの束」全体性を考え，束全体にどのように対応するかを考える点である。第 2 の本質は，ニーズの軸は市場の空間軸上，時間軸上ともに均質ではないという点である。市場に空間軸があるとは，1 つの市場の中に様々なセグメントに分類され，個々の要因に対して，異なった要求を保持している顧客のグループがいくつかあることを意味する。それに対して，時間軸があるとは，時間とともに市場は変化するということである。第 3 の本質は，ニーズには相互作用がある点である。相互作用とは，ある変化に影響され他のものが変化したり，価値や量が大きくなることをいう[9]。

　図表 4 - 1 - 2 に示されることを考慮すると，顧客は，①製品そのもの，②価格，③補助的サービス，④ブランド，という 4 つの要因のうちのどれかに

第4章 経営戦略

図表4-1-2　戦略の顧客適合

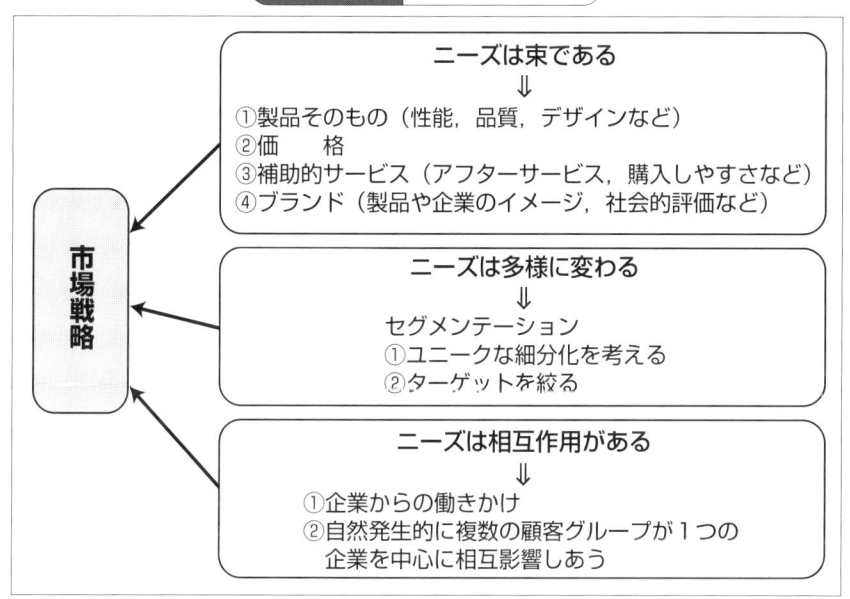

```
                    ニーズは束である
                          ⇩
            ①製品そのもの(性能,品質,デザインなど)
            ②価　格
            ③補助的サービス(アフターサービス,購入しやすさなど)
            ④ブランド(製品や企業のイメージ,社会的評価など)

                    ニーズは多様に変わる
                          ⇩
市場戦略          セグメンテーション
            ①ユニークな細分化を考える
            ②ターゲットを絞る

                   ニーズは相互作用がある
                          ⇩
            ①企業からの働きかけ
            ②自然発生的に複数の顧客グループが1つの
              企業を中心に相互影響しあう
```

(出所) 伊丹敬之 [1980] 34-59頁を参考にして筆者作成。

該当するニーズを保持している。もちろん，その「ニーズの束」の中のどの点において，顧客の評価が集中しやすいかは，製品の特性や環境によって変化する。つまり，ここで最も大切な点は，顧客のニーズは大きな束であり，単一の次元のものではないということである。ユニクロは，ニーズの多様性を理解した上で，どの「ニーズの束」に対して製品差別化を図るのか焦点を合わせるべきである。

(4)　**解決策**

　顧客の「ニーズの束」に対して戦略的対応をするためには，図表4-1-3に示されるように，「ニーズの束」を最も有効なセグメンテーション変数によってセグメントに分類し，顧客に訴求しなくてはならない。ユニクロの場合，特に行動的セグメンテーションに基づいて顧客を異なったグループに分けるべきである。

　コトラー (Kotler, P) [1980] によれば，行動的セグメンテーションとは，

製品や顧客の属性に対する知識や態度，反応，使用状況，をベースに顧客を異なるグループに分けることである[10]。図表4-1-3は，人口統計的には同一グループに属する顧客も，心理的変数や行動的変数に基づいて細分化すると全く異なったグループに属するということを示唆している。

例えば，追求便益に基づいて細分化すると，顧客は，様々な動機によって製品を購入すると考えられる。ユニクロのヒートテックを購入する顧客の動機は，着心地の良さ，低価格，機能性，広告の影響，デザイン性，などが考えられる。これらの購買動機を人口統計的変数や心理的変数と関連づけることができるならば，有意義なセグメンテーションであるといえる[11]。この他にも，ユニクロは潜在的使用者や，使用頻度に基づいてセグメンテーションを行うことが効果的であろう。

また，ユニクロがセグメントを設定する際に，そのアプローチを新たに考えることができる。例えば，流行の多くの発信者が，若者である点に着目す

図表4-1-3　消費者市場の主要セグメンテーション変数

地理的変数	人口統計的変数	心理的変数	行動的変数	購買者
・地域 ・都市規模 ・人口密度 ・気候 など	・年齢 ・性別 ・家族ライフサイクル ・職業 ・所得 など	・ライフサイクル ・性格 など	・購買機会 ・追求便益 ・使用者状態 ・使用頻度 ・ロイヤルティ など	

（出所）Kotler, P. [1980] 訳書86頁，116-124頁を参考にして筆者作成。

る。その若い年齢層にユニクロの製品を身につけさせることによって，より幅広いセグメントのニーズに応える波及効果を狙う事ができると考えられる。若者に支持を得ている芸能人とのコラボレーションによって生まれた製品は，流行に敏感な若者をはじめとする顧客に適している。さらに，現在の社会で活躍している30代，40代の人々は，10代，20代の若者と同様に流行を意識し，お洒落を楽しんでいる。このように，ユニクロにとって小規模のセグメントに対して適した製品を提供することによって，その相互作用を持ったニーズを含むセグメントに対しても充足することができ，結果的に十分な規模のニーズを充足することができるとも考えられる。

しかし，企業の市場戦略は，顧客の「ニーズの束」に対応するという受け身だけであってはならない。何を顧客に提供したいのか，どのような価値を顧客に提供しているかを改めて定義する必要がある。顧客が，何かの製品，つまり物理的な財を購入する際に，本当に欲しているのはその物自体ではなく，その製品がもたらすサービスである[12]。物としての製品は，あくまでそうしたサービスが生み出される源泉として意味があるのであって，物自体に意味があるのではない。ここでいう，サービスとは，製品そのものの機能が生み出す顧客にとっての価値である。ユニクロの製品は衣料であるが，それが「顧客の日常生活に貢献するカジュアルウエア」という価値を生み出している。

サービスこそが本当に売っているものであるという事実は，顧客のニーズの本質を考えると合理的である[13]。つまり，顧客が欲しているのは，購買という行為自体がもたらすサービスなのである。ユニクロのブラトップは，下着としてではなく，日常で身につける機会が多いカジュアルウエアとして位置づけ，「きれいに見せたい」という女性のニーズを反映させたことによって，売上が伸びたといえる。したがって，製品差別化は，製品の特性はもちろんのこと，企業の提供するサービスと顧客のニーズが合致することによって，多様なセグメントを満たすことができるのである。

1）岸川善光［2006］124頁。
2）同上書［2006］125頁。

3）同上書117頁。
4）日本経済新聞，2008年10月29日，12頁。
5）同上誌12頁。
6）日経ビジネス，2008年12月15日号，35頁。
7）同上誌36頁。
8）伊丹敬之［1980］34頁。
9）同上書41頁。
10）Kotler, P.［1980］訳書122頁。
11）同上書訳書122頁。
12）伊丹敬之［1980］55頁。
13）同上書63頁。

参考文献

Abell, D. F. = Hammond, J. S.［1979］, *Strategic Market Planning*, Printice-Hall.（片岡一郎=古川公成=滝沢茂=嶋口充輝=和田充夫訳［1982］『戦略市場計画』ダイヤモンド社。）

Barney, J. B.［2002］, *Gaining and Sustaining Competetitive Advantage*, 2nd ed., Printice-Hall.（岡田正大訳［2003］『企業戦略論【中】事業戦略論編―競争優位の構築と持続―』ダイヤモンド社。）

Kotler, P.［1980］, *Marketing Managerment*, 4th ed., Prentice-Hall.（村田照治監修［1983］『マーケティング・マネジメント』プレジデント社。）

Porter, M. E.［1980］, *Competitive Strategy*, The Free Press.（十岐坤=中辻萬治=服部照夫訳［1982］『競争の戦略』ダイヤモンド社。）

Poter, M. E.［1985］, *Competitive Advantage*, The Free Press.（十岐坤=中辻萬治=小野寺武夫訳［1985］『競争優位の戦略』ダイヤモンド社。）

伊丹敬之［1980］『経営戦略の論理』日本経済新聞社。

岸川善光［2006］『経営戦略要論』同文舘出版。

岸川善光編［2007a］『ケースブック　経営診断要論』同文舘出版。

岸川善光［2007b］『経営診断要論』同文舘出版。

日経ビジネス，2008年12月15日号，日経ＢＰ社。

日本経済新聞，2008年10月29日。

株式会社ユニクロHP≪http://www.uniqlo.com/jp/≫

第4章 経営戦略

2 競争戦略

❶ このケースを読む前に

　ポーター（Porter, M. E.）[1980]によれば，競争戦略とは，競争相手よりも優れている点を生かし，その価値を最大にするように事業を位置づけることである。ポーター[1980]は，競争戦略を①コスト・リーダーシップ戦略，②差別化戦略，③集中戦略，の3つの種類に分類している[1]。このうち，本ケースでは，差別化戦略に重点を置いて論述する。

(1) 設　問

　競争戦略の1つとして差別化戦略がある。近年は，市場の成熟化によって製品の特異性による差別化が難しい環境である。このような状況において，競合他社よりも優れている点をどのようにして見出せば良いのか。

(2) キーワード

　差別化戦略：差別化戦略とは，自社の製品・サービスに何らかの独自性を見出し，顧客に対して競争企業との差をつけることによって，相対的かつ持続的な優位性を保つための戦略である。差別化の手段としては，①製品そのもの，②販売促進（広告，セールスマンの数，見本市・展示会の開催頻度など），③流通システム（流通チャネル，取引形態，マージン），などさまざまな差別化が行われている[2]。

　購買行動：購買行動（製品の購買，ブランドの選択，製品の使用）には，①購買行動スキーマ（認知反応結果），②購買行動態度（事前評価反応，事後評価反応の結果），③評価反応の手順（意思決定方略）の3点が含まれる[3]。

　広告の機能：広告の機能とは，①顕在的（広告主が意図した機能），潜在的（広告主が意図していない機能），②順機能（寄与的な機能），逆機能（非寄与的な機能），没機能（無関係な機能），という側面がある[4]。広告主の期

待する効果とは，送り手から見た順機能であり，送り手と受け手とのコミュニケーション効果が売上げにつながることが期待される。また，広告は，社会的規範の影響を受けてその効果を変化させる。

❷ ケース

(1) **企業概要**

　　企 業 名：日本コカ・コーラ株式会社
　　設　　立：1957年6月25日
　　資 本 金：3,600百万円
　　事業内容：清涼飲料水の販売
　　売 上 高：409,521百万円（2007年12月期，連結）
　　経常利益：17,493百万円（2007年12月期，連結）
　　従業員数：1,677名（2007年12月期，連結）

(2) **ケース**

〈視覚に訴えるボトルのデザイン〉

　コカ・コーラのブランドを象徴するくびれたガラス製のボトルが誕生したのは1915年である[5]。それから約1世紀が経過した現在，ペットボトルという素材を利用し，どのような視覚効果を狙っていくのか，興味深いところである。

　日本コカ・コーラ株式会社（以下，コカ・コーラ）は，2004年の4月12日にウーロン茶飲料「shinoa（以下，シノア）」を発売した。「シノア」の特徴は，子売店の冷蔵ケースの中でひときわ目を引く変わったデザインのボトルを採用した点である。コカ・コーラの製品企画者は，ラベルのデザインを決める前の段階において，「シノア」のボトルデザインを決めたと述べている[6]。

　コカ・コーラは，ウーロン茶などの中国茶飲料において，国内無糖茶市場で40％近くのシェアを占めているが，ここ数年低下している。コカ・コーラは，この原因を消費者の味の好みが渋みの少ないものへと移っていると考えた。そこで，渋みの少ない台湾産の茶葉の配合によって，「シノア」の味をウーロン茶としての風味を損なわない範囲で改良した。

しかし，新しい味を開発しても実際に飲んでもらえなければ意味がない。ボトルのデザインを思い切って変えたのは，「とにかく1度飲んでほしい」というメッセージを消費者に強く伝えるためであった。

　この特徴的なデザインによって，「シノア」の発売後一週間の販売量は，トップシェア企業の2倍に達した。この作戦に頭を抱えた競合他社も，緑茶飲料で奇抜なデザインのボトルを投入するようになった。

　このような取り組みによって，機能性，効果性だけを追求してきたペットボトルであったが，細かいデザインが戦略のうちの1つになったということが分かる。このような状況を考慮して，コカ・コーラは，新製品開発チームを既存の事業部から分離して社長直轄とし，ペットボトル生産の技術部隊を合流させた。

〈販売促進の手法に革新〉

　コカ・コーラは，緑茶飲料「一（以下，はじめ）」の販売促進方法において，新たな取り組みをしている。緑茶の製法に関して，青葉の刈り取りからの加工の流れをマス広告だけではなく，インターネットを駆使して説明する形をとっている。品質の良さを伝える場合，従来はマスを対象に広告を打ち，イメージ向上を図ることが一般的であった。しかし，近年は，製品特性の裏付けとなる根拠を明確に示す広告が目立ってきた[7]。

　日本では，毎年1,000を超える飲料の新製品が生み出されている。しかし，スーパーマーケットの陳列棚の競争において生き残ることができるのは，ごくわずかの製品のみである。こうした厳しい生存競争の中において，コカ・コーラの製品である「ジョージア」，「アクエリアス」，「爽健美茶」などは，定番製品という座を獲得している[8]。

❸ 分　析

(1) **分析の視点**

　競合他社において差別優位性を獲得するためには，販売促進の方法が重要である。特に，広告を通じて差別優位性を獲得することができるという考えに基づいて分析する。

(2) 問題点

　コカ・コーラの問題点として，広告と消費者行動との関係性について指摘する。広告表現において，①製品との関係，②社会との関係の2点を焦点としなければならない[9]。製品との関係では，多くの場合，販売の促進という意図が直接あてはまり，社会との関係とは，広告の受け手である消費者との媒介，調整があてはまる。このうち，消費者の心理に訴え，購買行動につなげることが広告において最も重要なことある。

　しかし，コカ・コーラの広告表現は，製品そのものの比重が大きいのではないか。コカ・コーラの広告の多くが，①製品の特徴，②製品のイメージをコンセプトとしているものが多い。この2点の構成要素は，どちらを欠いても顧客に対して適切な広告表現とはいえない。コカ・コーラの広告に対して，消費者は，製品に興味を抱くかもしれない。その時点において，コカ・コーラは，他社の製品との差別化に成功しているといえる。しかし，すでに高度経済社会に達した日本において，企業間競争は，製品の品質やデザインではほとんど差別化ができない状態であり，製品のライフ・サイクルも短縮化している。というのは，企業のトータルなイメージによって製品の売り上げや社会からの好意度が，影響するようになったためである[10]。

(3) 課　題

　コカ・コーラのあるべき広告の効果性をレイ（Ray, M）[1973]が提唱した学習型効果階層モデルを用いて導き出す[11]。図表4-2-1に示されるように，学習型効果階層モデルとは，広告への関与度が高い状況において，①認知的反応，②情緒的反応，③行動的反応，という順序に従う広告効果のことである。これに対して，深い情報処理を伴わない認知反応から行動が起き，その後で態度がはっきりとする場合を低関与型階層モデルという。さらに，顧客が購買後に自身で納得することを帰属型階層モデルという。学習型効果階層モデルをはじめ，低関与型階層モデルや帰属型階層モデルは，広告によって，顧客の反応が変化しやすい段階に違いがあることを示している。したがって，認知的反応の段階に強く刺激する広告，情緒的反応の段階に強く刺激する広告などがある。

第4章 経営戦略

図表4-2-1 学習型効果階層モデル

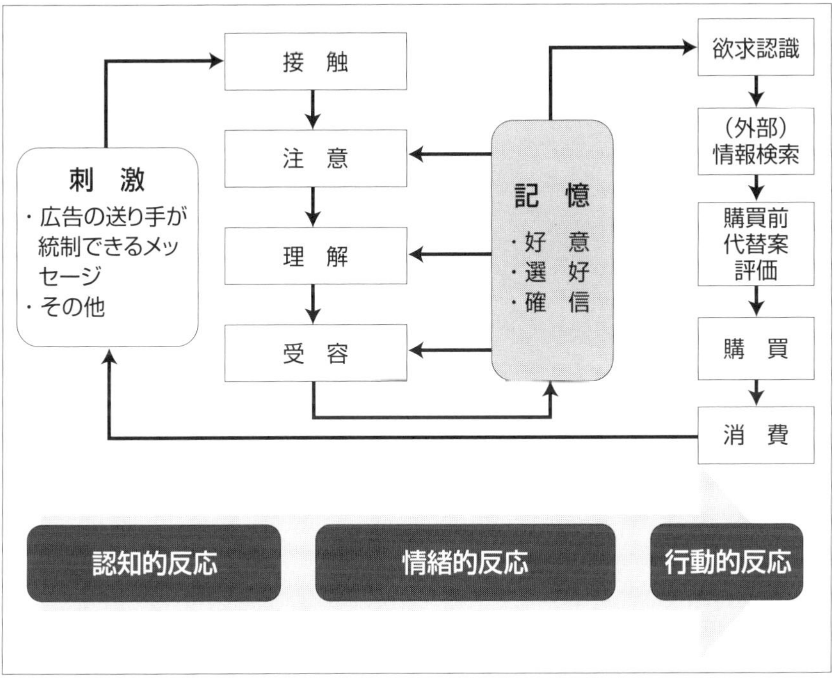

```
刺激                接触 ←─────────── 欲求認識
・広告の送り手が     ↓              ↓
 統制できるメッ     注意 ←─ 記憶 ─→ (外部)
 セージ             ↓    ・好 意   情報検索
・その他            理解 ←─ ・選 好   ↓
                   ↓    ・確 信   購買前
                   受容 ←─────     代替案
                   ↓              評価
                   ↓              ↓
                   ↓              購買
                   ↓              ↓
                   └──────────── 消費

       認知的反応      情緒的反応      行動的反応
```

(出所) Blackwell, R. D. = Miniard, P. W = Enjel, J. F. [2006] 85頁を参考にして筆者作成。

 つまり，コカ・コーラは，認知的反応にのみ訴える広告ではなく，情緒的反応に訴え，好意形成を促す広告を作り出さなければならない。
 好意形成の特色は，企業に対する評価が外部からの情報によって受動的に生まれるのではなく，消費者が自己実現を図るために，製品，あるいは企業に対して主体的に関与する点である[12]。例えば，「気分転換をしたいときに，コカ・コーラの製品を購入する」，「コカ・コーラの製品は味が良いため，コカ・コーラという企業に好意を持つ」，など企業評価と自己実現（非実現）の両者が満たされたときに，好むかどうかの感情が生まれてくることに着目する必要がある。

(4) 解決策

 広告の本質は，コミュニケーションである。好意形成は，コミュニケーシ

ョン対象との接近を意識した共感や共生の原理に近いものがある[13]。広告を通して製品，企業に対し好意形成を促し，差別優位性を獲得するためには，イメージ形成の総合指標として好意度を位置づけることが必要である。つまり，図表4-2-2に示されるように，好意形成を消費者に促すためには，製品の広告を利用し，消費者の生活に訴えるような企業イメージを創造するべきである。

従来の①企業認知，②イメージ形成，②好意形成，③購買行動，という企業認知系の流れとともに，①生活価値観，②意味化，③好意形成，④購買行動，という自己実現の流れも重要視するべきである。したがって，消費者は，広告から企業情報と自らの価値観を照らし合わせながら好意形成に至るのである。

例えば，広告における特定の製品の名称や企業のイメージは，その重要な特徴について消費者が覚えていることを想起させる。シャンパンなどの飲料であれば，卒業式や結婚記念日などの繰り返して起こるイベントとリンクさせた広告を用いることも有効である。また，具体性の高いものではなく，より一般的なシチュエーションをコンセプトに広告を作る方が有効であると考

図表4-2-2　生活スタイル別にみた広告の意味

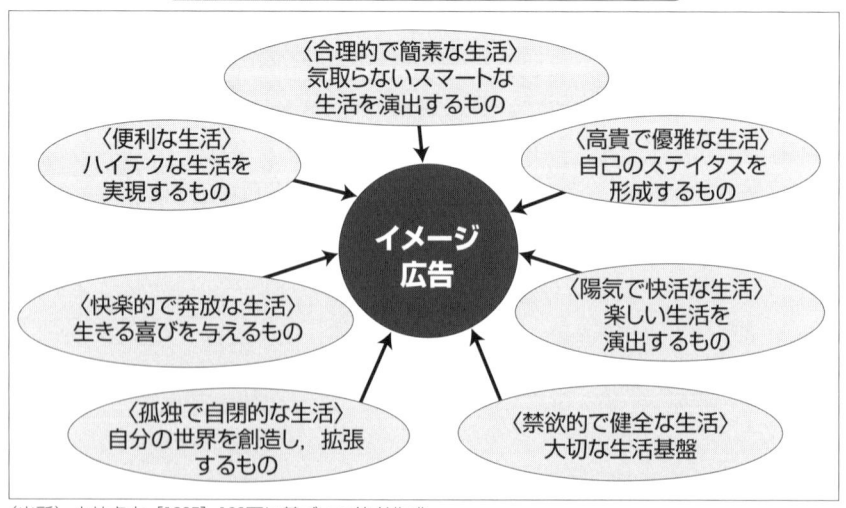

- 〈合理的で簡素な生活〉気取らないスマートな生活を演出するもの
- 〈便利な生活〉ハイテクな生活を実現するもの
- 〈高貴で優雅な生活〉自己のステイタスを形成するもの
- 〈快楽的で奔放な生活〉生きる喜びを与えるもの
- 〈陽気で快活な生活〉楽しい生活を演出するもの
- 〈孤独で自閉的な生活〉自分の世界を創造し，拡張するもの
- 〈禁欲的で健全な生活〉大切な生活基盤

→ イメージ広告

（出所）小林貞夫［1995］163頁に基づいて筆者作成。

えられる。11歳の時の家族旅行という個別な思い出よりも，緑の草原や美しい山並みといった新緑のイメージを思い起こさせる広告の方がより包括的であり，効果的なのである。

　社会から形成される企業のイメージは，必ずしも全体を正しく見通したものとは限らない。それは，近視的で極度に断片的なことがある。社会の世論に影響され，イメージが作られることを考慮すれば，企業イメージを軽視することはできない。コカ・コーラのように認知度が高く，社会的に有益な活動を行っていても，わずかなことでその評価を落とす可能性があるため，常に戦略的対応を行っていかなければならない。製品の「コカ・コーラ」のイメージは，「さわやかである」，「元気が出る」，という概念の他に，「緊張をほぐす」，「公衆の面前に身を置くと同時に自己の中に逃避を可能にさせる」，など多元的なイメージを消費者に訴えていると考えることができる。消費者は，このようなイメージをそのときのシチュエーションに合致した欲求にしたがって選択することができる。このイメージの選択は，対立する２つの概念が１つの企業に存在することによって，より高次の次元の概念を生み出すことができる[14]。そして，繰り返されるイベントやシチュエーションを想起させる広告を作ることによって，消費者自身が企業のイメージを選択，あるいは創造するのである。また，テレビ広告を用いる際にも同様の点に留意するべきである。コカ・コーラという企業イメージに基づいた広告の方向性を統一させる必要がある。

　このようにして，コカ・コーラは，広告の効果性を消費者の好意形成に対して見出すことによって，競合他社と差別優位性を獲得することができる。

---

1) Porter, M. E.［1980］訳書61頁。
2) 岸川善光［2006］177-178頁。
3) 仁科貞文［2001］62頁。
4) 岸志津江=田中洋=嶋村和恵［2008］17頁。
5) 日経ビジネス，2004年5月10日号，24頁。
6) 同上誌24頁。
7) 日経ビジネス，2005年7月4日号，99頁。
8) 日経ビジネス，2008年4月21日号，29頁。

9）内田隆三［1997］81頁。
10）藤江俊彦［1995］23頁。
11）Ray, M. L.［1973］pp.147-176.（Clark, P. ed.［1973］，所収）
12）小林貞夫［1995］146頁。
13）同上書147頁。
14）Zaltman, G.［2003］訳書272頁。

参考文献

Blackwell, R. D. = Miniard, P. W = Enjel, J. F.［2006］，*Consumer Behavior*, 10th ed., Thomson South-Western.

Clark, P. ed.［1973］*New Models for Mass Communication Research, Sage Annual Reviews of Communication research,* Vol.2. California, Sage.

Porter, M. E.［1980］，*Competitive Strategy*, The Free Press.（十岐坤=中辻萬治=服部照夫訳［1982］『競争の戦略』ダイヤモンド社。）

Porter, M. E.［1985］，*Competitive Advantage*, The Free Press.（十岐坤=中辻萬治=小野寺武夫訳［1985］『競争優位の戦略』ダイヤモンド社。）

Zaltman, G.［2003］，*How Customers Think*, Harvard Business School Press.（藤川佳則=阿久津聡訳［2005］『心脳マーケティング』ダイヤモンド社。）

内田隆三［1997］『テレビＣＭを読み解く』講談社。

伊丹敬之［2003］『ゼミナール経営学入門』日本経済新聞社出版。

井之上喬［2006］『パブリック・リレーションズ』日本評論社出版。

岸川善光［2006］『経営戦略要論』同文舘出版。

岸川善光［2007a］『経営診断要論』同文舘出版。

岸川善光編［2007b］『ケースブック　経営診断要論』同文舘出版。

岸志津江=田中洋=嶋村和恵［2008］『現代広告論［新版］』有斐閣。

小林貞夫［1995］『「戦略広告」の時代』日本経済新聞社。

仁科貞人［2001］『広告効果論—情報処理パラダイムからのアプローチ』電通広報室出版部。

藤江俊彦［1995］『現代の広報』同友館。

日経ビジネス，2004年5月10日号，日経ＢＰ社。

日経ビジネス，2005年7月4日号，日経ＢＰ社。

日経ビジネス，2008年4月21日号，日経ＢＰ社。

日本コカ・コーラHP≪http://www.cocacola.co.jp/≫

第4章 経営戦略

3 ビジネス・システム戦略

❶ このケースを読む前に

　近年，消費者起点による需要連鎖（ディマンド・チェーン）の重要性が叫ばれている。本ケースでは，顧客に価値を届けるための製品の流れ，情報の流れについて考察する。具体的には，ディマンド・チェーンの特徴である顧客ニーズ主導型のビジネス構造を分析する。

(1) 設 問

　顧客は，製品だけでは価値を認めない。顧客のニーズを充足する価値を提供するためには，製品とサービスのどのような連結が求められるのであろうか。また，ディマンド・チェーンの性格上，企業活動は複数の企業にまたがる。その連携の際に，どのような関係を構築しているのであろうか。

(2) キーワード

　ビジネス・システム：顧客に企業の生み出した付加価値を効果的に供給するために経営資源を機能的に組織化し，それを調整・防御するシステムのことである。ビジネス・システム戦略とは，このビジネス・システムを競争優位の源泉とする戦略のことである[1]。

　需要連鎖（demand chain）：顧客起点による製品の流れ，機能連鎖，情報連鎖のことである。情報連鎖の方向が供給連鎖と全く異なる。需要連鎖は，顧客起点，ニーズ起点にその最大の特徴があり，ニーズ主導型のビジネス・システムとして，近年飛躍的に増大している[2]。

　価値連鎖（value chain）：ポーター（Poter, M. E.）[1985]によれば，価値連鎖とは，競争戦略の基本的なフレームワーク（分析枠組み）のことである。すなわち，すべての活動のコスト・ビヘイビアおよび活動の差別化の源泉を理解するための概念である。また，価値連鎖は，企業間価値連鎖である「価

値システム」という,さらに大きなシステムの1つの構成要素として位置づけられている。なお,ここでいう価値とは,顧客が企業の提供するものに進んで支払ってくれる金額のことである[3]。

❷ ケース

(1) **企業概要**

　　企 業 名：アスクル株式会社
　　設　　立：1997年5月21日
　　資 本 金：3,535百万円
　　事業内容：事務用品等の商品,サービスにおける通信販売事業
　　売 上 高：189,686百万円(2008年5月期,連結)
　　経常利益：9,810百万円(2008年5月期,連結)
　　従業員数：正社員　498名(2008年5月期)

(2) **ケース**

　アスクル株式会社(以下,アスクル)は,もともと文具・事務用品メーカーである親会社プラスの1つの事業部門として出発した。しかし,のちに独立企業として分離され,今日に至っている。

　アスクルでは,最小限必要な業務以外を,すべて他の企業に業務委託を行っており,独自のビジネス・システムを構築している。アスクルでは,連携している企業群をエージェントと呼んでいる[4]。

〈カスタマー・リレーションシップ・センター〉

　カスタマー・リレーションシップ・センターでは,200人を超えるコミュニケーターがおり,顧客からの意見や要望を受けている。そして,この反応はアスクルの経営に的確に反映されている。

　アスクルでは,開業当初,親会社であるプラスの製品を中心に取り扱っていた。しかし,顧客からの他社の商品も記載して欲しいという要望に対し,社内の反発はあったものの,顧客のニーズに応えるべく,ライバル社の商品も記載するようになった[5]。また,アスクルには,顧客に直接対応する営業マンや店員がいない。しかし,顧客の問い合わせ窓口となるコミュニケータ

第4章 経営戦略

図表4-3-1　アスクルのビジネス・システム

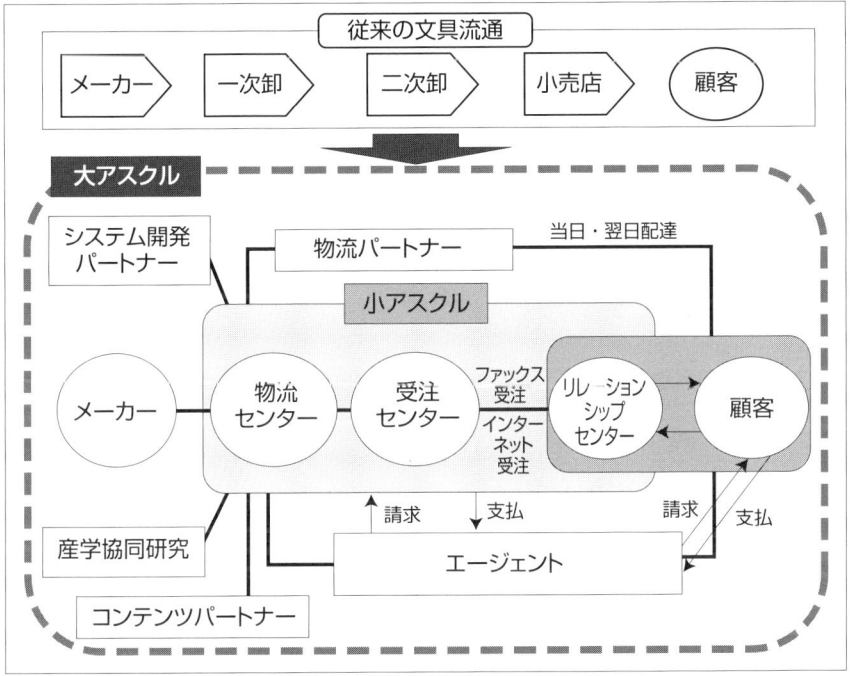

```
             ┌─────── 従来の文具流通 ───────┐
         ┌メーカー├─┬一次卸├─┬二次卸├─┬小売店├─┬顧客┤
                                    ↓
  ┌─ 大アスクル ─ ─ ─ ─ ─ ─ ─ ─ ─ ─ ─ ─ ─ ─ ─ ─ ─ ─ ─
  │  ┌システム開発├────┬物流パートナー├──── 当日・翌日配達
  │  │ パートナー │                              │
  │                    ┌─ 小アスクル ─┐        │
  │                              ファックス     │
  │                              受注           │
  │ ┌メーカー├─┬物流  ├─┬受注  ├──┬リレー ├─┬顧客┤
  │              │センター│ │センター│ インター│ ション │
  │                              ネット  │シップ │
  │                              受注  │センター│
  │                    ↑    ↓          ↑    ↓
  │                   請求  支払       請求  支払
  │                    ┌── エージェント ──┐
  │ ┌産学協同研究│
  │ ┌コンテンツパートナー│
  └ ─ ─ ─ ─ ─ ─ ─ ─ ─ ─ ─ ─ ─ ─ ─ ─ ─ ─ ─ ─ ─ ─ ─ ─
```

（出所）淺羽茂=新田志子［2004］124頁に基づいて筆者作成。

ーが，顧客サービス担当者として対応することによって，顧客の願望や変化に対して迅速に反応することができるのである。

〈データマイニング〉

　アスクルの商品カタログには，1万を超える商品が記載されている。それらはすべて，オフィス・ライフというキーワードのもとで編集された文具・事務用品，食品，家具，などである。

　顧客は，カタログ構成の変化に対して敏感に反応する。アスクルは，この反応を随時チェックしている。販売データと顧客データのマイニングによって，ページごと，カテゴリーごと，単品ごと，などの様々なアプローチで顧客の支持率の指標を出している。

　アスクルは，月に1度エージェントとともに製販会議を担当者レベルで行っている。アスクルからは，販売データや顧客の声などの情報をエージェン

トに対してすべてフィードバックし，それらを基に3カ月先の販売予測を立てる[6]。

❸ 分　析

(1) 分析の視点

　アスクルが顧客の支持を集める背景には，顧客のニーズを個別に捉え，ワン・トゥ・ワン・マーケティングをベースに構築したビジネス・システムにあるのではないか。

　アスクルは，新しい価値を生み出し，それによって自身の顧客を創造し，モノをつくる産業とサービス業を有機的に融合する[7]という考えに基づいて考察する。

(2) 問題点

　アスクルは，多種多様な企業群とパートナーシップを結んでいる。これらエージェントとアスクルの相互関係に関して主に問題点を指摘する。

　アスクルが提携しているエージェントの数は，アスクルの事業展開のエリア拡大とともに全国的に増えている。もともとアスクルの事業は，プラスが持っている資源を有効活用するところから始まったため，エージェントは文具店，文具事務機の販売業者が兼業している場合が多い。パートナーシップを結ぶ際，アスクルは，これら多くの業態のエージェントと無機的に結びついてはならない。というのは，ビジネス・システム戦略において，自社の利益追求のみに企業活動を行うとパートナーシップを結んでいる効果を得ることができないからである。エージェントが各々の戦略に基づいて利益追求をすると，顧客のニーズを把握できないと同時に，1点に利益が集中した場合，その利益を取り合うという事態を招きかねない。このような状況は，パートナーシップを結ぶ企業が増加し続けるアスクルにとって，深刻な問題となりうる。

　また，アスクルは，情報をオープン化しており，エージェントに対して情報共有を図ろうとしている。しかし，個々の企業組織が顧客情報を把握している状態では，情報共有とはいえない。企業間で情報の壁がある限り，正確

な顧客情報を把握しているとはいえないのである[8]。各々の企業が顧客のニーズを知っているという錯覚が、システム全体として顧客の真のニーズをつかめない要因となりうる。

(3) 課　題

従来、多くの企業が、ディマンド・チェーンのそれぞれの段階において商品に価値を付加してきた。しかし、現在は、それだけではもはや利益を確保することが困難であるといえる。

商品に付加する価値の中に利益の源泉を求めるのは、ディマンド・チェーンの外側にいる顧客である。つまり、商品に価値を付加する主体が、企業側から顧客へと移行したことを意味する。したがって、顧客を組み込んだビジネス・システムを構築すべきである。これは、システム全体として顧客のメリット最大化をさらに追求することを意味する。そのためには、図表4-3-2に示されるように、顧客の視点に立脚することが重要である。アスクルは、

図表4-3-2　顧客に最大メリットを与える構造

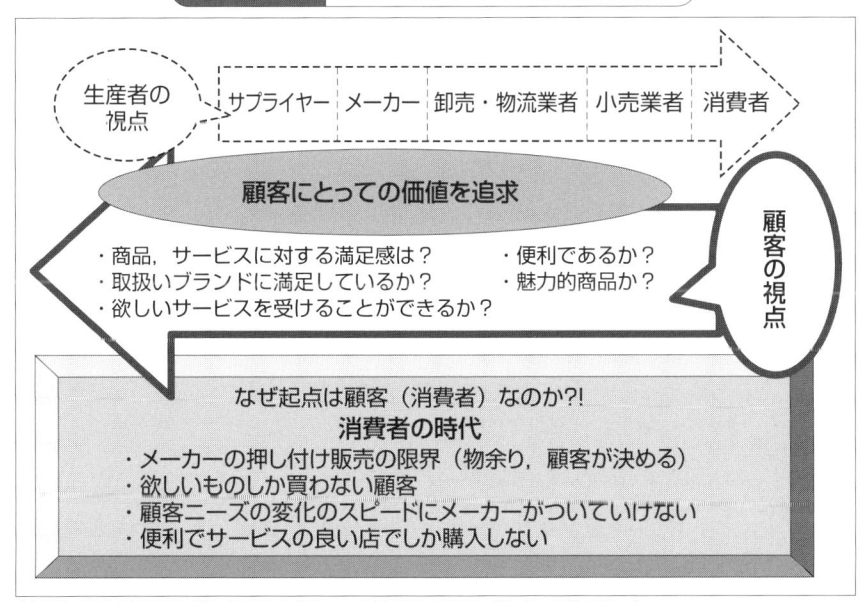

生産者の視点 → サプライヤー｜メーカー｜卸売・物流業者｜小売業者｜消費者

顧客にとっての価値を追求
- 商品、サービスに対する満足感は？
- 取扱いブランドに満足しているか？
- 欲しいサービスを受けることができるか？
- 便利であるか？
- 魅力的商品か？

顧客の視点

なぜ起点は顧客（消費者）なのか?!
消費者の時代
- メーカーの押し付け販売の限界（物余り、顧客が決める）
- 欲しいものしか買わない顧客
- 顧客ニーズの変化のスピードにメーカーがついていけない
- 便利でサービスの良い店でしか購入しない

（出所）日本総合研究所SCM研究グループ［1999］29頁に基づいて筆者作成。

顧客のメリットをエージェントと共に追求することによって,エージェントとの連携を図ることができ,顧客情報の取り合いなどWin-Loseの関係ではなく,Win-Winの関係を築くことができる。

また,顧客が自身のニーズを把握し,企業側が顧客のニーズがつかめないという通常とは逆の情報の非対称性を発生させないために,アスクルは,商品を販売してマージンを取る「販売代理」モデルから,顧客ニーズに合わせて調達を行うサービスに対して手数料を払う「購買代理」へと,ビジネス・モデルをシフトすべきである[9]。

(4) **解決策**

現時点において,アスクルは,データマイニングによって顧客を個と捉え,個を理解することによってニーズに応えるという,サービス化モデルにふさわしい取り組みを行っている。しかし,顧客のメリットを最大化するためには,ワン・トゥ・ワン・マーケティングに加え,それと平行して顧客間のコミュニティを生かしたプラットフォーム(場)を提供し,顧客視点のビジネス・システムを構築することが欠かせない。顧客は,コンピュータ・ネットワーク上において横の連携を深めている。その過程で,口コミや,オピニオン・リーダーのような人々の発言が大きな影響力を持ち,特定のテーマに関して強い関心を持つコミュニティが形成されつつある。

コミュニティを機能させるためには,特定のテーマに対して関心を持つ人が多く集まるプラットフォームを作り,そこに顧客間のコミュニケーションを可能にすることが重要である。実際に,アスクルは「dreamers」や「みんなの広場」というコーナーを設置している。企業側がコミュニティに密着することによって,顧客のニーズをより深く知ることができる。すなわち,企業がコミュニティの一員として顧客の日常に入り込んでいくことが重要である。

顧客のニーズを多方面から把握することによって,オフィス関連の商品のみならず,ビジネス課題のソリューションを提案するビジネスの構築が可能となる。例えば,①定期的に購買している中小企業に対してある一定の利用額を設定し,その上限を超えると知らせる予算管理システム,②オフィスの

模様替えをする際のデザインや機器の組み合わせの提案をするシステム，など多くのビジネス・システムが考えられる。

アスクルは，ワン・トゥ・ワン・マーケティングに加え，それと平行して顧客間のコミュニティを生かしたプラットフォーム（場）を提供し，顧客視点のビジネス・システムを構築すべきであると述べた。この取り組みによって実現できるビジネス・システムは，顧客のための購買代理企業として，個人単位の顧客や中小企業の日々の生活課題，もしくはビジネス課題を解決支援するサービスの提供である。競争優位の決め手は，もはや技術でも製品でも価格でもない，ビジネスの組み立てそのものである。つまり，従来のように生産・販売中心のビジネスから，サービスや情報を付加し，顧客の生活課題やビジネス課題の解決支援を通じて新しい価値を創造する[10]。これらのサービスを提供することによって，顧客の信頼を獲得し，アスクルのロイヤリティを向上することができよう。

たしかに，顧客からの情報を集める機会を設けている企業は多い。しかし，アスクルの場合，顧客からの反応が速く，回答率が比較的良い。この原因は，おそらく要望すれば何らかの形で必ず応えてくれるという，アスクルのロイヤリティの高さとフレンドシップによるものも大きいのではないか[11]。

つまり，図表4-3-2に示されるように，顧客のメリットを最大化するためには，データマイニングやコミュニティによって得た顧客のニーズに対し，ディマンド・サイドを起点とした生活課題，ビジネス課題ソリューションを提案するビジネス・システムを構築することが不可欠である。

物余りなどによって，衝動買いが減り，欲しいものしか購入しない顧客が増加している。顧客の目は厳しく，また，ニーズの変化が激しいため，顧客サイドに視点を持つ重要性が増している[12]。

---

1) 岸川善光［2006］193頁。
2) 同上書［2006］207頁。
3) Porter, M. E.［1980］訳書49頁。
4) 井関利明=緒方知行［2001］14頁。
5) 同上書18頁。

6）同上書59頁。
7）同上書45頁。
8）日本総合研究所ＳＣＭグループ「1999」146頁。
9）ダイヤモンド・ハーバード・ビジネス編集部［1998a］74頁。
10）井関利明＝緒方知行［2001］191頁。
11）同上書62頁。
12）同上書28頁。

参考文献

Porter, M. E.［1980］, *Competitive Strategy*, The Free Press.（土岐坤＝中辻萬治＝服部照夫訳［1982］『競争の戦略』ダイヤモンド社。）

Wayland, R. W.＝Paul, M. Cole.［1997］, *Costomer Connections*, Harverd Business School Press.（入江仁之訳［1999］『顧客の「役割」を重視するディマンドチェーン・マネジメント』ダイヤモンド社。）

淺羽茂＝新田志子［2004］『ビジネスシステム・レボリューション─小売業は進化する』NTT出版株式会社。

池尾恭一＝井上哲浩［2008］『戦略的データマイニング〜アスクルの事例で学ぶ』日経ＢＰ社。

井関利明＝緒方知行［2001］『顧客と共に進化する企業　アスクル』ＰＨＰ研究所。

加護野忠男＝井上達彦［2004］『事業システム戦略』有斐閣。

岸川善光［2006］『経営戦略要論』同文舘出版。

岸川善光編［2007a］『ケースブック　経営診断要論』同文舘出版。

岸川善光［2007b］『経営診断要論』同文舘出版。

ダイヤモンド・ハーバード・ビジネス編集部［1998a］『サプライ・チェーン　理論と戦略』ダイヤモンド社。

ダイヤモンド・ハーバード・ビジネス編集部［1998b］『バリューチェーン　解体と再構築』ダイヤモンド社。

日本総合研究所ＳＣＭ研究グループ［1999］『図解　サプライチェーンマネジメント早わかり』中経出版。

宮沢健一［1988］『業際化と情報化　産業社会へのインパクト』有斐閣。

アスクルＨＰ≪http://www.askul.co.jp/≫

第4章 経営戦略

まとめと今後の研究課題

　『経営管理要論』の第4章のテーマは，環境主体との対境関係（かかわり方）を保持する狭義の経営システムにおいて，最も重要な位置づけを占める経営戦略について理解を深めることである。具体的には，拙著『経営戦略要論』で採用した5つの経営戦略の構成要素（ドメイン，製品・市場戦略，経営資源の蓄積・配分，競争戦略，ビジネス・システム戦略）について，体系的かつ簡潔に理解することを目的としている。

　【ケース1】ユニクロでは，製品・市場戦略について考察している。『経営管理要論』で述べているように，製品・市場戦略を効果的ならしめるためには，製品差別化，市場細分化，業界細分化が不可欠である。【ケース1】では，この中の製品差別化に重点をおいて，顧客の「ニーズの束」に対する戦略的な対応が不可欠であることに言及している。そして，「ニーズの束」を最も有効なセグメンテーション変数に分類し，顧客ニーズを充足することの重要性を強調している。すなわち，製品差別化の成功の必要十分条件は，企業が提供する価値と顧客のニーズが合致することに他ならない。

　今後の研究課題として，スタイナー［1979］の製品・市場マトリクスやアンゾフ［1965］の成長ベクトルなどの概念・手法を用いて，製品・市場の様々な組合せ（対応関係）について実証的な考察が望まれる。製品を機軸として市場を選択している企業，市場を機軸として製品を選択している企業など，製品・市場戦略には多くのバリエーションがあることが分かるであろう。どの組合せが業績に寄与するか，統計的な分析が望まれる。

　【ケース2】日本コカコーラでは，競争戦略について考察している。競争戦略の基本は，ポーターによれば，①コスト・リーダーシップ戦略，②差別化戦略，集中戦略の3つに分類される。【ケース2】では，その中から差別化戦略に焦点をあてて考察している。差別化戦略とは，自社の製品・サービスに何らかの独自性を見出し，顧客に対して競争企業との差をつけることによって，相対的かつ持続的な競争優位性を保つための戦略である。【ケース2】

では，広告を通じた差別優位性，特に，消費者の好意形成の重要性に言及している。

今後の研究課題として，差別化の範囲をビジネス・システム全体に広げて考察する必要がある。すなわち，製品・サービスそのものや，本ケースで取り上げた広告に典型的な販売促進における差別化だけでなく，ビジネス・システムによる差別化は，模倣困難性，持続可能性，発展可能性など多くの長所を有するからである。

【ケース3】アスクルでは，ビジネス・システム戦略について考察している。上述した【ケース2】のコメントで述べたように，近年，ビジネス・システム戦略の重要性が急激に増大している。ビジネス・システムとは，顧客に価値を届けるための機能・経営諸資源を組織化し，それを調整・制御するシステムのことである。ビジネス・システムの構成要素として，顧客，顧客価値（顧客機能），価値の提供手段，対価の回収手段などがあげられる。これらの構成要素を組み合わせて組織化したものがビジネス・システムである。【ケース3】では，ディマンド・チェーン（需要連鎖）の特徴である顧客ニーズ主導型のビジネス・システムをいかに形成すべきかについて言及している。

今後の研究課題として，ビジネス・システムの形態と業績との相関関係について実証的な研究が欠かせない。すなわち，ビジネス・システムの形態は，垂直型ビジネス・システムと水平型ビジネス・システムに大別される。垂直型ビジネス・システムの典型は，ポーターのバリュー・チェーンである。水平型ビジネス・システムの典型は，同業企業のネットワーク化がその典型である。情報面，資源面などの評価基準によって，ビジネス・システムの形態ごとの長所・短所を丁寧に分析すると，そこに「一定の法則性」を発見できるであろう。

本章では，上述した3つのケースを選択したが，経営戦略の5つの構成要素の内，本章では取り上げなかったドメイン，経営資源の蓄積・配分についても実証的な考察が欠かせない。特に，ドメインは，製品・市場戦略のベースとなるので，ドメインと製品・市場戦略との関連性に関する考察が必要不可欠である。経営資源の蓄積・配分については，経営戦略が「絵に描いた餅」にならないようにするためにも，従来から重要な課題として認識されている。

第5章 経営組織

　本章の3つのケースは,『経営管理要論』の第5章と対応している。『経営管理要論』の第5章は,下記の左側に示されるように,6節で構成されている。『経営管理要論』では,伝統的な組織構造論に加えて,組織の動態化,組織行動論（組織における人間行動），組織文化,組織変革,組織間関係の5点について,先端的な論点を組み込んで考察している。

1. 経営組織の編成
2. 組織の動態化…………【ケース1】前川製作所
3. 組織における人間行動
4. 組織文化………………【ケース2】ドワンゴ
5. 組織変革
6. 組織間関係……………【ケース3】ドトール・日レスホールディングス

【ケース1】前川製作所では,組織の動態化について考察する。組織の動態化は,機能,工程（業務プロセス），資源配分,役割などを固定化・ルーチン化せず,環境変化に柔軟に対応することを目的とした活動のことである。近年,多くの企業において,官僚制組織の弊害,大企業病の蔓延

といわれるような経営組織に関する問題が多発しており，大きな経営問題になりつつある。

　このような背景を踏まえて，【ケース１】では，組織の動態化を実現するために，早くから分権化・分社化に取り組んでいる前川製作所をケースとしてとりあげ，その利点・欠点について検討する。具体的には，グループ制から分社化（独立法人化）に移行した経緯を分析し，利点だけでなく，問題点についても洗い出す。すなわち，分権化・分社化が行き過ぎると，総合的な視野に欠け，グローバル市場のニーズに対応できなくなるなどの問題点が発生する。

　【ケース２】ドワンゴでは，組織文化の変革について考察する。ちなみに，組織文化とは，一般に，「組織構成員によって共有されている価値・規範・信念の集合体である」と定義される。組織文化には価値観の共有など正の作用がある反面，組織文化の固執による環境への不適合など負の作用をもたらすことも多い。

　上述した基本を踏まえて，【ケース２】では，組織文化と業績との相関関係に着目し，組織文化を「管理しながら」変更するための方策について考察する。具体的には，「管理型変革チーム」ではなく，「仲介型変革チーム」の必要性について言及する。

　【ケース３】ドトール・日レスホールディングスでは，組織間関係について考察する。組織間関係とは，文字通り，組織と組織の間のつながり，連結の様式のことである。組織間関係の形態には，連合，アライアンス（提携），統合，合併などがあげられる。経営資源には限りがあるので，自ずと他企業の資源・情報に依存せざるを得ない。したがって，組織間関係は，今後，理論的にも，実践的にもますます重要な経営管理上の課題になると思われる。

　これらの背景を踏まえて，【ケース３】では，上述した組織間関係の形態の中からアライアンス（戦略的提携）を選択し，アライアンスに関する問題点，課題，解決策について考察する。

＊ケースとして選択した前川製作所，ドワンゴ，ドトール・日レスホールディングのホームページおよび各社に関連する参考文献を公表情報として参照した。記して謝意を申し上げる。

第5章　経営組織

1　組織の動態化

❶ このケースを読む前に

　各企業は，官僚制の弊害や大企業病の蔓延という病理現象を克服し，硬直した組織を動態化することを目的として，分権化・分社化を行っている。本ケースでは，1980年頃から2006年まで分権化・分社化を徹底して推進した株式会社前川製作所（以下，前川）をとりあげて考察する。

(1)　設　問

　分権化・分社化など組織の動態化を図ることによって，組織の機能や，工程（業務プロセス）管理，経営資源の配分方法がどのように改善されていくのであろうか。逆に分権化・分社化によってマイナスとなる項目があるのではないか。

(2)　キーワード

　組織の動態化：組織の動態化とは，機能，工程（業務プロセス），資源配分，事業分野などを固定化・ルーチン化せず，環境変化に柔軟に対応することを目的とした活動のことである。具体的には，プロジェクト組織，マトリクス組織，カンパニー制，分社制，など戦略によって様々な形態が存在する。

　プロジェクト組織：特定の課題を遂行するために，企業内の各部門から専門家を集めて，一定期間，臨時に編成される組織のことである。

　分社制：分権化を徹底するために，工場や支店，さらに事業部など事業単位の一部を分離独立させて，子会社として経営することである。今まで1つであった会社が，親会社を中心とする企業グループに生まれ変わる。子会社とはいえ，カンパニー制とは異なり，独立会社となるので，経営管理に関する自由裁量権が生まれ，自己責任原則が厳密に適用される[1]。

　包括的プロセス：上位組織が基本戦略を立て，それをブレークダウンして

下位組織に細目の決定を委ね，ついでその下位組織がさらにその下の組織に戦略を委ねるトップダウン型のプロセスである[2]。

創発的プロセス：トップや戦略本部に明確な全体戦略はなく，各下位組織が生き残りや成長を求めて自律的に戦略行動をとることにより全体の方向性が決まっていくボトムアップ型のプロセスである[3]。

❷ ケース

(1) **企業概要**
　　企　業　名：株式会社前川製作所
　　設　　　立：1924年12月16日
　　資　本　金：1,000百万円（2007年，3月期）
　　事業内容：冷凍機製造，冷凍・冷蔵設備設計・施工
　　売　上　高：52,900百万円（2007年，3月期）
　　経常利益：304百万円（2005年，3月期）[4]
　　従業員数：3,180名（2007年，3月期）

(2) **ケース**

　前川製作所（以下，前川）は，1924（大正13）年に前川喜作により，堅型冷凍機を製作する会社として創業された。前川は，1934年に冷凍機の国産化に成功した後，冷却プラントの設計・施工へと事業を展開した。冷却エンジニアリングを事業の柱に国内外の市場で成長を続け，いまや産業用冷凍機では国内トップ，冷凍船の冷凍庫でもグローバル市場で80％以上のシェアを誇っている[5]。

　こうした前川の先進的かつユニークな業務展開を支えてきたのは，優れた技術者であれば90歳を過ぎても雇用を継続するという「定年制の撤廃」と，1980年に始まった「独立法人制」（以下，独法制）と呼ばれる特殊な組織形態が背景にある。

〈前川の組織変革〉

　露木［2001］によれば，前川の組織は4つの時期に区分される。①創業から1950年代にかけては徒弟制（機能別組織），②1950年代から1970年代まで

は部課制（事業別組織），③1970年代から1980年代まではグループ制（社内分社制）[6]と徐々に分権化が進められた。また，グループ制時には，1つのグループで対応できない物事は，社内で適材を集め，プロジェクトによって対応していた（プロジェクト組織），④1980年代からの独法制である。

〈独法制の導入〉

1980年から始まった独法制とは，前川総合研究所代表取締役の村上哲郎によれば，「営業や設計といったサービス単位で組織を形成するのではなく，冷凍食品加工やフリーザーといった事業別，また各地域の市場に密着した組織を形成し，それぞれに営業・調達・製造・人事・経理などの全職能を持たせる自律型の独立法人」と述べている[7]。独法数は一時100社を超えた。

独法制は分社制の一種である。前川独自の特徴として，3点があげられる。

特徴の第一は，親会社（前川）は，全体を包括管理する機関ではなく，各独法の自主的な活動をサポートする「機能的役割を果たす機関」としている点である。具体的には，親会社（前川）は，基本的に独法に対し，命令・指示をしない[8]。また，親会社（前川）だけの機能として，金融機能がある。金融は，親会社（前川）だけで行い，各独法と調整を行うことから，自然と独法が本社に融資を求め，親会社（前川）と独法のサポート関係が構築される。

特徴の第二は，1社当たり10-20人程度という少人数制のため，それぞれが全機能について責任を負っている。すなわち，一人が二役も三役もこなして仕事を行うことになる。そのため，従業員一人一人が市場に直結しており，その時，その場の状況に応じて柔軟な変化が可能となり，組織単位内の仕事が伸縮自在に行われる。

特徴の第三は，図表5-1-1に示されるように[9]，独法の集団を「ブロック」と呼び，必要に応じて会議を行っている点である。これは，独法が少人数制であり，そのため独法同士での情報共有の必要性に迫られて開かれる会議である。このブロック会議は，独法同士の関係を構築し，最終的に全社が1つになることを促進する仕組みでもある。ブロックは，各社の範囲を超えたところでの集団であることから，ブロック会議は，前川が1970年代に進めたグループ制の欠陥を補うため，新たに編成した横断的なプロジェクト組織と同様なものと考えられる。つまり，前川の独法制は，創発的プロセス型の

図表5-1-1 前川の独法制とブロック

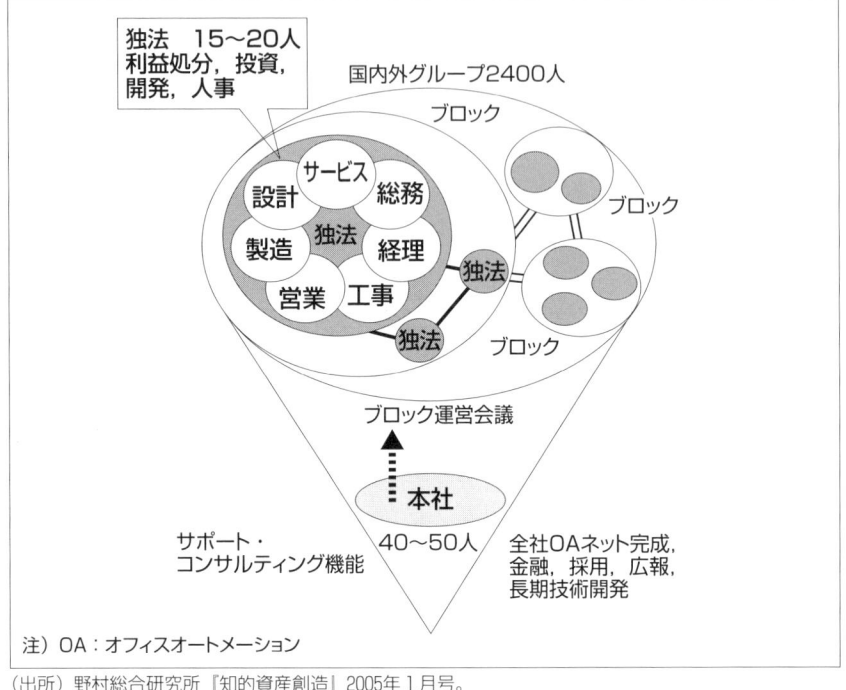

独法　15〜20人
利益処分，投資，
開発，人事

国内外グループ2400人

ブロック

設計　サービス　総務
製造　独法　経理
営業　工事

独法

ブロック

独法

ブロック

ブロック運営会議

本社

サポート・コンサルティング機能　40〜50人　全社OAネット完成，金融，採用，広報，長期技術開発

注）OA：オフィスオートメーション

（出所）野村総合研究所『知的資産創造』2005年1月号。

組織の典型だと言える。

❸ 分　析

(1) 分析の視点

　前川は，創業時から様々な組織変革によって分権化を行った。分権化を徹底するために分社化した独法制は，機能，工程（業務プロセス），資源配分，事業分野にどのような変化をもたらしたのか。各項目において，長所と問題点を全体統制と単位ごとの主体性のバランスを考えて導出し，今後どうすればさらなる改善ができるのか検討する。

(2) 長所と問題点

　親会社（前川）の機能面での長所として，制度としての権限移譲により単

第5章 経営組織

位ごとの主体性が高められる。また親会社は，組織単位にはあまり関与せずに業務プロセスを簡略化し，意思決定の迅速化を図ることができる。しかし，サポート役に徹することによって管理機能を失い，全社的な戦略を構築できなくなるという問題点もある（図表 5-1-2 参照）。

組織単位ごとの機能における長所として，自律性の増加，1人の人間が多種の職をこなすことから，多能工による業務遂行が可能となる。

資源配分・事業分野の問題点として，本社が命令・指示を行わない独法制では，企業全体の総合的な視点（マクロの視点）から見たときに，100社を超える子会社を管理し，力を入れるべき市場と，そうでない市場の区別がつかず，適切な資源配分は行うことが難しいことがあげられる。

プロジェクト組織への対応面での長所として，各種のブロック会議の開催により，多くのプロジェクト・マネジャーの育成が期待される。

図表5-1-2 グループ制から独法へ移行したことによる長所と問題点

	グループ制（社内分社制）	独法制（分社制）	○長所×問題点
親会社（前川）の機能・工程	○人事や経理などグループ子会社の管理・指示	○主として金融 ○独法のサポート役「各独法の機能の役割」	○制度としての権限委譲による自律性の増加 ○意思決定の迅速化 ×全社的戦略の欠如
単位ごとの機能	○グループ ○少人数制 ○営業からアフターサービスまでの活動	○独立法人化 ○少人数制 ○営業・調達・製造・人事・経理などの全職能	○自律性の増加により，イノベーションの創出が可能 ○多能工による業務遂行
資源配分	○本社から分配	○各独法によって決められる	×力を入れるべき市場と，そうでない市場の区別がつかない
事業分野	○本社によって決められた市場	○独法がそれぞれ自主的に決めた市場	
プロジェクト組織への対応	○プロジェクト・マネジャーの不在	○一人一人の自律性が高まる。100人以上の社長が誕生	○多くのブロック会議によりプロジェクト・マネジャーが育つ

（出所）筆者作成

しかし，問題点として，全社的な対応（マクロの視野）が必要な場合に，独法や100社を超える独法の中から少数が集まったブロック会議では，目まぐるしく変化する環境の中で，日々生まれる新たな市場，グローバル化によって生まれる新たなニーズには対応できない。つまり資源配分や事業分野の戦略構築において，構造的不確実性が増加している現在では限界もある。

(3)　**課　題**

　前川の行き過ぎた分社化は，マクロの視野に欠け，包括的戦略を構築できず，グローバル化した市場やニーズに対応できなくなるという問題点を踏まえ，課題をあげる。

　まず，行き過ぎた分権化・分社化を修正するために，集権化することによって動態化を図る必要がある。具体的には，全社をまとめる統合方針，総合戦略がトップから提示され，その方針を基本として部分が主体的に動いていくようなトップダウン型の包括的システムが必要となる。

　同時に，分権化によって培われた力を生かすために，各組織単位が主体的に活動できるシステムを維持する必要がある。

　一例として，常に従業員の自律性を意識し，多数のブロック会議でリーダーを務めることによって人材が成長し，プロジェクト・マネジャーはすでに成熟していると考えられるので，統合された組織においても，さまざまなプロジェクトを行うときにその力を利用することが可能である。

(4)　**解決策**

　では，具体的にどういった動態化を行えばよいのか。河合忠彦［1996］が提唱するスパイラル・マネジメントを援用して解決策を導出する。

　図表 5 - 1 - 3 に示されるように[10]，グローバル化した市場やニーズの状況は親会社（前川）が把握し，全社的な方向性をトップダウンによって示し，適切な製品・市場分野（事業分野）を見定め，適切な資源配分を行うべきである。つまり，ある程度の統合は必要であると考えられる。

　しかし，包括的インフラの形成に依存した統合では，独法制時に培われた自律性，意思決定の迅速化を保つことは難しいと考えられる。そのため，消

第5章 経営組織

図表5-1-3　前川製作所の具体的な解決策

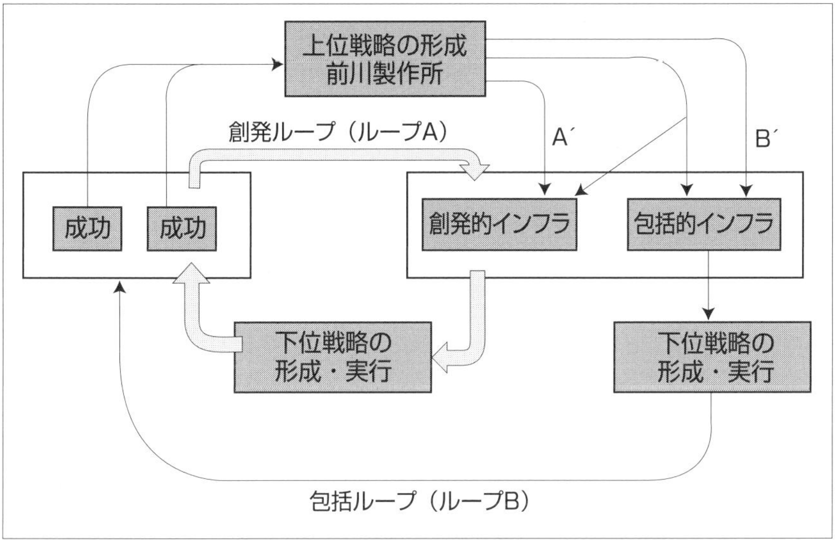

```
                    上位戦略の形成
                    前川製作所
                                    A´          B´
        創発ループ（ループA）
    ┌─────┬─────┐          ┌─────────┬─────────┐
    │ 成功 │ 成功 │          │創発的インフラ│包括的インフラ│
    └─────┴─────┘          └─────────┴─────────┘
            │                        │
            │   下位戦略の              下位戦略の
            │   形成・実行              形成・実行
            │
                    包括ループ（ループB）
```

（出所）河合忠彦［1996］27頁を筆者が一部修正。

費者ニーズの変化など，迅速な対応が必要な場合は，トップによる上位戦略の範囲内で，市場に近い現場主導の戦略的な対応が今後も必要である。

　すなわち，環境が構造的に不確実なものと，競争的に不確実なものに分け，競争的に不確実なものは独立性を維持し，構造的に不確実な新たなニーズ，新たな市場に対応する場合は，トップ主導というように，大きな戦略転換を行うべきである[11]。

　また，独法制時に改善された自律性の高いプロジェクト・マネジャーや主体性の高い従業員が育ったことを利用し，統合された組織単位を超えたプロジェクトは今後も編成すべきである。そうすれば，市場やニーズに対応するたびに，自律性のある人間によって，大小様々なプロジェクトを編成することによって，新たな市場に対応できるであろう。

　プロジェクト組織のような縦横無尽なシステムを確立することは，集権化の弊害ともいえる意思決定の迅速性を保つためにも，必要不可欠であると考えられる。

　以上のように，組織には，包括プロセスと創発プロセスの両方を利用し，

全体統制と単位ごとの自律性のバランスを考え，集権・分権のバランスを取ることが大切である。本ケースの前川では，分権化により単位ごとの機能や意思決定の迅速化が大きく改善されたが，行き過ぎた分権化のため，包括的プロセスが必要になった事業分野や資源配分ではマイナスに働くこともあった。

1）岸川善光［1999］139頁。
2）河合忠彦［1996］14頁。
3）同上書15頁。
4）2006，2007年は非公開。
5）日立モノナレオンライン。
6）露木恵美子［2001］136頁。
7）日立モノナレオンライン。
8）前川総合研究所=場と組織フォーラム［1996］37頁。
9）野村総合研究所『知的資産創造』2005年1月号。
10）河合忠彦［1996］27頁。
11）同上書31頁。

参考文献

Daft, R. L. [2001] *ESSENTIALS OF ORGANIZATION THEORY & DESIGN*, 2nd Edition South-Western College.（高木晴男訳［2002］『組織の経営学—戦略と意思決定を支える』ダイヤモンド社。）

河合忠彦［1996］『戦略的経営組織革新』有斐閣。

岸川善光［1999］『経営管理入門』同文舘出版。

岸川善光［2002］『図説　経営学演習』同文舘出版。

岸川善光編［2007］『ケースブック　経営診断要論』同文舘出版。

露木恵美子［2001］「ビジネス・ケース前川製作所」『一橋ビジネスレビュー』『第49巻第1号』東洋経済新報社。

前川総合研究所=場と組織のフォーラム［1996］『マエカワの「独法」経営』プレジデント社。

野村総合研究所『知的資産創造』2005年1月号。

日立モノナレオンライン≪http://www.hitachi.co.jp/products/it/industry/case/0807_mayekawa/index.html≫

前川製作所HP≪http://www.mayekawa.co.jp/≫

第5章 経営組織

2 組織文化

❶ このケースを読む前に

本ケースでは，企業の組織文化を変革する際に，従来の管理者型変革チームではなく，仲介者型変革チームの必要性について考察する。

(1) 設 問

組織文化には，価値観の共有など正の作用がある。しかし，組織文化への固執は，環境への不適合など負の作用もある。組織文化を変革する必要が生じた際に，社員が不安を感じないような変革は可能であろうか。

(2) キーワード

組織文化：組織文化とは，組織構成員によって内面化され共有化された価値，規範，信念のセットである[1]。組織文化は，動機づけ，フォーマルな要因以上に社員の心理的エネルギーをひき出す機能と，社員の価値観，行動規範，信念があまりにもワンパターン化されて，環境への不適合や創造性の欠如といった逆機能を併せ持つ[2]。

❷ ケース

(1) 企業概要

　　企 業 名：株式会社ドワンゴ
　　設　　立：1997年8月6日
　　資 本 金：10,072百万円（2008年9月期）
　　事業内容：ネットワークエンターテイメントコンテンツ及びシステムの
　　　　　　　企画，開発，運用，サポート，コンサルティング
　　売 上 高：24,978百万円（2008年9月期）
　　経常利益：107百万円（2008年9月期）

従業員数：709人（2008年9月期）

(2) ケース
〈ドワンゴについて〉
　株式会社ドワンゴ（以下，ドワンゴ）は，1997年に，「ネット上にいる腕利きのプログラマーが楽しく働ける会社を作りたい」という思いのもとで創業された企業である[3]。そのため，ユーザーから転向した社員が多く，ユーザーと一緒に自分たちで作ったものの「楽しさ」や「面白さ」を追求するという組織文化が形成された。

　また，ユニークで面白いアイデアを生み出すために，仕事場は風通しが良いようにワンフロアが見渡せる大部屋に統一され，すべての社員は自分の好きな席に座ることができる。また，大部屋の真ん中には大きなテーブルがあり，ミーティングが始まると誰でも議論に加わることもできる。このような工夫は，企業理念や組織の目標の浸透・統一やコミュニケーションが活発になるなど創業時の組織文化の維持に貢献している[4]。

〈ニコニコ動画について〉
　ドワンゴには，インターネット上で暮らす人に，心地よい場所を提供したいというテーマがあった。このテーマを実現するために，プロジェクト組織が編成され，面白さとユーザーとの双方向性を追求した動画共有サービス「ニコニコ動画」が誕生した[5]。

　ニコニコ動画の第一の特徴として，動画にコメントをつける機能があげられる。ニコニコ動画では，同じ動画内ではコメントを書き込んだ時間が違っても，常に書きこんだ動画の再生時間に合わせて表示される。つまり，動画を視聴した時間がユーザーごとに異なっていても，まるで一緒に動画を見ながら感想を言い合っているような，実時間を超越した擬似的な時間的共有を体感できる[6]。また，コメントにはニコニコ動画のサービスについての書き込みもあり，開発者はユーザーの生の声を聞くことができる。この機能によってユーザーが真に求めているサービスが分かるため，開発者のモティベーション向上にも繋がっている。

　第二の特徴は，新聞や雑誌などで公に発表できる機会がなかった人たちの

作品投稿,共有の場となったことである。既存の音声,動画,ゲーム画像,アニメーションなどを,ユーザーが編集・合成したMADといわれる動画や,自作した曲・演奏など,不特定多数のユーザーの再生数やコメントによって評価が表現される[7]。

〈ニコニコ動画開発の特徴〉

ドワンゴによるニコニコ動画プロジェクトと他の大手企業のプロジェクトの違いは,図表5-2-1の通りである。

図表5-2-1 企画段階におけるニコニコ動画と他企業のプロジェクトの差異

	ニコニコ動画	他企業のプロジェクト
開発動機	面白いサービスの提供	収益性
開発担当	個人重視	集団重視
開発期間	納期は特になし	納期厳守
競合他社への対応	相手の出方次第	競合しても勝つことのできる体質作りを進める。
コストの回収	優先的事項ではない	最優先事項の1つ
プロモーション	掲示板やブログへの書き込み	広告や取材記事の掲載
顧客対応	パートナーとしての関係	販売者と消費者という関係

(出所)ニコニコ開発者ブログ《http://blog.nicovideo.jp/》を参考に筆者作成。

〈ニコニコの動画の利益と収益構造〉

ニコニコ動画の収益モデルは,①有料会員(プレミアム会員)の利用料,②ニコニコ動画に掲載される広告・アフェリエイトである[8]。ニコニコ動画は,利用者や動画やコメントが爆発的に増えている。しかし,図表5-2-2から見て分かる通り,有料会員数は非常に少ない。

このため,累乗的にシステム設備の維持費が増加している。つまり,利用者や動画が増えれば増えるほど,赤字が累積するという悪循環に陥っている。そのため,2007年9月期営業利益は671百万円の赤字,2008年9月期営業利益も594百万円の赤字と苦しい経営が続いている[9]。

図表5-2-2　ニコニコ動画の一般利用者と有料利用者の推移

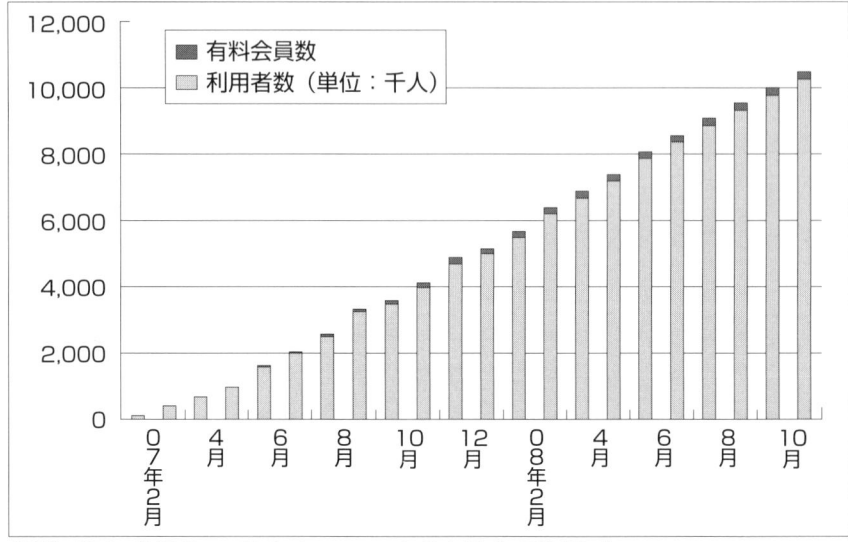

（出所）ドワンゴHP《http://info.dwango.co.jp/》に基づいて筆者作成。

❸ 分　析

(1) **分析の視点**

　1000万人もの会員を持つニコニコ動画が赤字である理由を，ドワンゴの組織文化に着目し，原因と解決策について考察する。

(2) **問題点**

　ドワンゴの組織文化は「楽しさの追求」と端的に表すことができる。これは，ドワンゴの起業動機からも明らかである。つまり，従業員の大半を占めるプログラマーは，自分やユーザーの楽しさを追求していると推測できる。

　そのため，「楽しさの追求」と関係がない部分のシステム開発が後手に回ってしまう。この結果，収益構造の構築が遅れ，システム設備の維持費がかさんで赤字に陥るという結果を招いている。

(3) **課　題**

　上述したように，創業して11年たったドワンゴは，設立当初から掲げてい

た「楽しさの追求」という組織文化の弊害が発生していると推測される。

組織文化の弊害について，シャイン［1999］によれば，特に「中年期企業」の組織文化には3つの問題点があるとしている。
① いまだに適応可能で，組織の成功に関連のある文化的要因をいかにして保持していくか。
② 多様なサブカルチャーをいかにして結合，融合，あるいは少なくとも連係させていくか。
③ 外部環境の条件が変化するにつれてますます機能しなくなっている文化的要素をいかにして見つけ出して，変えていくか[10]。

以上3つの問題点のうち，①の問題点に関しては創業当時の組織文化の維持に努めているため，解決されている。②の問題点に関しては風通しのよい社内環境の整備などによって改善されていると推測される。

つまり，③の文化的要素のある部分を「管理しながら」変更していく（"managed" change）[11]がドワンゴには必要であると思われる。

(4) 解決策

組織文化の変更には社員の抵抗が発生する。これは，アイデンティティの喪失や，今までの作業が行えなくなるかもしれないといった心理的要因があげられる。しかし，文化を変えなくては自分たちが生き残れないかも知れないという不安も同時に発生するため，社員はその葛藤に苦しむことになる。

こうした葛藤を取り除くためには，組織文化を変更するインセンティブを社員に明確に提示し，心理的安心感を与える必要がある。シャイン［1999］はその方法を8つあげている。
① 説得力のある積極的ビジョン
② 正式な訓練
③ 学習者の参加
④ 関連する「身内」グループおよびチームの非公式の訓練
⑤ 練習の場，コーチ，フィードバック
⑥ 建設的な役割モデル
⑦ 支援グループ

⑧ 首尾一貫したシステムと組織構造[12]

この8つの方法に準拠して，ドワンゴにおける組織文化の変革について考察する。

第一に，ドワンゴの場合は「楽しさの追求」という組織文化を「楽しさと収益性の両立」という文化へ変容する必要がある。

第二に，他の企業の収益構造やコスト削減の取り組みを，社員に学習させる。これによって社員一人ひとりが，収益性やコスト削減という新たな視点を持つことができる。

第三に，社員が自発的に新しい組織文化に対する勉強会などを開ける環境作りを進める。

第四に，組織文化の変革に伴う組織改革を行う。ドワンゴの場合は収益性を重視しなくてはならないので，企画の段階に開発者だけなくマーケティング担当など収益性を客観的に計測することができる人材と一緒に企画を行うなどといったことがあげられる。

以上4点を軸に，組織文化変革プロジェクトを推進すべきであると筆者は考える。この際，重視すべきことはいかにトップダウンではなく，ボトムアップで変革を行うかという点である。その理由として，トップダウンで強力に変革を推進してしまうと，その変化に対応できずに退社してしまう人材が発生すると考えられるためである。

そこで，筆者は組織内部に変革チームを結成して，その変革チームを「仲介者」とするのが良いと考える。これは従来の管理型変革チームよりも，より一歩踏み込んだ概念である。

従来の理論では，変革チームの業務内容を「移行期間の管理」と定義している[13]。しかし，ドワンゴのような発想力を重視するような組織環境には管理という概念はなじまない。そこで，プロジェクトチームを「仲介者」とすることによって，変革の際に生じる様々な軋轢や個々の要望に適切に応えることができるようにする。

さらに，ニコニコ動画の場合，顧客とドワンゴの関係が非常に近いということが特徴としてあげられる。これはユーザーからの要望をニコニコ動画が最大限活用している点からも明らかである。つまり，組織文化を変革する際

第5章 経営組織

図表5-2-3 変革チームの業務内容

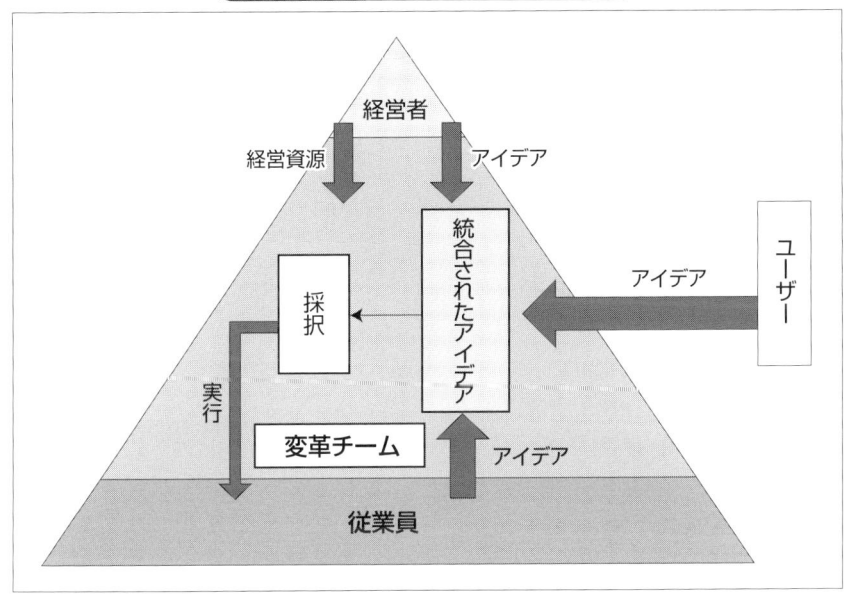

(出所) Daft, R. L. [2001] 訳書221頁に基づいて筆者作成。

には従業員のみならずユーザーの声も取り入れなくては，ニコニコ動画が育んだ運営者とユーザーの関係が離れてしまう危険性が生じる。このように考えると，変革チームの業務内容は，図表5-2-3のように多様なステークホルダーを巻き込んだ組織文化変革の実行と定義できる。

アイデアは変革チーム内からではなく，従業員やユーザーからもたらされることもある。そのアイデアを取捨選択することが変革チームの主な業務内容となる。

組織文化の改革には社員の心理的側面も考慮しなくてはならないため，長い時間がかかることが予想される。しかし，近年の急激な経営環境の変化に対応するためには，できる限り素早く変革を行わなくてはならない。かといって，トップダウンでの急激な変化は反発を招きかねない。いかに，社員主導での組織変革を素早く行うかが近年の組織文化の変革において重要となるであろう。

1）加護野忠男［1988］26頁。
2）岸川善光［2002］212頁。
3）ニコニコ開発ブログ≪http://blog.nicovideo.jp/≫
4）日経産業新聞，2008/11/11，15頁。
5）ニコニコ開発ブログ≪http://blog.nicovideo.jp/≫
6）ITpro≪http://itpro.nikkeibp.co.jp/article/COLUMN/20071005/283886/≫
7）INTERNET Watch
　　≪http://internet.watch.impress.co.jp/cda/event/2008/03/17/18826.html≫
8）株式会社ドワンゴHP≪http://info.dwango.co.jp/≫
9）株式会社ドワンゴHP≪http://info.dwango.co.jp/≫
10）Schein, E. H.［1999］訳書12頁。
11）Schein, E. H.［1999］訳書13頁。
12）Schein, E. H.［1999］訳書127頁。
13）Schein, E. H.［1999］訳書135頁。

参考文献

Daft, R. L.［2001］*ESSENTIALS OF ORGANIZATION THEORY & DESIGN*, 2nd Edition South-Western College.（高木晴男訳［2002］『組織の経営学―戦略と意思決定を支える』ダイヤモンド社。）
Schein, E. H.［1999］*The Corporate Culture Survival Guide* Jossey-Bass Inc.（金子壽宏監訳=尾田丈一=片山佳代子訳［2004］『企業文化生き残りの指針』白桃書房。）
加護野忠男［1988］『組織認識論』千倉書房。
岸川善光［2002］『図説　経営学演習』同文舘出版。
岸川善光編［2004］『イノベーション要論』同文舘出版。
岸川善光［2006］『経営戦略要論』同文舘出版。
岸川善光編［2007a］『ケースブック 経営診断要論』同文舘出版。
岸川善光［2007b］『経営診断要論』同文舘出版。
日経産業新聞，2008年11月11日，15頁。
ニコニコ動画≪http://www.nicovideo.jp/≫
ITpro≪http://itpro.nikkeibp.co.jp/index.html≫

第5章 経営組織

3 組織間関係

❶ このケースを読む前に

　企業は経営資源に限りがあることから，おのずと他企業の経営資源に依存しなければならない。本ケースでは，近年注目されているアライアンス（戦略的提携）の考え方を踏まえ，企業がどのように組織間関係（企業間関係）を構築すべきかについて考察する。

(1) 設　問
　規模と組織の総合力によって，市場を制覇しようとする大企業が多いなか，企業規模が同程度であり互いに異なった強みを持った企業が，アライアンスを選択する理由は何であろうか。

(2) キーワード
　組織間関係[1]：組織間関係は組織と組織の間のつながり，結びつきであり，互いに自律しつつ，異なる目標を持ち，相互依存している状態を指す[2]。組織間関係を考察する主な視点として，①組織間の資源・情報交換，②組織間のパワー関係，③組織間調整のメカニズム，④組織間の構造，⑤組織間文化，の5点があげられる。
　アライアンス[3]：アライアンスとは2つ以上の組織の結びつきのあり方のことである。アフイアンスの視点として，①他組織からの資源獲得，②2つ以上の組織が協力してものごとを行うこと，③協働行動，他組織から知識を獲得したり協力したりして，知識を創造すること，⑤コンピテンスが結合される場，⑥パワーと信頼，⑦市場と階層の異なる2つ以上の組織の関係，があげられる。

❷ ケース

(1) 企業情報

　　企　業　名：株式会社ドトール・日レスホールディングス
　　設　　　立：2007年10月1日
　　資　本　金：1,000,百万円（2008年2月）
　　事業内容：グループ全体の最適化を図るための，企画・運営・管理など
　　　　　　　を行い，グループ全体の経営を統括する。
　　売　上　高：1,749百万円（2008年2月）
　　経常利益：2,723百万円（2008年2月）
　　従業員数：1,860名（2008年2月，連結）

(2) ケース

　株式会社ドトール・日レスホールディングス（以下，DNH）は，ドトールコーヒーをはじめとする飲食店をフランチャイズ方式で展開する株式会社ドトール・コーヒー（以下，ドトール），多業態のレストランを事業とする日本レストランシステム株式会社（以下，日レス）の両企業の創業者がトップ・マネジメントに就任し，2007年10月1日付で持株会社として発足した企業である。

　外食産業は原材料の高騰，物件や人手不足，少子高齢化などの逆風が吹いており，消費者の好みなど変化の激しい業界である。近年，製品・市場，ノウハウなどの経営資源を迅速に調達することによって，競争企業に対する競争優位を獲得するために，M＆Aが外食産業で頻繁に行われている[4]。

〈アライアンスの動機〉

　ドトールと日レスは，ジローレストランシステム（以下，ジロー）という企業に共通のルーツがある。ドトールは創業時にコーヒー豆をジローに卸しはじめたことによって事業をスタートし，日レスはブランドや人材，ノウハウなどを譲り受けて成長してきた企業である。それゆえに，トップ・マネジメント同士の長い間の親交，経営方針など共通する点が多かった。そこで，ドトールと日レスは，これからの外食産業に耐えうる企業としてリーディン

第5章 経営組織

図表5-3-1　アライアンス締結以前のドトールと日レスの特徴

ドトール	企業名	日レス
66,313百万円（06年3月）	売上高	27,823百万円（06年5月）
5,347百万円（06年3月）	経常利益	5,867百万円（06年5月）
8.1%（06年3月）	経常利益率	21.1%（06年5月）
1,470店	総店舗数	323店
ドトールコーヒーなどの飲料中心の業態	業態	洋麺屋五右衛門などの食事中心の多業態展開
・デザイン性重視 ・都市型	組織文化	・デザイン性重視 ・都市型
・物件探し，フランチャイズ・システム（FC）を活用した店舗展開力と開発力 ・品質，サービス，店作り ・強力なトップダウン	強み	・食材調達，物流など主要業務の内製化 ・物件の選定のノウハウ ・店舗管理の効率化 ・直接経営 ・外食産業を広範囲にカバーするノウハウ ・強力なトップダウン ・ドミナント戦略
・業態の少なさ ・業態開発力 ・物流の外部委託	弱み	・急激な規模拡大には不向きな経営システム

（出所）日経MJ新聞　2007年4月30日号4頁等に基づいて筆者作成。

グ・カンパニーを目指すために，これまでの飲食業界の慣習であるM＆Aではなく，力関係が対等であるアライアンスを結んだ。

経常利益率が5％を超えると優良であるといわれる外食産業において，両社は極めて高い数値を出している[5]。また，事業内容も，ドトールが飲料，日レスが食事と互いに補完性や補強性が高い。さらに，多業態を持っていると，同じ建物や狭い範囲に違う業態を多数配置できるドミナント戦略を応用できるうえ，両者で新しい業態を開発することもできる[6]。

仕入れに関しても，規模の経済が期待でき，ドトール側は日レスの持つ内製化ノウハウ，日レス側はフランチャイズ・システムの獲得などが期待できる。

〈アライアンス締結の現状〉

アライアンスの成果[7]として，DNHは物流の統合や共同購買を進めている。

その一例として，ペーパーナプキンやストローの共同購買によるコスト削減があげられる。この試みは年間50百万円程度の経費削減に成功している。

さらに物流の統合として，ドトールは食材の調達と配送を外部委託し，日レスがグループ企業内の加工工場や配送網を使うため，ドトール側が日レスの配送網を活用する案を出した。しかし，これらは両企業の処理能力の不足により断念された。

また，両社の強みである飲と食の融合を目指した新業態も，食材の調達や店舗運営手法の擦り合わせに手間取っており，実際に店舗展開するまで1年以上かかっている。そのため，経常利益で20億円から40億円もの統合効果があるとした当初の目標には遠く及ばない状況が続いている。

さらに，2008年4月，ドトールと日レスの創業者であるDNHのトップ・マネジメントが，商品市況の悪化や消費者心理の変化などの外部環境の厳しさと持株会社全体の成長を目指すことを理由に，それぞれの出身母体であるドトール，日レスの経営強化に専念することを発表した。これにより，トップ・マネジメントによって推進されたアライアンスは，わずか半年で暗礁に乗りかかってしまった。

❸ 分　析

(1) 分析の視点

飲食業界で確固たる地位を築いている日レスとドトールは，事業分野が重ならず，組織文化も似ており，相補性・補完性が高く，アライアンス構築も良好に行えそうであるが，なぜうまくいかないのかについて考察する。

(2) 問題点

DNHのアライアンスの問題点は，依然としてドトールと日レスのそれぞれが，アライアンスによる企業価値の最大化よりも，クローズド型経営[8]による企業価値の最大化を図っていることである。クローズド型経営とは，人材，ノウハウ，販売網，系列など，1社で経営資源の独占または寡占を目指す経営である。

ドトールと日レスのトップ・マネジメントは，クローズド型経営では不確

実性の多い外食産業では生き残れないと判断して、アライアンスを結んだ。しかしながら、統合に時間がかかったことを理由に、事業強化による企業価値の最大化というクローズド経営に戻り、アライアンスを停滞させてしまった。

組織間に多少の共通点があるにしても、本来、異なった組織と組織の結合、相互理解には時間がかかるものである。ましてや、日レス、ドトールとも創業者であるトップ・マネジメントの影響が大きく、確立されたビジネス・システムや組織文化の融合は難しい。

組織と組織の協働作業、組織学習を行うなどの機能的な面は、規模の経済によるコスト削減などの物理的な面と違ってすぐに成果は出にくい。つまり、アライアンスの成果を企業価値に反映させるには、長期的視点が必要不可欠であるといえる。

(3) 課　題

上記の問題点から導出される課題は、①クローズド型経営からオープン型経営[9]への転換、②アライアンスを機能させる場の構築、③アライアンスを長期的な視野で捉えること、があげられる。

第一の課題は、ドトール、日レスのクローズド型経営を、DNHを包含したオープン型経営に転換することである。オープン型経営とは、他企業の良好なネットワークを構築し、経営資源を相互に補完しながら、自社のコア・コンピタンスを向上しようとする経営手法である。

第二の課題は、アライアンスを機能させるために、アライアンスの目的を設定し、協働行動ができる場を設定することである[10]。ドトール、日レスともに、トップ・マネジメントのみがアライアンスの協働作業を行っており、アライアンスを形成・実行するための部門を設置してこなかった。そのため、アライアンスの意義を改めて定義し、ミドル・マネジメントを含めた知識や能力を学習する部門を構築する必要がある。

第三の課題は、組織とステークホルダーに長期的視野を浸透させることである。アライアンスの近視眼的な対応は文化崩壊をもたらす恐れがあるため、文化融合に長期的視点を持つ必要がある。また、ステークホルダー、特に投資家に対しては、DNHがアライアンスによって連結収益や経常利益率の一

時的な低下に理解を求め，長期的戦略で最終的にステークホルダーに還元させることを認識させねばならない。

(4) **解決策**

　DNHは，ドトールと日レスを統括し，アライアンスを機能させて企業価値の最大化を図らなければならない。しかし，現状ではDNHの存在意義自体が薄れており，グループ会社となったドトールと日レスは事業強化という短期的視野に走ってしまい，アライアンスの存在自体が形骸化してしまった。

　アライアンスを機能させるためには，組織の内外の構造に注目し，それを変化させなければならない。しかし，経営戦略や組織構造，業務プロセスなどはある程度の変革は可能であるが，ソフトな要素である組織文化の変革は容易ではない。ここでは，経営戦略や組織構造，業務プロセスなどの面とソフトな面の変革について考察する。

　まず，経営戦略や組織構造，業務プロセスなどの面を変革するために，DNHのアライアンスの基本合意書を組織に浸透させることが必要である。アライアンス合意書とは，機密保持や運営の取り決めとともに，経営理念の共有，相互の信頼，両社間のバランスなどに触れ，グループ会社がアライアンスを強化し，互いに業績を向上していくうえでの基本原則を定めた憲法のようなものである[11]。

　また，DNHにドトールと日レスの各部門間から集められたプロジェクト組織を編成することも，アライアンスを機能させるうえで重要である。プロジェクト組織[12]とは，特定の課題を遂行するために，企業内の各部門から人を集めて一定期間，臨時に編成される組織のことである。

　これによって，ドトールと日レスが信頼に基づき協力し合う土俵作り，ドトールと日レスからＦＣ・業態開発，サービス・品質，ドミナント戦略，ロジスティクスなどの相補性・補強性を伴った変革の実現が期待できる。

　次に，組織のソフトな面の変革について考察する。機能面とソフトな面を適応させるために，既存のトップ・マネジメントに加え，変革型リーダーを導入するべきである。変革型リーダー[13]とは，経営環境の変革期において，組織全体に関わる大規模な組織改革を実行する役割を担う，経営者や変革型

第5章 経営組織

図表5-3-2　組織文化の変容プロセス

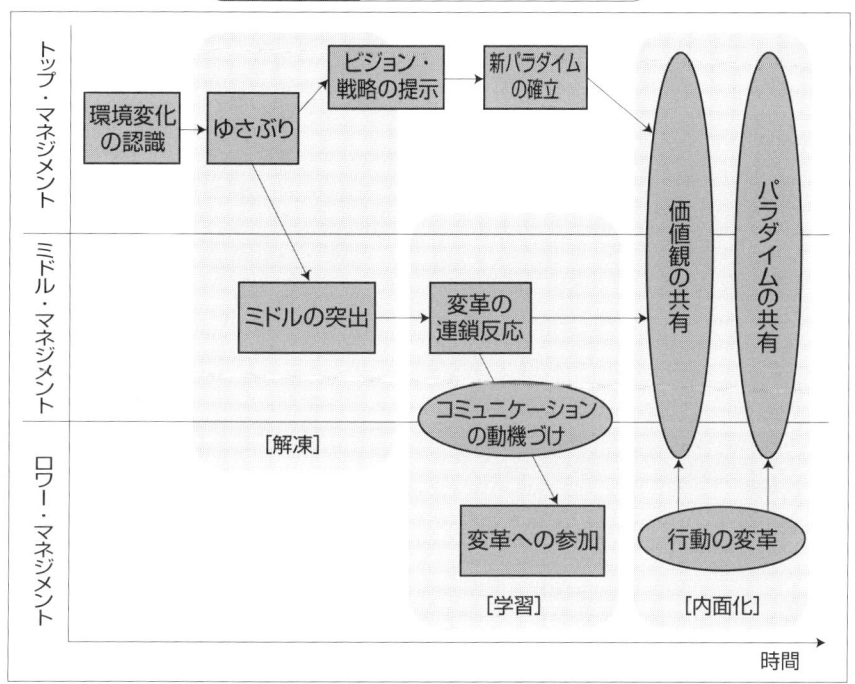

縦軸：トップ・マネジメント／ミドル・マネジメント／ロワー・マネジメント
横軸：時間

- 環境変化の認識 → ゆさぶり → ビジョン・戦略の提示 → 新パラダイムの確立
- ゆさぶり → ミドルの突出 → 変革の連鎖反応 → 価値観の共有／パラダイムの共有
- コミュニケーションの動機づけ → 変革への参加
- 行動の変革 → 価値観の共有

[解凍]　[学習]　[内面化]

（出所）松村洋平［2006］5頁に基づいて筆者一部修正。

チームの責任者である。変革型リーダーの重要な機能は，的確な環境変化の予測のもとで組織の将来の姿をビジョンとして描き，そこに至る道筋としての事業戦略を構想することである。

そして，図表5-3-2に示される手法を用いて，組織，ステークホルダーに，DNHの長期的視野を浸透させることである。この変革型リーダーは，ドトール，日レスに精通した影響力のある人物を選ぶことが望ましい。

アライアンスは，組織間の信頼に基づく共存共栄を目指し，組織の経営資源をより有効に活用する手段を提供するものである。アライアンスにおいては一時的な業績低下に過剰に反応せず，長期的視野で企業価値を最大化するよう組織間の協力体制を整えることが肝要であろう。

1）山倉健嗣［1993］147頁。

2）山倉健嗣［2007］44頁。
3）同上書105頁。
4）岸川善光［2006］161頁。
5）日経MJ新聞，2008年5月14日号。
6）大林豁史［2007］80頁。
7）日経ＭＪ新聞，2008年4月18日号。
8）岸川善光［2006］105-106頁。
9）同上書106頁。
10）岸川善光［2007］116頁。
11）Ghosn, C.［2001］訳書209-210頁。
12）岸川善光［1999］137頁。
13）松村洋平［2006］55頁。

参考文献

Bartlet, C. A. = Ghoshal, S.［1997］, *The Individual Corporation.* HarperCollins Publishers, Inc.（グロービス経営大学院訳［2007］『新装版　個を活かす企業』ダイヤモンド社。）

Ghosn, C.［2001］, *Renaissance,* MiguelRivas-Micond and Kermit Carvell.（中川治子訳［2001］『ルネッサンス　再生への挑戦』ダイヤモンド社。）

大林豁史［2007］『外食・非常識経営論―今の売上で，2倍の利益を上げる方法』ダイヤモンド社。

岸川善光［1999］『経営管理入門』同文舘出版。

岸川善光［2006］『経営戦略要論』同文舘出版。

岸川善光［2007］『経営診断要論』同文舘出版。

鳥羽博道［2008］『ドトールコーヒー「勝つか死ぬか」の創業記』日本経済新聞出版社。

松村洋平編［2006］『企業文化（コーポレート・カルチャー）―経営理念とCSR―』学文社。

山倉健嗣［1993］『組織間関係―企業間ネットワークの変革に向けて』有斐閣。

山倉健嗣［2007］『新しい戦略マネジメント―戦略・組織・組織間関係―』同文舘出版。

日経ＭＪ新聞，2007年4月30日号，2008年4月18日号，2008年5月14日号。

ドトール・日レスホールディングスHP≪http://www.dnh.co.jp/≫

第5章 経営組織

まとめと今後の研究課題

　『経営管理要論』の第5章のテーマは，経営管理の実践の場である経営組織について理解を深めることである。従来，経営管理論と経営組織論の両者は，概念的に混同されるほど密接な関係を持っている。『経営管理要論』では，経営組織の編成，組織の動態化，組織における人間行動（組織行動論），組織文化，組織変革，組織間関係，の6つの論点に焦点をあてて考察している。

　【ケース1】前川製作所では，組織の動態化について考察している。組織の動態化は，機能，工程（プロセス），資源配分，役割などを固定化・ルーチン化せず，環境変化に柔軟に対応することを目的としている。従来，組織の動態化を目指して，プロジェクト組織，マトリクス組織，カンパニー制，分社制など，多くの企業で多面的な試みがなされてきた。【ケース1】では，多面的な試みの中から分社制の先進企業として前川製作所に焦点をあて，分社制の利点・欠点について考察している。分社制は，従来，利点のみが強調されがちであったが，本ケースでは分社制の欠点についても言及している。

　今後の研究課題として，組織の動態化という観点だけでなく，集権型組織と分権型組織に大別し，業績との相関関係について実証的な分析が必要不可欠である。おそらく，環境─経営戦略─組織─業績の相関関係に「一定の法則性」が見出せるであろう。

　【ケース2】ドワンゴでは，組織文化について考察している。組織文化とは，一般に，「組織構成員にとって内面化され共有化された価値，規範，信念の集合体である」。組織文化は，組織の目に見えない側面ではあるものの，近年，組織の独自能力を構築する際の源泉として，経営管理に多大の影響を及ぼすことが明らかになりつつある。組織文化によって，イノベーション志向，成果志向，マーケティング志向など，組織の方向性が変わるからである。【ケース2】では，組織文化と業績との相関関係に着目しつつ，組織文化を「管理しながら」変更するための方策について言及している。

　今後の研究課題として，組織文化の類型化を踏まえて，組織文化と業績と

の相関関係に関する実証分析が不可欠である。具体的には，どのような組織文化が業績に寄与するかという問題意識の解明が欠かせない。もっとも，組織文化の類型化について，ディール=ケネディ［1982］，シャイン［1985］などの先行研究が存在するものの，現段階では，組織文化そのものの類型化に重点が偏っており，組織文化と業績との相関関係の分析にまでは至っていない。組織文化が重視される今日，組織文化と業績との相関関係に関する実証分析は，経営管理に関する研究課題として極めて重要な位置づけを占めるといえよう。

【ケース３】ドトール・日レスホールディングスでは，組織間関係について考察している。山倉健嗣［1993］によれば，組織間関係に関するテーマとして，組織間の資源・情報交換，組織間のパワー関係，組織間調整のメカニズム，組織間の構造，組織間文化などがあげられる。【ケース３】では，組織間関係の構造の中からアライアンス（戦略的提携）を取り上げて，アライアンスに関する問題点，課題，解決策について言及している。

今後の研究課題として，山倉が提示した組織間の資源・情報交換，組織間のパワー関係，組織間調整のメカニズム，組織間の構造，組織間文化に関する多面的なケーススタディの蓄積が必要不可欠である。経営資源は有限であるので，自ずと他企業の資源・情報に依存せざるをえない。すなわち，今後の企業活動を推進する上で，組織間関係の構築・再構築は重要な戦略課題といえよう。

本章では，上述した３つのケースを選択したが，組織における人間行動（組織行動論），組織変革についても緻密な考察が欠かせない。特に，パーソナリティ，モティベーション，学習，コミュニケーション，リーダーシップなどを研究対象とする組織行動論は，ミクロ組織論として，欧米のビジネス・スクールではすでに必須科目として重視されている。組織構造，組織プロセス，組織文化，従業員の意識などを変革させる組織変革についても，組織学習のあり方，組織革新の進め方など，理論的にも，実務的にも極めて重要なテーマである。環境が激変している今日，組織変革の適否が組織存続の鍵になることは間違いない。

第6章 機能別管理

　本章の3つのケースは,『経営管理要論』の第6章と対応している。『経営管理要論』の第6章は, 下記の左側に示されるように, 10節で構成されている。拙著『経営診断要論』の分類基準によれば, 経営管理システム（人的資源管理, 財務管理, 情報管理, 法務管理）と業務システム（研究開発管理, 調達管理, 生産管理, マーケティング管理, ロジスティクス管理）に該当する。

1. 経営システムの構造
2. 人的資源管理……………【ケース1】日本アイ・ビー・エム
3. 財務管理
4. 情報管理
5. 法務管理
6. 研究開発管理……………【ケース2】キヤノン
7. 調達管理
8. 生産管理
9. マーケティング管理……【ケース3】資生堂
10. ロジスティクス管理

【ケース１】日本アイ・ビー・エムでは，人的資源管理に焦点をあて，人的資源価値と企業価値の最大化を両立させるための試みについて考察する。具体的にいえば，価値観の多様化が進み，価値観の共有ができていない状況をいかに打破し，企業価値をあげるかという問題である。

　人的資源価値と企業価値の最大化を両立させるために，【ケース１】では，日本アイ・ビー・エムのダイバーシティーに対する取り組みに着目し，グローバル化とローカルにおけるダイバーシティーとの関連性について考察する。グローバル化とローカルにおけるダイバーシティーの組み合わせが今後のあるべき姿と思われる。

　【ケース２】キヤノンでは，研究開発について考察する。激化する企業間競争に打ち勝つためには，効果的かつ効率的な研究開発の推進が不可欠であることはいうまでもない。研究開発の機能は，①研究（基礎研究，応用研究），②開発（製品開発，技術開発），③製品化（設計，試作，生産技術支援）などによって構成される。研究開発にはリスクがつきものである。これらを踏まえて，【ケース２】では，経営と技術との関連性に焦点をあて，いわゆる「死の谷」を克服するために，経営戦略と技術戦略をと整合性をどのように的確に保持するかについて考察する。特に，技術のシナジーに着目する。

　【ケース３】資生堂では，マーケティングについて考察する。具体的には，マーケティングの中で，特にブランドマーケティングに焦点をあてて考察する。ブランドマーケティングにおいて，コーポレートブランドと製品ブランドの混同は，往々にしてマーケティング戦略の混乱の要因になる。

　上述した問題意識を踏まえて，【ケース３】では，ブランドの構築が生命線ともいえる化粧品企業のブランドの統一を論点に据えて，問題点，課題，解決策について考察する。ブランドの統一によって，マーケティング投資の選択と集中が可能になり，ブランド価値を獲得することができるであろう。

＊ケースとして選択した日本アイ・ビー・エム，キヤノン，資生堂のホームページおよび各社に関連する参考文献を公表情報として参照した。記して謝意を申し上げる。

第6章 機能別管理

1 人的資源管理

❶ このケースを読む前に

本ケースでは、企業を実際に動かすヒトに焦点を当てる。そして、企業とヒトの双方向の貢献と利益発生の関係性について考察する。

(1) 設 問

今日、グローバルという言葉をよく耳にする。この言葉は、企業活動において重要な課題の1つである。企業は国内にとどまることなく、グローバル企業として海外進出を続けている。企業がグローバルに成長していく中で、人的資源価値と企業価値の最大化は同時に実現できるのであろうか。

(2)キーワード

人的資源管理（Human Resource Management: HMR）：人的資源価値の極大化と企業価値の極大化の両立を目指したヒトを対象とした経営管理のことである[1]。一般的に、①組織運営、②人的資源フローマネジメント、③報酬マネジメントの3つの要素によって構成される[2]。

人的資源フローマネジメント[3]：人的資源の採用、配置転換、昇進・昇格、人事考課、賃金管理、能力開発支援など、人的資源の活用プロセスに関する経営管理のことであり、ここでは能力開発、従業員満足の2つが必須の課題である。

❷ ケース

(1) 企業概要

　　企 業 名：日本アイ・ビー・エム株式会社
　　設　　立：1937年6月17日
　　資 本 金：135,300百万円

事業内容：ハードウェア，ソフトウェア，コンサルティングサービス，
　　　　　　　構築・運用サービス，リース（賃貸借）およびファイナンシ
　　　　　　　ング
　　　売　上　高：1,192,611百万円（2007年）
　　　経常利益：154,048百万円（2007年）
　　　従業員数：16,463名（2007年12月31日現在）

(2)　ケース
〈ＩＢＭの日本進出〉
　日本アイ・ビー・エム株式会社（以下，日本ＩＢＭ）は，1937年にＩＢＭコーポレーションの子会社である日本法人として日本ワトソン統計会計機械株式会社の名称で設立された[4]。その後太平洋戦争を経て，事業再開にあたり社名を日本インターナショナル・ビジネス・マシーンズ株式会社と改め，1960年には日本アイ・ビー・エム株式会社に変更した[5]。

　ＩＢＭが日本に進出してきた当時，日本という市場は外資系企業にとって参入が難しく，事業活動に対する障害が多いということがほぼ常識になっていた。その原因として，日本人の「よそ者・異質な者に対する閉鎖性」があげられる。小学校に入り，ランドセルの色が女の子は赤，男の子は黒という大多数の中で，一部の違った色，形のランドセルを背負っている子を「変な子」としていじめの対象にする，といった現象は典型的な例である[6]。

〈トーマス・Ｊ・ワトソンの活躍〉
　当時，異質なものが受け入れられにくい環境下であったにもかかわらず，ＩＢＭは例外といわれるほど異例な形で成長，発展を遂げた。その背景には，ＩＢＭの名付け親であり，当時の社長であったトーマス・Ｊ・ワトソンの努力がある。

　ワトソンは，1914年に米国の「コンピューティング・タビュレーティング・レコーディング社」にゼネラルマネジャーとして入社し，後に社長となった。入社10年後の1924年，社名を「インターナショナル・ビジネス・マシンズ・コーポレーション」とした[7]。

　その後，社内研修制度を発足させ，従業員に対する研修に力を入れ，企業

を支える人材育成に力を入れていた。献身的な従業員がいなければ会社の長期的な繁栄はありえない。競争優位は優秀な従業員から生まれるのである[8]。1935年，他社に先駆けて大卒女性の採用を開始した際，彼は「男女とも同様の仕事に対して，等しい給与，待遇，責任および昇進機会を得る」と，当時としては画期的な方針を明言した。彼の哲学が今日のIBMの経営の基礎となり，経営理念にも及んでいるのである。

〈IBMers Value〉

全社員が共通で持つIBMの価値観は世界で1つであり，その考え方の根幹は変わらない。

これを実現したのが，IBMers Valueである。IBMは，2003年に「Values Jam」という世界中のあらゆる地域から2万2千名以上の社員が参加し，72時間にわたるウェブ会議で価値観について考え，議論する機会を設けた[9]。IBMers Value とは，社員一人一人が真剣に考え，議論した結果を新たな価値観として積み上げたものであり，以下の3つの目標を掲げている。

① お客様の成功に全力を尽くす
② 私たち，そして世界に価値あるイノベーション
③ あらゆる関係における信頼と一人一人の責任

これらのIBMers Valueは，全世界的に事業を展開しているIBMが，どの地域においても均一なサービスを提供していくための鍵となっている。上からの一方的な提示ではなく，社員は企業を作る資源であるとして一人一人の意見を取り込んで価値観の共有をすることにより，社員の企業への意識も高くなり，企業価値を上げることにも貢献している。

IBMがすべてのステークホルダーにとって価値ある存在としてあり続けるよう，IBM社員はIBMers Valueに基づき，その実践に向けて活動をしている。

〈人材の多様性―ワークフォース・ダイバーシティー〉

グローバルにビジネスを展開しているIBMが社員に対して持っている一貫した人材の多様性に関する考え方が，ワークフォース・ダイバーシティーである。IBMのダイバーシティーへの取り組みは，米国政府が機会均等法を打ち出す何十年も以前の1899年に，当社の前身であった会社が初めて黒人

女性を雇用したことにまでさかのぼる。ＩＢＭがその最初の機会均等ポリシーで「人種，肌の色や宗教にかかわらず」平等な条件で雇用する，と宣言して以来50年以上が経過した。

現在は，「ＩＢＭでは多様な人材が互いにその違いを認め，尊重し合い，能力を最大限に発揮するために，人種，性別，信仰やセクシャル・オリエンテーションなどによらずに採用を行うこと」を日本ＩＢＭのホームページで宣言している。

ワークフォース・ダイバーシティーにより，ＩＢＭの社員構成が，多様化した市場の縮図ともいえる状態を築いており，これによって世界中の顧客に対するニーズに対応することが可能となっている。

〈人的資源価値―オンデマンド・ビジネス〉

ＩＢＭは，自社が提唱するオンデマンド・ビジネスというシステムを採用している。これは，日本ＩＢＭホームページによると，『組織の壁や枠を超えた「お客様中心」の体制作りを目的とした新しい働き方』である。

また，『社員が自律的に働ける環境作りは，お客様に最善のサービスをご提供するうえで必要不可欠』という考えのもと，仕事環境作りにも力を入れ，社員への働きやすい環境の提供，顧客へのサービスの向上を同時に達成しようとしている。

社員の個性を大切にするＩＢＭの人的資源管理の成果として，2004年６月には，「日本経済新聞社働きやすい会社ランキング１位」を獲得している。このランキングは，ビジネスパーソンに対して45の設問に答えてもらい，評価を行ったものである。項目は，①社員の意欲を向上させる制度，②人材育成と評価，③働く側に配慮した職場作り，④子育てに配慮した職場作り，の４項目から構成されている。この結果は，2003年度に行われた「Values Jam」も含め，ＩＢＭの社員への制度の充実が成果として表れたものであるといえる。

❸ 分　析

(1) **分析の視点**

本ケースでは，日本ＩＢＭの行っている人的資源管理によって，人的資源

価値の極大化と，企業価値の極大化の両立の達成について，企業の実際の取り組みをもとに考察する。

(2) 問題点

ＩＢＭの人的資源管理に関する問題点は，個人を尊重することによってヒトの価値を高めるという人的資源価値の最大化と，企業価値の極大化との両立が必ずしも効率的に行われていない点である。

ＩＢＭでは多様な人材が互いにその違いを認め，尊重し合い，能力を最大限に発揮するために，人種，性別，信仰などを採用時の制限としないことを決め，さまざまな人材を採用する姿勢をとっている。ＩＢＭは人的資源価値の最大化を目指して「多様な人材が互いにその違いを認め，尊重し合い，能力を最大限に発揮する」環境作りを指している。そして，企業価値の極大化は，IBMers Valueのはじめに掲げられている目標である「お客様の成功に全力を尽くす」ことを達成することで得られるとされている。しかし，2004年６月には，１位を獲得した「日本経済新聞社働きやすい会社ランキング」であるが，2008年には10位に留まっている。

2003年の「Values Jam」により，人的資源価値，企業価値の双方の向上を可能としたが，2003年以後の新しい人材の増加により，価値観の多様化が進み，価値観の共有ができておらず，社員の人的資源価値の最大化と企業価値の極大化の両立が効率的に行われていないことが問題点となっている。

(3) 課　題

日本ＩＢＭが取り入れている制度として，ワークフォース・ダイバーシティーがあげられる。ダイバーシティーにより集められた多様な従業員が働きやすい環境作りとして，オンデマンド・ビジネスがあり，多様化された従業員の有効活用の場として貢献している。社員の多様化はＩＢＭ自身と顧客とに多様な発想をもたらす基盤となっている。営業，製品開発，サービスの提供など広い分野で，ＩＢＭの社員構成は多様化した市場の縮図ともいえる状況である。

この状況を生かした上で企業価値全体を極大化させるためのグローバルで

の方向性の統一と，ローカルでの多様化が課題としてあげられる。

(4) 解決策

　ＩＢＭの多様性を生かし，グローバルでの企業価値の向上を目指すことが何よりも必要である。図表6-1-1に示されるように，ローカルにおいて多様性の拡充を推進することは，グローバルでのシナジーを生み，最終的にグローバルでの成果向上へとつながる。

　1つの事例として，日本ＩＢＭが過去に直面した問題と対策について述べる。

　1963年，日本ＩＢＭは売上高年率数十パーセントに及ぶ急激な成長を遂げていた。その一方で，急激な成長を円滑に管理・運営していくための制度・仕組み・マネジメントの体制が整っておらず，急激な成長と組織の管理能力とのギャップに苦しんでいた。その原因は，日本ＩＢＭが掲げる実力主義的人事管理は，年功序列・家族的福利厚生制度を中心とする当時の産業界の人事制度と比べて極めて革新的であり，ユニークな内容であった，ということにある[10]。この人事管理によって，当時の社員との間に課題が発生したのである。

　その原因は，当時の日本の社会的一般慣行とのギャップである。また，個

図表6-1-1　多様性の効果連鎖

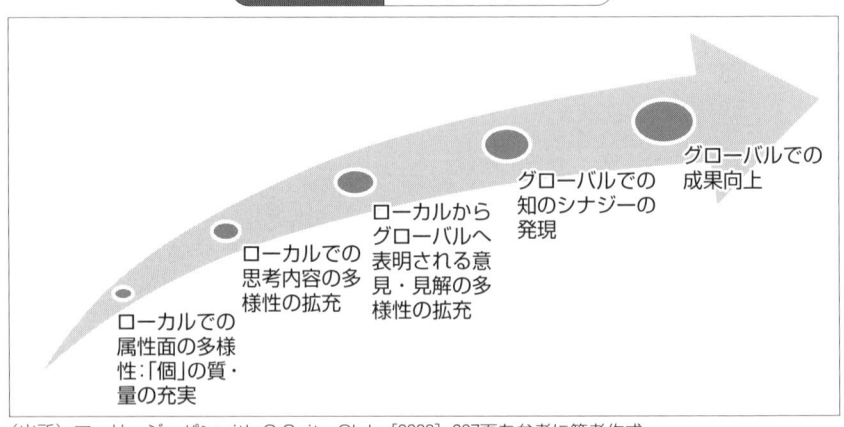

ローカルでの属性面の多様性：「個」の質・量の充実 → ローカルでの思考内容の多様性の拡充 → ローカルからグローバルへ表明される意見・見解の多様性の拡充 → グローバルでの知のシナジーの発現 → グローバルでの成果向上

(出所) マーサージャパンwith C-Suite Club [2008] 267頁を参考に筆者作成。

第6章 機能別管理

人尊重の高い理念に基づく実力主義の考え方を具現化するための制度，プログラム，管理体制に不備があったことである[11]。

IBMが世界のなかで成長していくために必要なこととして，外資系企業としての評価方法の統一があるが，ローカルな部分での日本で慣行されていた文化的な制度を崩すことは難しいものであった。

しかし，その後人材の多様化が進み，より専門的な人材が増える中で雇用形態も多様化していき，基本給に頼らない成果主義が取り入れられるようになってきている[12]。日本IBMでは社内での意識のみならず，中堅企業向けにそういった人事制度のソリューション提供も行っている。

今後のIBMが取り組むべきことは，社員の多様性をただ認めるのではなく，図表6-1-2に示されるように，ローカルには個々の国での多様性を尊重しつつ，グローバルなIBM全体では，1つの方向を向いて成長を続けていくことである。そのためには，2003年に行われたIBMers Value策定のためのValues Jamの積極的活用が行われる必要がある。Values Jamを通して人的資源の価値向上と企業価値向上の両立を目指していく必要がある。

図表6-1-2　グローバルとローカルでのダイバーシティーの在り方

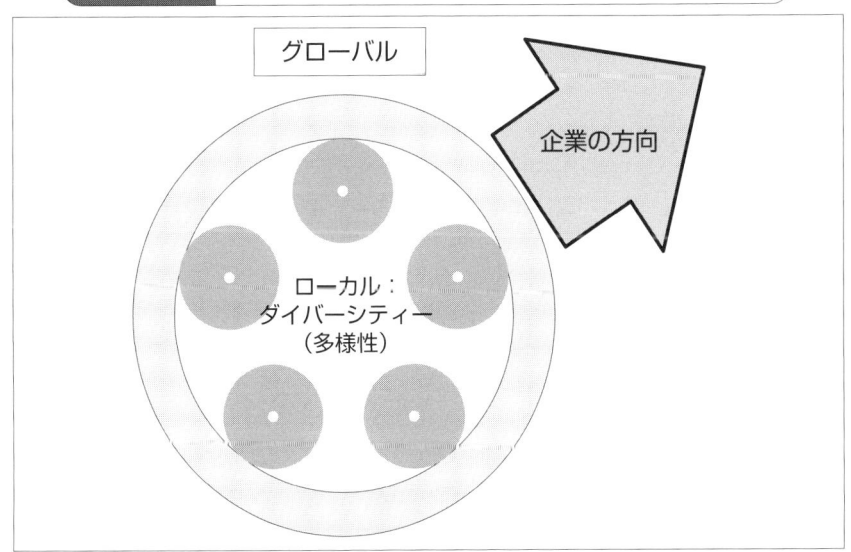

(出所) 筆者作成。

1 ）岸川善光［2007a］141頁。
2 ）同上書［2007a］143頁。
3 ）同上書［2007a］143頁。
4 ）竹中誉［1999］45頁。
5 ）同上書［1999］48頁。
6 ）アエラ，1993年4月20日号。
7 ）竹中誉［1999］43-44頁。
8 ）Donovan, J. = Tully, R. = Wortman, B.［1998］訳書41頁。
9 ）日本アイ・ビー・エム株式会社HP　≪http://www.ibm.com/jp/ja/≫
10）竹中誉［1999］137頁。
11）同上書［1999］138頁。
12）日本アイ・ビー・エム株式会社HP　≪http://www.ibm.com/jp/ja/≫

参考文献

Donovan, J. = Tully, R. = Wortman, B.［1998］*The Value Enterprise: strategies for building a value-based organization*, McGraw-Hill.（デトロイト・トーマツ・コンサルティング訳［1999］『価値創造企業』日本経済新聞社。）
江夏健一=桑名義晴［2006］『新版　理論とケースで学ぶ国際ビジネス』同文舘出版。
亀岡大郎［2001］『ＩＢＭの危機管理』早稲田出版。
岸川善光［2006］『経営戦略要論』同文舘出版。
岸川善光［2007a］『経営診断要論』同文舘出版。
岸川善光編［2007b］『ケースブック　経営診断要論』同文舘出版。
国際企業研究グループ編［1986］『ＩＢＭの人材育成』三天書房。
竹中誉［1999］『日本ＩＢＭ・ＩＣＢＭからの見事な軌跡』株式会社　経済界。
日本経営システム株式会社［2005］『人材マネジメント・システムの変革』有斐閣。
マーサージャパンwith C-Suite Club［2008］『個を活かすダイバーシティ戦略』ファーストプレス。
『アエラ』1993年4月20日号，朝日新聞。
日本アイ・ビー・エムHP　≪http://www.ibm.com/jp/ja/≫

第6章 機能別管理

2 研究開発管理

❶ このケースを読む前に

　企業では，日常的にさまざまな研究開発活動が行われている。われわれ消費者が優れた財・サービスを享受できるのは，そうした研究開発活動の成果によるものである。そこで本ケースでは，その研究開発について，技術と経営との関連性から考察する。

(1) 設問

　近年では収益性の観点から，効果的かつ効率的な研究開発が，企業に求められるようになっている。しかし，それと同時に，時代のニーズに対応するためにより高度な技術が求められるようになっている。そこで，技術力と収益性を両立させるために，企業はどのような施策を行うべきなのであろうか。

(2) キーワード

　研究開発（Research and Development）：榊原清則［2005］によれば，研究開発とは，新製品開発や新規事業の育成，あるいはそれにつながる発明や発見など，広く新しい知識の生産をめざす企業内の営みのことである[1]。英語の頭文字をとってR＆Dとも呼ばれる。

　技術戦略：榊原清則［2005］によれば，技術戦略とは，企業と環境との関わり方（環境適応のパターン）を技術に関連させて示すものであり，そのねらいは技術上の競争優位の構築である[2]。

　死の谷：常盤文克［2006］によれば，死の谷とは，研究開発と製品開発の間に横たわる深い谷のことで，研究開発から生まれたせっかくの技術が製品化にまでたどりつかず，死蔵されてしまうことを指している[3]。類似概念に，「ダーウィンの海」，「魔の川」などがある。

　シナジー：アンゾフ［1965］によれば，共通の経営資源（共有経営要素）

を有機的に結合させることによって生まれる効果，すなわち相乗効果のことである[4]。

オープン・イノベーション：三澤一文［2007］によれば，オープン・イノベーションとは，必要な技術のシーズを外部から調達することで，自社の新製品を従来よりも速く，安く，良いものに仕上げることをめざす方法のことである[5]。

❷ ケース

(1) 企業概要
　　企 業 名：キヤノン株式会社
　　設　　立：1937年8月10日
　　資 本 金：174,698百万円（2007年12月末現在）
　　事業内容：事務機・カメラ・光学機器などの製造・販売
　　売 上 高：4,481,346百万円（2007年度，連結）
　　経常利益：552,843百万円（2007年度，連結）
　　従業員数：23,429人（2007年12月末現在）

(2) ケース
〈複写機事業への進出〉
　キヤノン株式会社（以下，キヤノン）は，わが国を代表する研究開発型企業である。その起源は，1933年創立の「精機光学研究所」であり，当初は高級カメラの製造・販売を行っていた。精機光学は，ドイツの高級カメラメーカー「ライカ」を強く意識し，技術や品質に強いこだわりを持っていた。この技術志向・品質志向の精神は，キヤノンの企業文化として，今日まで受け継がれている。

　その後，初代社長・御手洗毅は，カメラのみという事業形態では将来性に不安があると考え，多角化の道を模索した。そして1967年，「右手にカメラ，左手に事務機」をキャッチフレーズとして掲げ，複写機事業への進出を決定した。

　しかし，当時の複写機市場は，米国のゼロックス社が独占していた。さら

に、ゼロックス方式の複写技術は、鉄壁の特許網によって保護されていた。そのため、他社が複写機市場に参入できる余地は、ほとんど残されていなかった。

そうした無謀な挑戦であったにもかかわらず、キヤノンは翌1968年、独自の複写技術「NP方式」を開発し、ゼロックスの牙城を切り崩すことに成功した。

〈独自技術へのこだわり〉

この複写機の事例からもわかるように、キヤノンの研究開発の特徴は、なんといっても独自技術の追求である。キヤノンの売上高に対する研究開発費の比率は、近年では7～8％という高い数値を維持している[6]。この7～8％という数値は、図表6-2-1に示されるように、医薬品メーカーに匹敵するほどの数値となっている。こうした客観的なデータからも、キヤノンの独自技術に対する強いこだわりがうかがえる。

しかし、この独自技術へのこだわりが、次第にキヤノンの収益性や財務体質に悪影響を及ぼすようになった。その原因は、事業化の見込みの低い技術や、収益性が低いと思われる技術にも、莫大な研究開発費を投入していたためである。独自技術へのこだわりは、時代の変化とともに、えてして独りよがりになりがちである。

また、独自技術の追求は、どうしても研究開発に時間がかかってしまうため、めまぐるしく変化する時代のニーズにも対応できなくなっていた。その結果、カメラ・複写機ともに、デジタル化の波に大きく乗り遅れてしまった。

図表6-2-1 主な業種の売上高研究開発費率（％）

主な業種	2006年度	2007年度	2008年度
全体	3.46	3.71	3.9
食品・医薬品・バイオ	5.0	8.03	9.15
IT（情報技術）関連	4.9	4.96	5.16
自動車・自動車部品	4.13	4.01	4.23
素材関連	2.48	2.63	2.74

（出所）nikkei4946.net≪http://www.nikkei4946.com/today/≫より。

〈研究開発の棚卸し〉

　1995年に社長（当時）に就任した御手洗冨士夫は，こうした状況に危機感を感じ，「研究開発の棚卸し」という新たな考え方を導入した。これは，「研究開発は経営の一環であるため，利益につながらないものは中止する」というものであった。具体的には，①基礎研究の段階で長く続いていて見込みのないものは中止する，②製品化できた場合でも，3〜5年で採算の合わないものはどんな理由があっても中止する，というものであった[7]。

　この「研究開発の棚卸し」の考え方に基づいて，不採算分野であったパソコン事業やＦＬＣ（強誘電性液晶）ディスプレイ事業からの撤退が決定された。不採算分野からの撤退によって，キヤノンの収益性や財務体質は劇的に改善され，業績は右肩上がりとなった。キヤノンはその後，わが国ではトヨタ自動車と並ぶエクセレント・カンパニーと評されるようになった。

❸ 分　析

(1)　分析の視点

　効率的かつ効果的な研究開発を行うために，キヤノンはどのような施策を行うべきかについて，「死の谷」，「シナジー」，「技術戦略」，「オープン・イノベーション」などの観点から分析する。

(2)　問題点

　「研究開発の棚卸し」によって，キヤノンの収益性や財務体質は劇的に改善された。しかし，この「研究開発の棚卸し」は，効果的かつ効率的な研究開発を推進するための施策としては十分とはいえない。なぜなら，キヤノンの研究開発における根本的な問題点は，事業化の見込みが薄い研究テーマが多い，すなわち，「死の谷」を克服できていない研究テーマが多いことがあげられる。

　「研究開発の棚卸し」は，収益性や財務体質の改善には確かに効果的である。ところが，「死の谷」の克服という問題の抜本的な解決にはつながらない。むしろ，「死の谷」の存在を容認したうえで，その存在を研究テーマの峻別に利用しているともいえる。

もちろん，パソコン事業やＦＬＣディスプレイ事業からの撤退など，こうした考え方が重要な役割を果たす場合もある。しかし，それ以前に「死の谷」を克服するための対策を行わなければならない。そうした対策を怠っているにもかかわらず，「死の谷」を研究テーマの峻別に利用しているのであれば，それは誤りといえよう。

また，「研究開発の棚卸し」には，もう1つ大きな問題点がある。それは，棚卸しの基準をクリアした技術や研究テーマが，互いに関連性があるとは限らないという点である。互いに関連性のある技術や研究テーマどうしであれば，技術のシナジーによって，そこから新たな技術が生まれる可能性が高い。

しかし，あまり関連性のない技術や研究テーマどうしの場合，技術のシナジーが生じず，それぞれが単発の技術や製品で終わってしまい，そこから新たな技術の発展は望めない。

(3) 課　題

植之原道行［2004］によれば，研究開発の成果を会社の業績に的確に役立てるためには，経営戦略と技術戦略がうまく整合していること，より現実的には，事業戦略と技術戦略の整合が的確にとられていることが必要である[8]。また，同じく植之原によれば，事業戦略と技術戦略を整合させることが，「死の谷」を浅くする第一歩である[9]。

すなわち，キヤノンが「死の谷」を克服するためには，経営戦略と技術戦略を的確に整合させなければならない。「研究開発の棚卸し」を行う前に，これらの戦略の整合を図らなければ，根本的な問題解決にはつながらないのである。

また，その技術戦略の策定の際には，常に技術のシナジーを考慮に入れなければならない。技術のシナジーを考慮に入れず，ただ単純に期限だけで技術の棚卸しを行うことは，キヤノンの将来的な技術力や競争力に悪影響を及ぼす恐れがある。

さらに，研究開発には莫大な費用が投入されるため，より効果的かつ効率的な研究開発を推進するためには，技術のシナジーは必要不可欠の要素である。これは逆に，技術のシナジーを推進するような技術戦略を策定すること

図表6-2-2　日本企業の技術戦略と技術マネジメントの重要なポイント

①	研究開発における投資効率の向上
②	技術力を経営成果に結びつける経営力の強化
③	研究開発の目的志向の強化
④	技術プラットフォームの構築
⑤	Local expertise（社内知識）に依存する危険性
⑥	経営トップ（特にCTO＝最高技術責任者）の役割の強化

(出所)　榊原清則［2005］250頁の内容をもとに筆者作成。

によって，効果的かつ効率的な研究開発が可能になり，「死の谷」を克服しやすくなるということでもある。

　ここで，図表6-2-2に示されるように，日本企業の技術戦略の重要なポイントのひとつは，社内知識に依存することの危険性である。この点をふまえると，技術のシナジーをより一層推進するためには，社内の知識のみに頼るのではなく，外部の知識を積極的に採り入れることも重要である。

　確かに，独自技術の追求や自前主義が，キヤノンの技術戦略の特徴であり，競争優位の源泉となっている。しかし，シナジーや「死の谷」の克服という観点から見れば，その自前主義にも欠点がある。なぜなら，社内の知識だけでは「死の谷」を克服できなかった技術や研究テーマが，外部の知識を採り入れることによって技術のシナジーが生じ，「死の谷」を克服できるようになる可能性も十分にありうるからである。

　以上のことから，キヤノンの課題は，技術のシナジーを重視した技術戦略を策定し，そのうえで経営戦略と技術戦略の整合を図ることである。

(4)　解決策

　シナジーを中心に据えた技術戦略を策定するためには，ＣＴＯや中央研究所が大きな役割を果たす。植之原道行［2004］によれば，わが国では，部門ごとの事業戦略に基づく部門技術戦略の策定において，部門間にまたがる技術の相互活用，すなわちシナジーという観点は，ほとんど考慮されていな

い[10]。つまり，各事業部門は「虫の目」しか持っていないため，「鳥の目」から技術戦略を策定することができないのである。

しかし，ＣＴＯや中央研究所であれば，「鳥の目」から自社の技術全体を見渡し，シナジーを重視しながら技術戦略を策定することができる。その際に注意すべき点は，社内のみに目を向けるのではなく，社外にも目を向けることである。そのようにして，社外の知識を積極的にとりいれ，技術革新を促す方法を「オープン・イノベーション」という。

このオープン・イノベーションを推進している代表的な企業は，米Ｐ＆Ｇである。Ｐ＆Ｇは，以前はキヤノンと同じく，自社技術を中心に製品開発を行っていた。しかし，その後は「コネクト・アンド・ディベロップメント」というスローガンのもとに，外部知識を積極的に採り入れる方針に転換し，成功を収めている[11]。キヤノンも，ＣＴＯや中央研究所を中心にして，「オープン・イノベーション」を推進するような技術戦略を策定すべきである。

また，経営戦略と技術戦略の整合を図るためには，ＣＴＯや中央研究所が，最先端の科学技術の動向をふまえたうえで，技術戦略を経営戦略にさきがけて策定しておく必要がある。時代の流れを先読みした技術戦略を先に策定し，その技術戦略に合わせて経営戦略を策定すれば，これらの戦略の整合を図ることができるのである。そのためには，ＣＴＯや中央研究所は，最先端の科学技術の動向に常にアンテナを立てておかなければならない。

以上のことから，キヤノンの解決策は，ＣＴＯや中央研究所が常に時代の変化に着目しながら，「鳥の目」から技術戦略を策定することである。

---

1) 榊原清則［2005］13頁。
2) 同上書78頁。
3) 常盤文克［2006］25頁。（伊丹敬之＝森健一編［2006］，所収）
4) Ansoff, H. I.［1965］訳書100頁。
5) 三澤一文［2007］48-49頁。
6) キヤノン株式会社HP。
7) 日本経済新聞社編［2001］103頁。
8) 植之原道行［2004］72頁。
9) 同上書148頁。

10) 同上書63頁。
11) 三澤一文［2007］48-49頁。

参考文献

Ansoff, H. I.［1965］, *Corporate Strategy: An Analytic Approach to Business Policy for Growth and Expansion,* McGraw-Hill.（広田寿亮訳［1969］『企業戦略論』産能大学出版部。）
伊丹敬之=森健一編［2006］『技術者のためのマネジメント入門』日本経済新聞社。
植之原道行［2004］『戦略的技術経営のすすめ』日刊工業新聞社。
岸川善光［1999］『経営管理入門』同文舘出版。
岸川善光編［2004］『イノベーション要論』同文舘出版。
岸川善光［2006］『経営戦略要論』同文舘出版。
岸川善光編［2007a］『ケースブック　経営診断要論』同文舘出版。
岸川善光［2007b］『経営診断要論』同文舘出版。
榊原清則［2005］『イノベーションの収益化』有斐閣。
日刊工業新聞社編［2005］『キヤノンの大常識（改訂第2版）』日刊工業新聞社。
日本経済新聞社編［2001］『キヤノン　高収益復活の秘密』日本経済新聞社。
藤末健三［2004］『技術経営入門（改訂版）』日経ＢＰ社。
三澤一文［2007］『技術マネジメント入門』日本経済新聞出版社。
キヤノンHP《http://canon.jp/》

3 マーケティング

❶ このケースを読む前に

本ケースでは，化粧品業界における株式会社資生堂の価値創出をブランドマーケティングの視点から考察する。

(1) 設 問

ブランドとは，企業の提供する商品の付加価値となり，その商品の信頼を高め，消費者に購買意欲を持たせることにもつながる。

資生堂が確固たる地位を築くまで，ブランドをいかに成長させてきたのであろうか。創業時から続く資生堂のブランドへの考え方はどのようなものなのであろうか。

(2) キーワード

マーケティング：個人やグループが製品や価値を作り出し，それを他者と交換することによって必要としているものや欲しいものを獲得するという社会的かつ経営的なプロセスである[1]。

ブランド：製品やサービスの生産者や販売者を識別する名称，言葉，記号，シンボル，デザイン，またはそれらの組み合わせのことである。消費者はブランドを製品構成の重要な要素とみなしているため，ブランド化によって製品に価値を付加することができる[2]。

❷ ケース

(1) 企業概要

　　企 業 名：株式会社資生堂
　　設　　立：1872年
　　資 本 金：64,500百万円

事業内容：化粧品・化粧用具・トイレタリー製品の製造・販売，美容食品・一般用医薬品の製造・販売，理・美容室向けの製品の製造・販売
売 上 高：723,500百万円（連結，2008年3月期）
経常利益：65,088百万円（連結，2008年3月期）
従業員数：3,497名（グループ従業員数28,793名）（2008年3月31日現在）

(2) ケース
〈創始者，福原有信のブランド意識〉
　株式会社資生堂（以下，資生堂）の創始者であり，医薬分業運動を展開した人物でもある有信は，資生堂創業時の理念として「新しい価値の発見と創造」を掲げた。
　1897年，化粧品業界に進出した資生堂は，化粧水のルーツとなった「オイデルミン」をはじめ，三つの化粧水を発売した。西洋薬学に基づいた本格的な化粧水として高級感を持たせ，ボトルデザインにも高級感を持たせるための工夫をし，「高等化粧水」とうたわれた。

〈信三によるブランド確立への道〉
　有信の三男である信三は，資生堂を株式会社化し，資本と経営の分離を考え，実行した人物である。彼は3つの経営哲学を生みだした。第一に，「商品をしてすべてを語らしめよ」というものがある。これは，言い換えると「商品そのものが，企業精神や企業活動の精華でなければならない」ということである[3]。
　第二に，「ものごとはすべてリッチでなければならない」という名言の元，新しい商品を次々と開発していった。このことから，利益だけでなく，企業の精神性や文化を企業活動の中で重視していたことがうかがえる。
　第三が「世界に通用する商品を創らねばならない」というものであり，これらが資生堂のマーケティングの原点となった。

〈花椿マークの誕生と復活〉
　1915年には，美術を愛した信三のデッサンに基づき，資生堂の企業マークとして現在まで受け継がれている「花椿マーク」が登場し，資生堂のコーポ

図表6-3-1 資生堂　花椿マーク

| 大正5年　社用便箋 | 大正5年頃　看板 | 現在 |

（出所）資生堂HP《http://www.shiseido.co.jp》

レートブランド構築の根元となった。

　花椿は資生堂のシンボルとして，戦後の急激な欧米化に伴い，欧文ロゴタイプのSHISEIDOがコーポレートブランドを根付かせた。SHISEIDOは資生堂の顔となっていった。ついには，花椿は1987年を最後に資生堂の広告から姿を消した。1989年には花椿マークの使用を表札や社章に限定し，欧文ロゴタイプの表記を主に用いるルールが定められた。

　しかし，21世紀になると，事業の国際化と多角化が進み，資生堂グループの部門間に距離感が生じ，社員の帰属意識の低下を懸念する声があがりはじめた。この状況を打開するため，花椿マークがグループ全体のシンボルとされることが決定された（図表6-3-1参照）[4]。

〈花椿会の発足〉

　1937年，日本における愛用者組織の先鞭をつけた「資生堂花椿会」（以下，花椿会）が誕生した。花椿会は，メーカーとチェーンストア，そして消費者の絆を深めるための消費者参加型の組織である。メーカーは，消費者に高品質な商品を提供することで消費者の固定化を促進し，経営の安定に繋ぐことができる。チェーンストアは，消費者の固定化により，経営の安定を図ることができる。そして，消費者はチェーンストアで肌を適切に管理してもらい，自分に合った化粧品のアドバイスが得られ，一定額以上の購入で記念品の贈呈を得ることもできた。花椿会は，これら3つの特色を持っており，メーカー，チェーンストア，そして消費者の三者にとってそれぞれメリットを持った組織として誕生した。

　花椿会は，メーカー，小売，消費者の組織化を図る意味で，マーケティン

図表6-3-2　コーポレートブランドと製品ブランド

	オイデルミン	花椿マーク	花椿会
コーポレートブランド		○	○
製品ブランド	○	○	

(出所) 筆者作成。

グの歴史に残る画期的な販売システムであり，現在も約900万人のメンバーを誇る「花椿CLUB」として受け継がれている[5]。

　資生堂には，1921年に業務革新上留意すべき心構えとしてまとめられた，社訓ともいえる「資生堂五大主義」があった。花椿会は，その中でも「共存共栄」，「消費者主義」の精神を反映させたものであり，消費者が体感することを通して資生堂ブランドをより意識するきっかけとなり，コーポレートブランドの構築に一役かっていたといえる。

❸ 分　析

(1) 分析の視点

　本ケースでは，ブランドマーケティングとして，コーポレートブランドと製品ブランドの混同によって資生堂が陥った問題点と，今後ブランドを更に高めるために取り組むべき課題について分析する。

(2) 問題点

　資生堂のマーケティング戦略についての問題点をあげる。

　福原氏のブランド意識のもと，コーポレートブランドを強化した商品販売により，国内化粧品市場でトップシェアを獲得していた資生堂であった。しかし，80年代には，世の中で「消費の多様化」という言葉が多用されるようになり，「新しさ」を売り物にした商品やブランドが次々に登場していた。資生堂も，そんな顧客ニーズに合わせて商品を開発し続けた結果，「製品ブランドそのものが小粒になり，育たない」という状況に陥ったのである。

　リーダー企業となった資生堂は，消費者のニーズに基づく市場の細分化を行い，それぞれに適合しているブランドを投入することによって，より多くの顧客の獲得，失敗するリスクを低減することを目的とした全方位戦略をと

っていた。その過程で,「資生堂らしさ」を幹として,そこから枝葉を広げるというマーケティングのやり方からはずれ,明らかに求心力に欠けるような商品も出てくるようになってしまった。そのため,多様化した商品一つ一つにかける投資は小粒のものとなった。効率よく売れる商品・サービスばかりに脚光が当たるようになった結果,商品名は覚えているものの企業名と結びつかないという状況に陥った。「売れればよい」商品が乱発されてしまったために,企業の「らしさ」が商品から見えてこない,こんな状況を招いてしまったのである[6]。

さらに,今まで資生堂の商品・企業の共通のブランド認知に一役かっていた花椿マークの消滅が,この状況に追い打ちをかけた。コーポレートブランドと製品ブランドを一致させる役割を果たしていたともいえる花椿マークは,80年代後半に姿を消している。結果として,ブランド・ロイヤルティ,名前の認知,知覚品質,ブランドの連想といったエクイティが希薄化し,消費者離れが進んだのである。

(3) 課 題

以上の問題点から導出される課題は,第一に福原信三のブランド意識の再構築,そして第二に意味の多様化によるブランドの育成があげられる。

第一の課題,すなわち,1つ1つのブランドが停滞することによってコーポレートブランドと製品ブランドの一致度が下がってしまったことに対して,顧客信頼性第一主義である福原信三のブランド意識を企業として再構築する必要がある。具体的には,多様化しすぎた商品を排除し,ブランド構築につながる商品にまとめていく「選択と集中」があげられる。

化粧品というカテゴリーにおいて,ブランドの構築は最重要課題であり,機能や効果がほぼ同じ製品であっても,ブランドの差により,場合によって価格帯には1万円以上の差が発生する[7]。そのため,ブランド意識の見直しは欠かせない課題である。

ブランド意識を高める重要な存在の1つを担うのが花椿マークである。一度消滅させてしまった花椿を再生することによって,資生堂ブランドを強化し,その過程で,コーポレートブランドと製品ブランドの相乗効果を実現す

る必要がある。

　第二の課題，すなわち，消費者のニーズに基づく市場の細分化を行い，ブランドを多様化しすぎたことに対して，市場の細分化を踏まえてブランドの意味を多様化し，1つの太く強いブランドで，消費者のニーズの多様化に適応することが必要である。

　しかし，資生堂は，意味の多様化ではなく，多くのブランドを投入することによって顧客のニーズへの対応を行った。その結果，1つのブランドにかけられる投資の低下，小粒化が生じ，ターゲティングが曖昧になった。結果として，顧客のニーズとマッチしないという状況を生んだのである。意味の多様化によって幅広いターゲットのニーズにこたえることで，太く強い製品ブランドを構築しなければならない。

(4) 解決策

　ブランドの多様化によって製品ブランドが弱まり，コーポレートブランドと製品ブランドが一体化されなくなってしまったことについて，解決策としてあげられるのが，第一にブランドの統一，すなわちメガ・ブランド戦略を活用すること，そして第二に花椿マークの浸透である。

　資生堂は，過去の失敗を生かし，4～5年前には100以上あったブランドの「選択と集中」を行い，「太く・強い」ブランド構築を目指した。顧客接点拡大ブランドとして，メーキャップ，ヘアケア，メンズといったカテゴリーでそれぞれ一等賞を取れる商品を作る，というメガ・ブランド戦略を立てることを決めた。これは，世界一の商品を作るという福原信三の考えが根本にある。

　実際に資生堂は，2005年にはメーキャップの「マキアージュ」，男性化粧品の「ウーノ」の2ブランドをデビューさせ，翌2006年にはスキンケアの「アクアレーベル」，スキンケアの「エリクシール　シュペリエル」ヘアケアの「ツバキ」，メーキャップの「インテグレート」の計六つのブランドを11のブランドから統合し，わずか2年間でデビューさせた。

　図表6-3-3に示されるように，経常利益の成長率の推移からも，メガ・ブランド発足後の成長率の高さが見てとれる。これらのメガ・ブランド戦略

第6章　機能別管理

図表6-3-3　売上高と経常利益の成長率

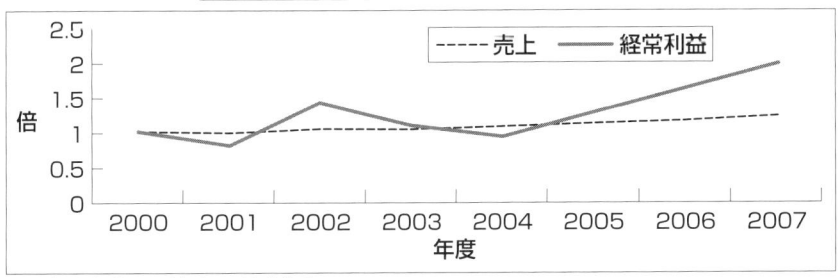

（出所）資生堂HPに基づいて筆者作成。

の勝因は，まず，ブランドの統一化によってマーケティング投資を集中することを可能にし，福原信三が重視したデザイン，資生堂らしさであるリッチな商品開発を可能にしたことである。化粧品がブランドに左右される理由は，顧客となる女性に，「このブランドの商品を使えば美しくなれる」と思ってもらうことが重要となるからである。そして，カテゴリー分けが分かりやすく，メーキャップ，スキンケアブランドについては，それぞれ二種類のブランドをデビューさせたが，価格帯を低価格帯のものと中価格帯のものに分けられたことから，ある程度の年齢層が明確に区分されていることがあげられる。

花椿マークは，今では企業ホームページにも登場し，少しずつ消費者の目にもとまる存在となってきている。特に，メガ・ブランドの中でもヘアケアのツバキの登場は，花椿と資生堂の二方向からブランド構築がなされたと言える商品で，資生堂と花椿の関係をより強くさせるきっかけにもなっている。

また，ツバキの登場にあたりブランドコンセプトを日本の女性の美しさに着目し，「新しい日本の美の基準＝Japan Glamour（ジャパングラマー）」と位置づけたことで，女性の資生堂に対する評価，日本人女性であることへの自信につなげることを可能にし，ブランド・ロイヤルティを獲得したのである。また多額の投資によって，多くの有名タレントを使ったCM広告を行ったことも，ブランド認知・知覚品質を意識した製品の意味の多様化を図ることに一役かって，商品の成功を導いたのである。

これらのメガ・ブランド戦略によって再びブランド構築をしている資生堂

であるが，今後は現在構築しているメガ・ブランドの軸をぶらさずに維持し，顧客のニーズ変化にも，これらのメガ・ブランドを利用した意味の多様化によるブランディングを推進すべきである。

1) Kotler, P.＝Armstrong, G.［2003］訳書10頁。
2) 同上書358頁。
3) 川島蓉子［2007］169頁。
4) 経済広報，2005年8月号14-15頁。
5) 水尾順一［1998］94頁。
6) 川島蓉子［2007］180頁。
7) 香月秀文［2005］321頁。

参考文献

Aaker, D. A.［1991］*Managing brand equity*, The Free Press.（陶山計介＝中田善啓＝尾崎久仁博＝小林哲訳［2006］『ブランド・エクイティ戦略―競争優位をつくりだす名前，シンボル，スローガン―』ダイヤモンド社。）

Aaker, D. A.［1996］*Building Strong Brands*, The Free Press.（陶山計介＝小林哲＝梅本春夫＝石垣智徳訳［2007］『ブランド優位の戦略―顧客を創造するＢＩの開発と実践―』ダイヤモンド社。）

Kotler, P.＝Armstrong, G.［2001］*Principles of Marketing* 9th ed., Prentice-Hall.（和田充夫監訳［2003］『マーケティング原理（第9版）―基礎理論から実践戦略まで―』ダイヤモンド社。）

川島蓉子［2007］『資生堂ブランド』株式会社アスペクト。
香月秀文［2005］『化粧品マーケティング』日本能率協会マネジメントセンター。
岸川善光［2006］『経営戦略要論』同文舘出版。
岸川善光［2007a］『経営診断要論』同文舘出版。
岸川善光編［2007b］『ケースブック　経営診断要論』同文舘出版。
島野清志［2007］『化粧品業界再編地図「資生堂VS花王・カネボウ」』ぱる出版。
水尾順一［1998］『化粧品のブランド史』中央公論社。
経済広報，2005年8月号，財団法人経済広報センター。

第6章　機能別管理

まとめと今後の研究課題

　『経営管理要論』の第6章のテーマは，機能別管理について理解を深めることである。機能別管理について体系的に考察するために，経営管理の対象である経営システムを，①環境主体との対境関係（かかわり方）を保持する狭義の経営システム（経営戦略），②経営管理システム（人的資源管理，財務管理，情報管理，法務管理），③業務システム（研究開発管理，調達管理，生産管理，マーケティング管理，ロジスティクス管理）の3つのシステムに分類し，多面的に考察している。狭義の経営システム（経営戦略）については，第4章で考察したので第6章では省略する。

　【ケース1】日本ＩＢＭでは，人的資源管理について考察している。人的資源管理の最大の目的は，人的資源価値と企業価値の最大化を両立させることである。【ケース1】では，人的資源価値と企業価値の最大化を両立させるための施策の1つであるダイバーシティーに着目し，グローバル化とローカルにおけるダイバーシティーの組合せが重要であると強調している。

　今後の研究課題として，第一に，人的資源の特性について再度考察する必要がある。人的資源（ヒト）は，モノ，カネ，情報とは異なり，単に労働力という資源ではない。学習する主体であり，情報の担い手でもある。人的資源価値は，特定の時空間においてその価値が伸縮するという事実を忘れてはならない。第二に，報酬マネジメントについて根本的に見直す必要がある。一時期，成果主義が万能薬のようにもてはやされた。しかし，成果主義に関する成功事例は意外に少ない。この原因は，経営管理のコアと報酬マネジメントに密接な相関関係があるからである。例えば，戦略性を追求する経営管理には成果主義は妥当するものの，社会性を追求する経営管理には成果主義は全くなじまない。丁寧なケーススタディを蓄積すれば，経営管理の目的―組織形態―報酬マネジメントに関する適合関係について，「一定の法則性」が見出せるであろう。

　【ケース2】キヤノンでは，研究開発管理について考察している。激化す

167

る企業間競争に打ち勝ち，顧客に新たな価値を提供するためには，効果的かつ効率的な研究開発が不可欠であることはいうまでもない。【ケース2】では，経営と技術との関連性に焦点をあて，特に，研究開発と製品開発の間に横たわる深い「死の谷」をいかに克服するかについて考察している。そして，技術シナジーを重視した技術戦略を策定し，その上で経営戦略と技術戦略の整合性を図ることの重要性に言及している。

今後の研究課題として，製品・技術マトリクス，技術・市場マトリクス，技術リレーション分析などの手法を活用して，技術評価の水準を向上しなければならない。この技術評価は，技術戦略の策定の鍵になるからである。

【ケース3】資生堂では，マーケティング管理について考察している。【ケース3】では，マーケティング管理の中から，ブランドが生命線ともいえる資生堂のブランドマーケティングに焦点をあて，問題点，課題，解決策について言及している。【ケース3】に垣間見られるように，ブランドの構築には莫大な投資が必要であり，ブランド価値の獲得には戦略的な対応が欠かせない。

今後の研究課題として，ブランド・エクイティに関する実証研究が必要不可欠である。特に，ブランド・エクイティの構成要素であるブランド・ロイヤルティ，ブランド認知，知覚品質，ブランド連想，その他のブランド資産の5つについて，ブランド価値の測定基準を多面的に開発する必要がある。

本章では，上述した3つのケースを選択したが，紙幅の都合でとりあげなかった財務管理，情報管理，法務管理，調達管理，生産管理，ロジスティクス管理も，3つのケースと同様に重要であることはいうまでもない。「生命体」である企業にとって，どの機能も不全や欠落は許されない。

経営管理システムとして分類した人的資源管理，財務管理，情報管理，法務管理について，従来のヒト，モノ，カネ，情報だけでなく，コンプライアンス（法令遵守）や内部統制システムなどの法務の重要性について明記すべきである。

業務システムとして分類した研究開発管理，調達管理，生産管理，マーケティング管理，ロジスティクス管理は，ビジネス・システム戦略の構成要素でもある。個別の機能別管理とともにシステムとしての理解が欠かせない。

第7章 経営情報

　本章の3つのケースは,『経営管理要論』の第7章と対応している。『経営管理要論』の第7章は,下記の左側に示されるように,6節で構成されている。『経営管理要論』の第7章では,経営情報の経営管理に占める重要性に鑑みて,連結の経済,eビジネス,プラットフォームなど,重要な観点を組み込んで多面的に考察している。

1. 高度情報社会の進展…………【ケース1】ソフトバンク
2. 情報技術(IT)
3. 情報システムの開発・設計…【ケース2】ミスミグループ本社
4. 情報システムの運用・管理
5. eビジネス
6. 経営情報と経営管理…………【ケース3】楽天

　【ケース1】ソフトバンクでは,情報化が企業の追求する経済性に与えた影響について考察する。企業が追求する主な経済性として,規模の経済,範囲の経済,連結の経済があげられるが,本ケースでは連結の経済に焦点をあてて考察する。

　すなわち,【ケース1】では,内部資源の蓄積だけでなく,外部資源を

積極的に活用することによって，連結の経済を獲得することがいかに重要であるかについて考察する。また，連結の経済を獲得するためには，各主体がそれぞれ専門性を持つと同時に，その基盤としてオープン戦略とモジュール化が不可欠であることに言及する。

　【ケース2】ミスミグループ本社では，新たなビジネス・モデルを支える情報システムの開発・設計について考察する。従来，ミスミグループ本社のビジネス・モデルは，「持たざる経営」の典型であり，高業績のせいもあり，各方面から高い注目を浴び続けた。しかし，今日では協力企業とのネットワーク化を促進し，「持たざる経営」から「持つ経営」へと転換した。なぜ転換したのであろうか。

　これらの背景を踏まえて，【ケース2】では，協力企業と顧客の「関係のマネジメント」に加えて，協力企業間の「関係のマネジメント」になぜ着手したかについて考察する。具体的には，情報技術による単なる情報ネットワークの構築だけではなく，組織学習など人間の情報処理機能と相互補完的に機能すべきであることに言及する。

　【ケース3】楽天では，経営管理における経営情報の重要性について考察する。具体的には，プラットフォームの特性をいかした経営情報の活用に焦点をあてて考察する。プラットフォーム・ビジネスでは，オープン・アーキテクチャ戦略が不可欠である。すなわち，本来複雑な機能を持つ製品やビジネス・プロセスを，ある設計思想（アーキテクチャ）に基づいて，独立性の高い単位（モジュール）に分解し，モジュール間を社会的に共有されたオープンなインターフェースでつなぐことが必要不可欠である。【ケース3】では，上述したプラットフォーム・ビジネスにおいて，win-win関係を構築するために，どのような課題，解決策があるかについて考察する。

　＊ケースとして選択したソフトバンク，ミスミグループ本社，楽天のホームページおよび各社に関連する参考文献を公表情報として参照した。記して謝意を申し上げる。

第7章 経営情報

1 高度情報社会の進展

❶ このケースを読む前に

　21世紀は情報の世紀ともいわれる。情報化は，デジタル技術とネットワーク技術によって引き起こされ，経済に大きな変化をもたらした。そこで，本ケースでは，情報化が企業の追求する経済性に与えた影響について考察する。

(1) 設　問

　近年，高度情報化が発展するとともに，経済のネットワーク化が進んでいる。これによって，企業の追求する経済性として，連結の経済が重要な概念となっている。この概念が企業においてどのように働くのかを考察する。

(2) キーワード

　連結の経済：複数の主体間のネットワークが知識・技術の多重利用によって生まれる経済性である[1]。連結の経済は，複数組織の外部資源の相互利用という結合関係が相乗効果（シナジー効果）となって，アウトプット面で新たな価値が生まれる点を重視する[2]。

　範囲の経済：単一主体の立場から複数の製品の範囲を拡げる多角化によって得られる経済性であり，業務やノウハウなどの「共通生産要素」によって生じる費用節約効果のことである[3]。

　規模の経済：インプット（投入資源）に着眼した経済性の概念である。具体的には，活動規模の拡大に伴って，製品単位あたりの平均費用が低下する傾向のことである[4]。

❷ ケース

(1) 企業概要

　　企　業　名：ソフトバンク株式会社

設　　立：1981年9月3日
資 本 金：187,424百万円
事業内容：通信およびインターネットのインフラ，カルチャーの提供など
売 上 高：2,776,168百万円（2008年3月期，連結）
経常利益：258,614百万円（2008年3月期，連結）
従業員数：19,040名（2008年3月期，連結）

(2) ケース

　ソフトバンク株式会社（以下，ソフトバンク）は，1981年に孫正義によって，株式会社日本ソフトバンクとして設立された。当初は，PC用パッケージソフトの流通事業を行っており，その後，出版事業へ参入した。1996年には，米国のインターネット情報検索サービス「Yahoo!」に筆頭株主として資本参加し，日本法人である「ヤフー株式会社（以下，ヤフー）」を設立した。ソフトバンクグループは，純粋持ち株会社であるソフトバンクの傘下に，事業分野ごとに中間持ち株会社を持ち，さらにその傘下に事業会社を配置するという三層の組織構造となっている。

〈携帯電話市場への参入〉

　ソフトバンクは，インターネットの普及初期段階において通信市場に本格参入し，ADSLの固定回線を確保した後，ボーダフォン買収により携帯電話市場に参入した。これにより，短期間でインフラからコンテンツまでの垂直統合モデルを提供するグループとなった[5]。

　ソフトバンクは，旧ボーダフォン時代のリストラによって，通信エリアやサービス充実度において，KDDIやドコモに大きな遅れをとってしまった。通信可能エリアが他社よりも狭く，音楽配信サービスなどでは，魅力に乏しい[6]。一方，ソフトバンクの強みは，ヤフーを中心にゲーム，映像，音楽などの大量のインターネットコンテンツを抱えていることである。この強さを最大限に発揮するには，利用時間や通信料を気にしないで，利用者に対して使い放題の環境を提供することが大前提である[7]。

　携帯電話において，他社同様の垂直統合型の「Yahoo!ケータイ」を提供

図表7-1-1 ソフトバンクのビジネス・モデル

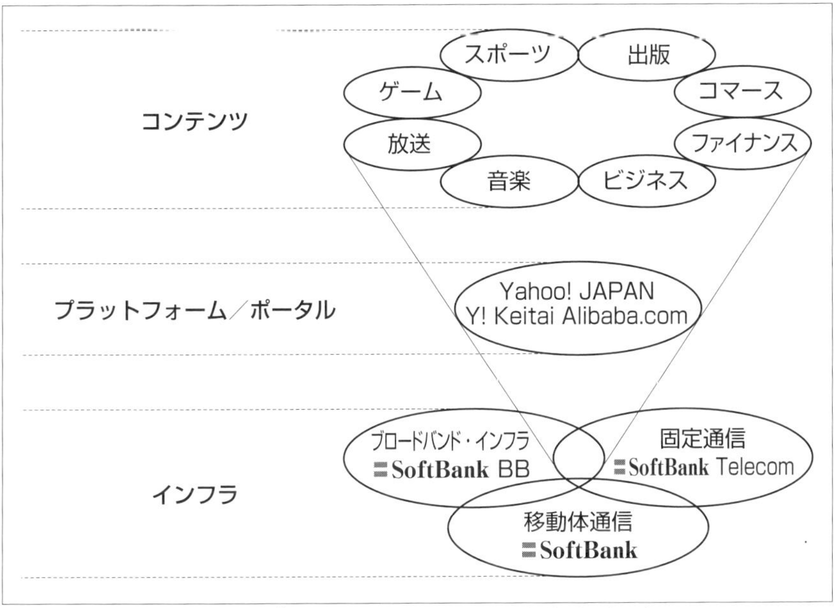

コンテンツ: スポーツ、出版、ゲーム、コマース、放送、ファイナンス、音楽、ビジネス

プラットフォーム／ポータル: Yahoo! JAPAN、Y! Keitai Alibaba.com

インフラ: ブロードバンド・インフラ =SoftBank BB、固定通信 =SoftBank Telecom、移動体通信 =SoftBank

(出所) ソフトバンクホームページ≪http://www.softbank.co.jp/index.html≫。

している。しかし，特徴的なのは，ソフトバンク3G携帯電話に搭載された「Yahoo! ボタン」によって，Yahoo! JAPANのポータルにとぶことができるというサービスを一体化した機能を取り込んでいることである。ソフトバンクでは，「ケータイはインターネットマシンへ」という新コンセプトを提案し，音声からデータへのさらなるシフト，つまり，ソフトバンクの本来のコア事業であったコンテンツやコマース等への再注力を図りつつある[8]。

激しいシェア争いをしているように見える携帯電話業界であるが，ドコモが約50％，KDDIが約30％，ソフトバンクが20％弱であり，3社で100％近くというシェア構成であり，実質的に寡占状態である。

❸ 分　析

(1) 分析の視点

ソフトバンクが，携帯電話事業において成功するための課題について，経済性の観点から考察する。

(2) 問題点

　ソフトバンクの携帯電話事業の問題点を経済性の観点からあげる。

　携帯電話事業において，規模の経済は，インフラへの投資において顕著に現れる。同額の設備投資を行った場合，シェアが高いほどユーザー１人あたりの費用は低下する。つまり，ソフトバンクは，他社に比べて規模の経済は，発揮しづらい状況である。コールセンターやシステムの統合により，範囲の経済は発揮され，コスト削減が行われている。しかし，これらの経済性を発揮しても，コスト削減による優位性は発揮しづらい。

　携帯電話市場は，成熟化とともに，消費者のニーズが多様化している。しかし，ソフトバンクは，消費者の多様化するニーズに応えられていない。それは，ソフトバンクがクローズド型経営を行っているからである。クローズド型経営とは，人材，ノウハウ，販売網，系列など，１社で経営資源の独占または寡占を目指す経営のことである[9]。そのため，携帯電話事業において，垂直統合型のビジネス・モデルを築いている。それは，グループ内の資源を最大限活用することを目指しているためである。ソフトバンクは，ヤフーのサービスやコンテンツを生かそうとしている。しかし，自社の持つサービスやコンテンツのみでは，消費者のニーズに対応できない。

　ソフトバンクは，グループ内外の多様な主体と連結している。しかし，ソフトバンクは，外部資源を活用できていない。そのため，シナジー効果は，グループ内に留まっている。つまり，ソフトバンクは，連結の経済を限定的にしか発揮できていないのである。

(3) 課　題

　ソフトバンクは，連結の経済を発揮することによって，外部資源を活用する必要がある。複数組織の連結による外部資源の利用は，ソフトバンクの内部資源（ブランド力，販売力，コンテンツ，通信ネットワーク，決済サービス，端末）と結びついて，新製品，新サービスの開発，生産，販売において，スピードと革新性の面でシナジー効果が期待できるからである。

　連結の経済を発揮するためには，①連結される各主体がそれぞれ相手にはない何らかの専門性を持つこと，②いつでも新しい結びつきが可能なように，

第7章 経営情報

図表7-1-2　経済性の現れ方

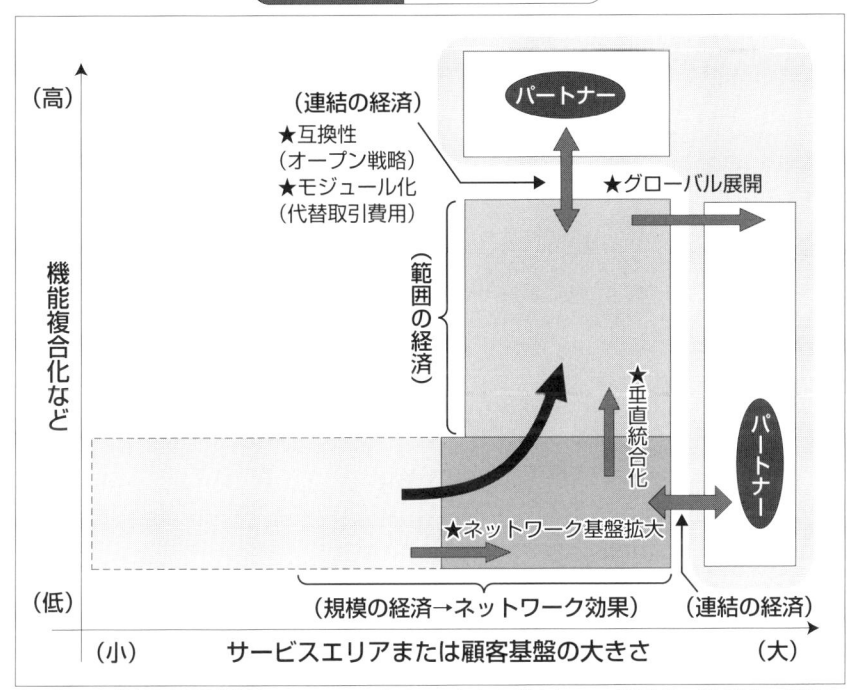

（高）

機能複合化など

（連結の経済）
★互換性（オープン戦略）
★モジュール化（代替取引費用）

パートナー

★グローバル展開

（範囲の経済）

★垂直統合化

パートナー

★ネットワーク基盤拡大

（低）　　　　（規模の経済→ネットワーク効果）　　　（連結の経済）

（小）　　　　サービスエリアまたは顧客基盤の大きさ　　　（大）

（出所）日本総合研究所発表資料《http://www2.nict.go.jp/p/p461/report/SG6-2.pdf》6頁を一部修正.

互換性があり，かつ相互の関係が固定されていないことが必要である[10]。

そのためには，図表7-1-2に示されるように，モジュール化とオープン戦略が必要である。つまり，それぞれの組織が自律的なかたまりとして，その内部には高度に専門化された資源を蓄積している一方，組織と組織をつなぐインターフェースには標準化と互換性を確保しておく必要がある[11]。これにより，専門性に基づく分業が可能になる。

また，図表7-1-3に示されるように，海外のパートナーとの協働によって，連結の経済を発揮できる。そのため，ソフトバンクは，グローバル展開を推進することによって，パートナーとの協働を推進する必要がある。

(4) **解決策**

第一に，携帯端末やポータルサイトを通信インフラと分けて提供すること

図表7-1-3　携帯電話事業におけるインターフェースのオープン化

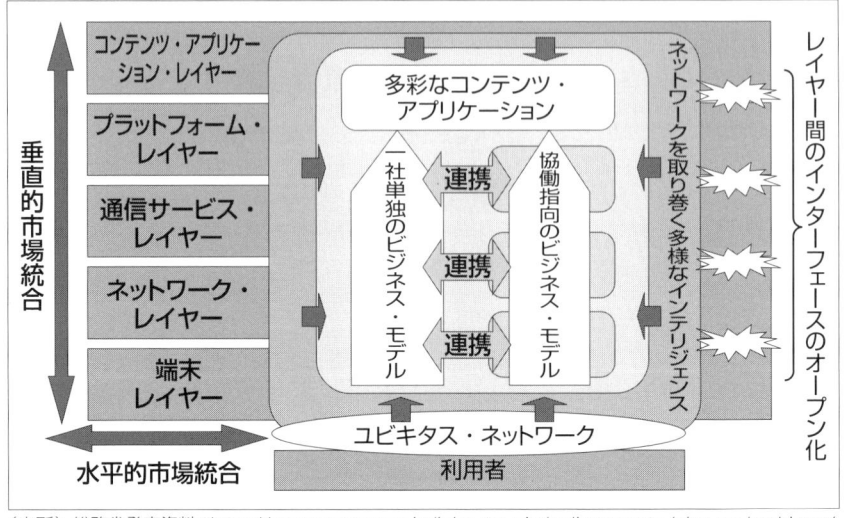

垂直的市場統合
- コンテンツ・アプリケーション・レイヤー
- プラットフォーム・レイヤー
- 通信サービス・レイヤー
- ネットワーク・レイヤー
- 端末レイヤー

水平的市場統合

多彩なコンテンツ・アプリケーション

一社単独のビジネス・モデル　連携　協働指向のビジネス・モデル

ユビキタス・ネットワーク

利用者

ネットワークを取り巻く多様なインテリジェンス

レイヤー間のインターフェースのオープン化

（出所）総務省発表資料《http://www.soumu.go.jp/joho_tsusin/policyreports/chousa/mobi-rev/pdf/080306_2_si1_2.pdf》9頁を一部修正。

である。つまり，ソフトとハードの分離を行うことである。通信インフラであるネットワーク・レイヤー（ネットワーク層）は，独占力があり，携帯電話事業には不可欠なため，競争企業を限定し，利用者の選択の幅を狭めることになっている。そのために，ソフトバンクは，ネットワーク・レイヤーをオープン化し，様々な主体に提供することが求められる。

　ネットワーク・レイヤーをオープン化することによって，通信サービス・レイヤーに様々な企業が参入できる。これによって，パートナーとの協働が容易となり，他業態から移動通信市場への参入が容易になることによって，サービスの多様化が行える。具体的には，MVNO（Mobile Virtual Network Operator）と呼ばれる通信ネットワークを他社から借り受けてサービスを提供する方式を導入することである。

　現在，ソフトバンクとウォルト・ディズニー・ジャパン株式会社（以下，ディズニー）が協働によってディズニー・モバイルを展開している。ソフトバンクは，通信ネットワークを中心に携帯電話事業のインフラ部分を提供し，ディズニー側は，そのインフラの上でサービスを提供している。これによっ

て，ソフトバンクの内部資源（販売力，インフラ，端末）と外部資源であるディズニーのブランド力，コンテンツが結びついて新たな価値を生み出している。しかし，現在ソフトバンクの通信ネットワークを利用したMVNOは，ディズニー1社であり，さらに増やしていくことによって，連結の経済を発揮する必要がある。

　ソフトバンクは，端末レイヤーにおいては，既に連結の経済を発揮できている。従来，携帯端末は，キャリア主導によって，開発が進められていた。しかし，ソフトバンクは，デザインや形状などには一切口を出さずに，メーカーに委ねることによって，多様な端末を揃えることができた。ティファニー携帯やガンダム携帯といったブランドやキャラクターとのコラボレーションによって，新たな携帯端末の価値を生み出している。また，携帯1機種は，通常開発に1年以上を要するため，端末をモジュール化し，外側のデザインされたパネルを端末に組み込むことによって，コスト削減と開発期間の短縮に成功した。ソフトバンクは，他のレイヤーにおいても同様に連結の経済を発揮する必要がある。

　次に，グローバル展開を行うことも解決策の1つである。ソフトバンクの関連会社であるAlibaba Group Holding Limited（以下，アリババ・グループ）は，中国最大のeコマース事業を展開している。ソフトバンクの実績や経験，技術，資本を提供することによって，アリババ・グループとの協働を行っている。これによって，連結の経済が発揮され，ソフトバンクは，莫大な先行投資を行わずに海外展開を行うことができている。つまり，他国においても同様にパートナーと協働することによって，連結の経済を発揮し，事業の拡大を図ることができると考えられる。

1）宮澤健一［1988］68頁。
2）篠崎彰彦［2003］169頁。
3）宮澤健一［1988］67頁。
4）岸川善光［2006］197 198頁。
5）株式会社情報通信総合研究所編［2008］177頁。
6）『週刊エコノミスト』2006年12月12日号，19頁

7）『日経ビジネス』2006年10月30日号，9頁。
8）株式会社情報通信総合研究所編［2008］177頁。
9）岸川善光［2006］105-106頁。
10）篠崎彰彦［2003］179頁。
11）同上書181頁。

参考文献

Bressand, A.［1990］, *Networld,* Promethee.（会津泉訳［1991］『ネットワールド』東洋経済新報社。）
株式会社情報通信総合研究所編［2008］『情報通信アウトルック2008 NGNの時代へ』NTT出版。
岸川善光［2006］『経営戦略要論』同文舘出版。
岸川善光［2007］『経営診断要論』同文舘出版。
國領二郎［1999］『オープンアーキテクチャ戦略　ネットワーク時代の協働モデル』ダイヤモンド社。
篠崎彰彦［2003］『情報技術革新の経済効果』日本評論社。
林紘一郎=湯川抗=田川義博［2006］『進化するネットワーキング　情報経済の理論と展開』ＮＴＴ出版。
三木雄信［2006］『ソフトバンク「常識外」の成功法則』東洋経済新報社。
宮澤健一［1988］『制度と情報の経済学』有斐閣。
『週刊エコノミスト』2006年12月12日号，毎日新聞社。
『週刊東洋経済』2008年7月19日号，東洋経済新報社。
『日経ビジネス』2006年10月30日号，日経ＢＰ社。
『日経ビジネス』2008年4月21日号，日経ＢＰ社。
ソフトバンク株式会社　アニュアルレポート 2008
《http://www.softbank.co.jp/irlibrary/annual_report/pdf/softbank_annual_report_2008_001.pdf》

第7章 経営情報

2 情報システムの開発・設計

❶ このケースを読む前に

現在，情報技術とそれに基づく情報システムが発展している。同時に，情報技術を利用する経営革新が進行している。そこで，本ケースでは，情報システムと人的・組織的要因との関連について考察する。

(1) 設 問

これまで，情報システムは，情報技術による効率化ばかりが注目されてきた。しかし，情報システムは情報技術を前提とするものではなく，人間による情報的相互作用が重要であるという視点から情報システムを捉えることが求められるのではないか。

(2) キーワード

情報：「適合性と目的を付与されたメッセージ」あるいは「文脈的意味をもって解釈・評価されたメッセージであり，判断や行為に影響を与えるもの」である。情報は情報技術によるだけでなく，人間の行為や行為をする状況によって創出されるのである[1]。

情報システム：情報の処理・創造・交換・蓄積などによって展開される人々の間の相互作用である情報的相互作用を支援するメカニズムである[2]。「情報技術による情報システム」と「人間による情報システム」によって構成される。また，情報ネットワークとは，ある関係のもとにある程度まで継続的に連結されている諸単位の集合体における情報システムである[3]。

メディア・リッチネス：コミュニケーションの当事者間で1つの共通の理解に収束するために，互いの理解を変更し，異なった概念の準拠枠を克服し，曖昧な事柄を明確にする，メディアの能力・属性である。具体的には，①迅速なフィードバックの入手可能性，②多様な手掛かりを運ぶ能力，③言語の

179

多様性（言語によって運ばれる意味の範囲），④個人的焦点（受信者のフィーリングや感情），という4つの包括概念として把握される[4]。

　組織間学習：①ある組織体が持つ情報および知識を用いて独自に知識形成を行う組織学習，②各組織体が持つ情報や知識の組織間にわたる双方向的な移転，そして，③それらを受け入れた組織体が独自に組織学習をして新しい知識を形成する，という一連のプロセスである[5]。

❷ ケース

(1) 企業概要

　　企　業　名：ミスミグループ本社
　　設　　　立：1963年2月23日
　　資　本　金：4,595百万円
　　事業内容：グループの経営戦略立案や管理ならびにそれらに付随するグ
　　　　　　　ループ経営に必要な機能を有する
　　売　上　高：126,665百万円（2008年3月，連結）
　　経　常　利益：16,176百万円（2008年3月，連結）
　　従業員数：3,813名（2008年3月，連結）

(2) ケース

　株式会社ミスミグループ本社（以下，ミスミグループ）は，金型用部品，FA用部品，接続ケーブルなどの開発，販売を行っている商社である。1963年，電子機器，ベアリングの販売を目的に三住商事株式会社（1989年に株式会社ミスミへ社名変更）として設立された。2005年，海外事業や製品開発力の強化などを目的に，株式会社ミスミ（以下，ミスミ）の協力会社であった駿河精機株式会社（以下，駿河精機）と経営統合し，ミスミグループが誕生した。

〈カタログ販売〉

　ミスミグループは，1977年にプレス金型用標準部品カタログ「Face」を創刊し，カタログ通信販売事業を開始した。ミスミグループは，従来は，特注品であった部品を標準化してカタログに掲載した。そして，顧客の要望があれば1個単位の注文にも応じ，最短で1日で商品を納入する「短納期一個

流し」を実現した。

　ユーザー企業ごとに規格が若干異なる部品は，半加工済みの半製品を作り，ユーザーの使用に応じて協力企業が最終的な仕上げを行うことによって，在庫を最小限に抑えながら短納期を可能にした。ミスミグループのカタログには製品の図面，寸法，材質，納期，価格が記載されている。このカタログを顧客に配布し，顧客はFAX，電話，インターネットで注文する。

〈事業の特徴〉

　ミスミグループは，ユーザーに代わって部品を調達する「購買代理店」として自社の役割を位置づけ，国内外の協力企業をネットワーク化して生産を委託し，ユーザーが求める部品を必要なときに必要なだけ供給することを実現した。カタログにない商品でも3件の依頼があれば，これを独自規格品として開発を行う。

　ミスミグループの情報システムは，自社で管理していて，生産を請け負う協力企業とミスミグループはネットワークで結ばれている。ミスミグループに届いた注文は，コンピュータに入力されると，自動的にどの協力企業に製造委託すべきかを判断し，注文データをその企業に送信する。そして，協力企業は，半製品に加工を施して，ミスミグループに出荷する。

〈持たざる経営からの脱却〉

　ミスミグループは製造部門を持たないこと，営業を使わないカタログ通販など，利益を生み出さない要素についてはアウトソーシングを積極的に活用する，「持たざる経営」を実践する企業として有名であった。しかし，徐々

図表7-2-1　ミスミグループの事業の枠組み

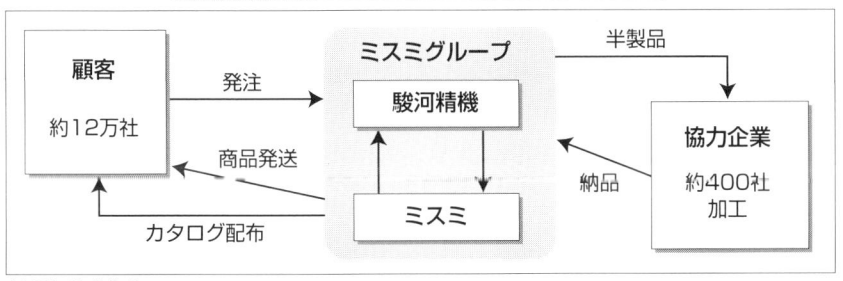

(出所）筆者作成。

に「持たざる経営」の弊害がみられるようになってきた。

　例えば，ミスミグループは，顧客のクレームや要望を受け付けるコールセンターを外部に委託していた。そのため，顧客からカタログ改良のヒントが寄せられても，担当者に届くまで相当の時間がかかった。実際，ミスミのカタログには，顧客の望む商品が載っていないケースが増えていた[6]。

　そこで，製品開発に顧客ニーズを反映させるために，コールセンターやシステム部門の外注を打ち切り，内部に取り込んだ。そして，訪問セールスを展開する営業部隊も新たに組織した[7]。そして，駿河精機との経営統合を行い，生産機能を保有することになった。経営統合の狙いは，商品企画から製造，販売まで，一貫したビジネスが展開できるようになることである[8]。

❸ 分　析

(1) 分析の視点

　ミスミグループは，持たざる経営からの脱却を図った。この背景と今後の課題について，情報システムは，情報技術を中心とした自己完結的なシステムではなく，企業組織において人が情報技術と連動することと捉え考察する。

(2) 問題点

　ミスミグループは，情報技術による情報システムによって，協力企業をネットワーク化した。そして，取引情報を迅速に共有し，顧客ニーズと協力企業の製造技術・ノウハウを組み合わせ，最適化を行うことによって成功を収めた。しかし，顧客のニーズの把握が困難になったため，ミスミグループは，営業を復活させた。これによって，リッチネスの高いメディアである対面によるコミュニケーションが可能となり，顧客からの情報を効果的に得ることができるようになった。

　リッチネスとは，共通理解や意味の共有を促進する情報能力のことである。問題状況の多義性が高ければ高いほど，リッチネスの高い情報メディアを採用することによって，効果的なコミュニケーションとなる[9]。一般的に，リッチネスが最も高いメディアは対面関係であり，以下，電話，電子メール，私信（手紙・メモ），公的文書，の順にリッチネスは低くなるといわれている。

しかし，顧客から情報を得ることができても，その情報が共有されなければ，開発や生産に活かすことができない。ミスミグループは，経営統合によって，開発・生産（の一部）・販売の一体化を行った。しかし，ミスミグループ内のミスミと駿河精機の組織は分断されていた。また，ミスミグループと協力企業との情報共有は，リッチネスの低い情報メディアによる取引情報が中心である。標準化された取引情報ではない顧客のニーズなどの情報は多義性が高い。そのため，ミスミの情報ネットワークは，販売・生産・開発機能間の情報共有が限定的である。

(3) 課　題

 開発・生産・販売機能を組織間で統合するためには，組織間での情報交換の実現と活発化が不可欠である。しかし，その前提として，ネットワーク内での自社の位置づけ・役割を新しい観点から見直し，組織や管理システムをデザインする必要がある[10]。

 組織間での情報交換の実現と活発化を行うためには，協力企業とのネットワークにおいて，オープンな関係性のなかに共通認識や信頼関係が醸成されるなんらかの密接な関係性を構築することが必要とされる[11]。この信頼関係の確立は，多様な解釈を可能にするメディア，すなわち対面によるコミュニケーションによって可能になる。これによって，意識の共有と目的の共有が

図表7-2-2　組織間ネットワークのフレームワーク

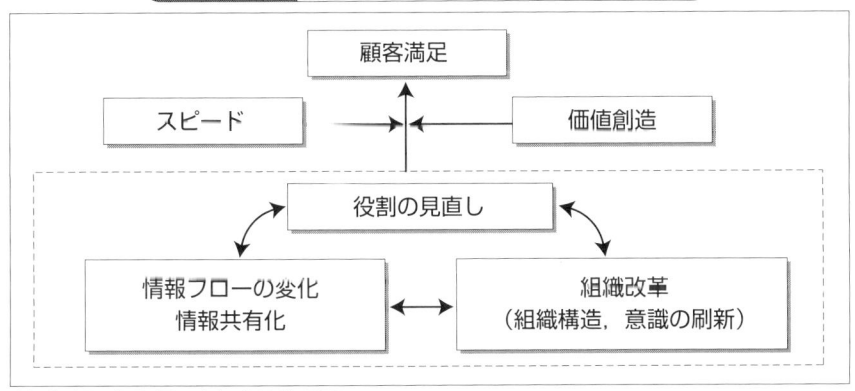

```
          顧客満足
            ↑
  スピード →   ← 価値創造
    ┌ ─ ─ ─ ─ ─ ─ ─ ─ ─ ─ ─ ─ ─ ┐
    │        役割の見直し         │
    │      ↙         ↘          │
    │ 情報フローの変化  ↔  組織改革  │
    │  情報共有化        (組織構造，意識の刷新) │
    └ ─ ─ ─ ─ ─ ─ ─ ─ ─ ─ ─ ─ ─ ┘
```

(出所) 涌田宏昭=涌田幸宏 [1996] 72頁。

促進され，技術や熟練レベルでの摺り合わせを可能にする[12]。つまり，ミスミグループの課題は，情報技術による情報システムを補完するために，リッチネスが高い対面によるコミュニケーションが可能にする仕組みを築くことである。

(4) 解決策

第一の解決策は，ミスミグループの役割を見直すことである。ミスミグループの役割は，協力企業と顧客の関係のマネジメントに加えて，協力企業間の関係のマネジメントを行うことである。そして，各主体の対等性を保証し，ネットワーク内の自律的で自由な相互作用を促すことである[13]。

第二の解決策は，組織改革を行うことである。ミスミグループは，経営統合により，ミスミの営業組織を持つ事業部と駿河精機の製造部門を一体化することによって，「創って・作って・売る」という「一貫体制」を強化することができた。

第三の解決策は，対面によるコミュニケーションを可能にするための仕組みを築くことである。ミスミグループは，複数の機械部品メーカーをひとつの場所に集めた日本初の集合生産基地，「ミスミ生産パーク」を設立している。これは，ミスミグループの顧客企業に対して，迅速に商品を供給する体制を築くことが目的である。しかし，対面によるコミュニケーションを可能にするという意味でも重要である。それは，「ミスミ生産パーク」という限られた空間で，密接な関係性を築くことによって，信頼を築くことができるからである。信頼関係を築くことによって，情報の共有化が進むのである。

ミスミグループは，ミスミ生産パークにおいて組織間学習を促す必要がある。ミスミグループは，駿河精機の生産効率化のノウハウを協力企業と共有しようとしている。しかし，ノウハウなどの技術に関わる情報の多くは，フォーマルな文書や設計図といった形態ではなく，多義性が高い情報である。そのため，ノウハウなどの情報は，リッチネスが高い対面によるインフォーマルな情報交換が必要である。そこで，技術交流などのために，会議を開催することによって関係者を集め，情報交換を図らなくてはならない。例えば，開発，製造，販売の各機能担当者が会議を行い，情報交換の場を共有する。

第7章 経営情報

図表7-2-3　ミスミグループの情報共有

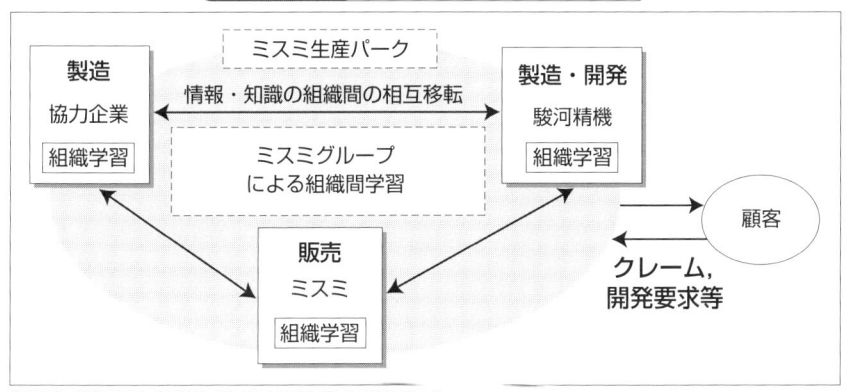

```
          ミスミ生産パーク
製造  ←  情報・知識の組織間相互移転  →  製造・開発
協力企業                                  駿河精機
[組織学習]      ミスミグループ          [組織学習]
              による組織間学習
                                                    → 顧客
                                                    ←
                    ↕                         クレーム，
                    販売                       開発要求等
                   ミスミ
                  [組織学習]
```

（出所）松行彬子［1999］61-77頁に基づいて筆者作成。

これによって，迅速で的確な商品開発が可能になる。

　ミスミ生産パークによって，対面によるコミュニケーションが容易になるとともに，協力企業間のネットワークを構築することができるため，組織間学習が行いやすくなった。組織間学習を促進することによって，協力企業が自社に欠如している技術の学習を行うことができるので，協力企業の基礎的能力の向上が期待できる。これによって，ミスミグループの商品の品質向上および，製造時間の短縮が期待できる。

　ミスミグループは，持たざる経営からの脱却によって，開発・生産・販売の一体化を図った。そして，情報技術による情報ネットワークではなく，人的な要素によるネットワークを構築することによって，リッチネスの高い対面によるコミュニケーションを可能にした。そして，情報共有を高度に実現し，開発・生産・販売の一体化を実現することができた。

　企業において，情報技術による情報システムは，自己完結的に，そして直接収益性や生産性に貢献するのではなく，人間による情報処理機能と相互補完的に機能することによって貢献するものである。したがって，情報システムは，情報技術そのものよりも，むしろ企業独自の組織能力，その他の組織特性が，情報化の成否に重要な影響を与えるのである[14]。

１）遠山曉=村田潔=岸眞理子［2008］13項。

2）伊丹敬之=加護野忠男［1989］514頁。
3）遠山暁=村田潔=岸眞理子［2008］16-24，50頁。
4）Daft, R. L. = Lengel, R. H.［1984］。
5）松行康夫=松行彬子［2002］162-164項。
6）日経ビジネス，2005年8月22日号，66頁。
7）同上誌66-67頁。
8）同上誌64頁。
9）遠山暁［1998］222頁。
10）涌田宏昭=涌田幸宏［1996］172頁。
11）遠山暁=村田潔=岸眞理子［2008］230頁。
12）遠山暁［1998］333-334頁。
13）涌田宏昭=涌田幸宏［1996］180頁。
14）遠山暁=村田潔=岸眞理子［2008］291-292頁。

参考文献

Daft, R. L. = Lengel, R. H.［1984］, "Information Richness: a New Approach to Managerial Behavior and Organization Design," in Staw, B. M. andL. L. Cummings（eds.）, *Research in Organizational Behavior*, Jal Press, pp.191-233.
伊丹敬之=加護野忠男［1989］『ゼミナール経営学入門』日本経済新聞社。
岸川善光［2006］『経営戦略要論』同文舘出版。
下村博史［2005］『中間流通の協創戦略』白桃書房。
遠山暁［1998］『現代 経営情報システムの研究』日科技連出版社。
遠山暁=村田潔=岸眞理子［2008］『経営情報論（新版）』有斐閣。
涌田宏昭=涌田幸宏［1996］『情報化の経営と組織』中央経済社。
松行康夫=松行彬子［2002］『組織間学習論』白桃書房。
松行彬子［1999］「戦略的提携における組織間学習と企業変革」『経営情報学会誌』第8巻第2号，経営情報学会，61-77頁。
『日経ビジネス』2005年8月22日号，日経BP社。
ミスミグループ本社HP≪http://www.misumi.co.jp/≫
ミスミグループ本社アニュアルレポート2007
　　≪http://www.misumi.co.jp/ir/library/pdf/ar_07.pdf≫
ミスミグループ本社アニュアルレポート2006
　　≪http://www.misumi.co.jp/ir/library/pdf/ar_06.pdf≫

3 経営情報と経営管理

❶ このケースを読む前に

　本ケースでは，情報技術の進化とともに発展したプラットフォーム・ビジネスの特徴と，それに伴う経営情報の活用について考察する。

(1) 設　問

　プラットフォームを提供する企業のシェア争いは激しくなる一方である。より安定した収益をあげるためには，各企業の提供するプラットフォームの特性を生かした経営情報の活用が必要となる。

(2) キーワード

　プラットフォーム・ビジネス：プラットフォームとは「第三者間の相互作用を促す基盤を提供するような財やサービス」のことであり，それを民間のビジネスとして提供しているのが，プラットフォーム・ビジネスである。クレジットカード会社なども多くの企業と消費者が相互信頼して取引を行いうるサービスを提供しているためプラットフォーム・ビジネスといえる[1]。

　プラットフォーム・ビジネスの機能：ネットワーク上で取引が成立するための，①取引相手の探索，②信用（情報）の提供，③経済価値評価，④標準取引手順，⑤物流など諸機能の統合，の5つの機能を提供する[2]。

　オンラインモール：複数の電子商店（オンラインショップ）が軒を連ねるWebサイトのこと。オンラインモールでは，消費者側が複数店舗の商品を縦断して検索を行うことができる。また，決済や配送などを一括して行えるなどのメリットもある。さらに，個々の電子商店にとってはオンラインモールの持つ集客力を活かせるというメリットがある[3]。

❷ ケース

(1) 企業概要
　　企　業　名：楽天株式会社
　　設　　　立：1997年2月7日
　　資　本　金：107,467百万円（2008年3月31日現在）
　　事業内容：EC事業，クレジット・ペイメント事業，証券事業など
　　売　上　高：213,938百万円（2007年12月，連結）
　　経常利益：2,376百万円（2007年12月，連結）
　　従業員数：3,242名（2007年12月，連結）

(2) ケース

　楽天株式会社（以下，楽天）は，1997年2月に三木谷浩史によって設立されたインターネットを媒体とした総合サービス企業である。楽天が最初に始めたビジネスはオンラインモールの楽天市場の運営である。そして，現在はポータルサイトの運営，旅行サイトの運営，金融事業，プロスポーツ事業と事業を拡大している。

〈楽天市場の成長〉

　1997年5月にオープンした楽天市場の総店舗数は13店であった。しかし，1998年1月には91店舗になり，1999年1月には400店舗，2000年1月には約2000店舗に達している。当初，楽天市場は，出店料として月額5万円を徴収した[4]。

〈楽天市場の転換〉

　楽天は，2002年に売上高が100万円を超える店については，その2～3％をシステム料として徴収する「従量制度」に課金システムを変更した[5]。この理由について，三木谷社長は，「1店舗あたりのシステム投資は，月5万円を超えていて，このままではサービスレベルを維持できなくなる」からであると説明している[6]。これを理由として多くの店舗が楽天市場から撤退することが予想された。予想通り，初回の課金時は撤退店舗数が出店店舗数を58店舗上回った。しかし，それ以降は純増を続けている[7]。さらに，楽天は，

図表7-3-1　楽天市場のビジネス・モデル

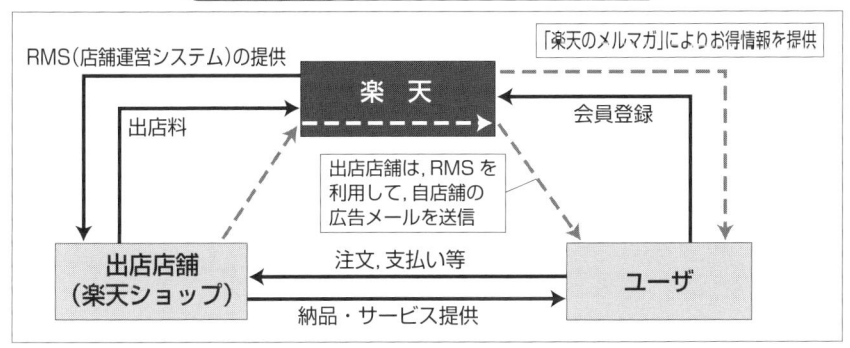

```
RMS（店舗運営システム）の提供        「楽天のメルマガ」によりお得情報を提供
        ┌──────────→ 楽 天 ──────────┐
        │      出店料              会員登録
        │                          
        │         出店店舗は，RMSを
        │         利用して，自店舗の
        │         広告メールを送信
        │                          
  出店店舗              注文，支払い等         ユーザ
 （楽天ショップ）  ←──────────────────
                 納品・サービス提供
```

（出所）《http://www.soumu.go.jp/joho_tsusin/policyreports/chousa/mail_ken/pdf/
080423_2_4.pdf》6頁より。

2005年2月の新規契約から，100万円以下の販売にも従量課金を導入した[8]。

〈楽天市場の収益構造〉

現在の楽天市場における収益構造は4つに分かれている。

① 出店料売上：「楽天市場」への出店事業者から毎月5万円を徴収
② マージン売上：各店舗の売上高に対して2～3％マージンを徴収する。また，規定されたメール配信数やプレゼント・資金請求受付数を超えた場合に超過料金を徴収する。
③ 広告売上
④ その他売上

つまり，この収益構造を見て分かる通り，楽天市場に出店する人数と取引が金額に比例して，楽天市場の利益は大きくなる。

〈楽天市場におけるコンサルティングサービス〉

楽天市場では出店者がより多くの利益をあげるために，各店舗にECコンサルタントを配置し，きめ細やかなアドバイスを行っている。ECコンサルタント一人当たりの担当店舗数は150社前後であり，各店舗の売り上げなどの各種データはすべて彼らの元に届けられる。そのデータを元に，ECコンサルタントは各店舗に対してアドバイスを行う[9]。

図表7-3-2　インフォシークと大手ポータルサイトの利用者推移

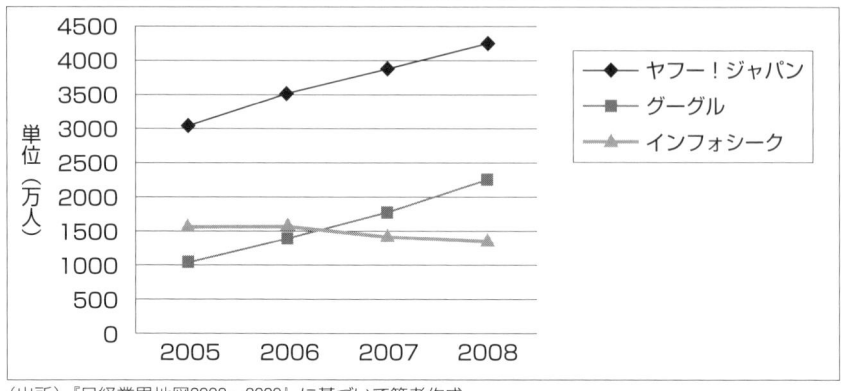

（出所）『日経業界地図2006～2009』に基づいて筆者作成。

〈インフォシークの低迷〉

楽天が提供するプラットフォームとして，インフォシークがあげられる。インフォシークは2000年に楽天が買収したポータルサイトである[10]。ポータルサイトは情報の検索ができるだけでなく，様々なコンテンツの玄関口ともなるため，強大な集客力が期待できる。しかし，図表7‐3‐2に示されるようにインフォシークの利用者数は減少傾向にある。

❸ 分　析

(1) 分析の視点

楽天市場のようなプラットフォームを運営する企業は，いかに顧客と店舗の関係をwin-winとすることができるかが経営管理上重要になってくる。その理由として，win-win関係を構築することによって，店舗数や販売金額，または顧客の増加が見込める。そして，それがそのまま出店料や従量制課金における収益の増加や広告収入の増加につながるためである。

(2) 問題点

楽天市場の拡大期における強みは，以下にあげる3点であった。
① 店舗が使いやすい安価な情報システム
② コンサルタントによるアドバイス

③　ポータルサイト（インフォシーク）による巨大な集客力

　しかし，近年の経営環境の変化に伴い，楽天市場の強みにも変化が生じた。

①　さらに安価なプラットフォームを提供する企業の出現
②　店舗数の増加による1店舗当たりのコンサルタント能力の低下
③　他のポータルサイト（ヤフージャパンやグーグルなど）の定着による集客力の低下

　つまり，楽天市場というプラットフォームの魅力が弱まっているのである。

(3)　課　題

　楽天市場の魅力を向上させるには，先にあげた3つの強み以外の新たな強みを生み出すことが必要となる。新たな強みを生み出さなくてはいけない要因として，先にあげた3つの強みを強化することによる弊害があげられる。

　第一に，低価格競争への参入は楽天の体力を奪う危険性がある。

　第二に，きめ細やかなコンサルタントの実施は，多くの優秀な人材の確保が必要となる。そのため，人件費の大幅な増加が見込まれ，店舗の負担額が大きくなる。

　第三に，ポータルサイト間の競争に打ち勝つためには，グーグルやヤフージャパンといった大手サイトよりも高い集客力を獲得する必要がある。図表7-3-2に示されるように，すでに大差がついてしまっている現状を打破するのはほぼ不可能に近いのではないか。

　以上の要因により，今までの強みの強化だけでなく，新たな強みを生み出すことが楽天市場の発展に不可欠であるといえる。

(4)　解決策

　楽天市場が持つ強みとして，ＥＣ市場で圧倒的なシェアを持っていることがあげられる。つまり，膨大な顧客情報と店舗情報を活かした新たなる強みを発揮できれば他社との差別化にもつながる。さらに，楽天市場のようなオンラインモールでは出店者も消費者も楽天市場から見れば同じ顧客である。つまり，出店者と消費者とそれぞれに対応した経営情報の活用が必要となる。

顧客情報などの経営情報を活かす強みとして，マス・カスタマイゼーションがあげられる。マス・カスタマイゼーションとは，大量生産と同じコストで，異なる顧客のニーズに合わせて商品やサービスを提供すること[11]と定義される。

　現在，マーケティングはone to oneマーケティングなど，個人に対するマーケティングが重要視されている。しかし，楽天市場の場合はマス・マーケティングの方が有効であると考えられる。その理由として，one to oneマーケティングを行うには楽天市場の規模が大きすぎることがあげられる。規模が大きく，取り扱う情報が多いため，情報の精査に時間がかかる，多種多様な組み合わせが発生する，配信コストがかかる，といった弊害が生まれる。

　マス・マーケティングは，共創型，適応型，表層型，深層型の4つに分類できる。

　共創型とは，顧客一人ひとりとのインタラクションを通して顧客ニーズや嗜好を明らかにし，これに合致するオプションを見定め，カスタマイズ商品の提供を行うことである。

　適応型とは，顧客が標準仕様品に自分自身でカスタマイズできるように設計されていて，顧客自身が手を加えていくアプローチである。

　表層型とは，標準仕様品にちょっとした加工を施して，個々の顧客に提供するアプローチである。

図表7-3-3　マス・カスタマイゼーションの4つのアプローチ

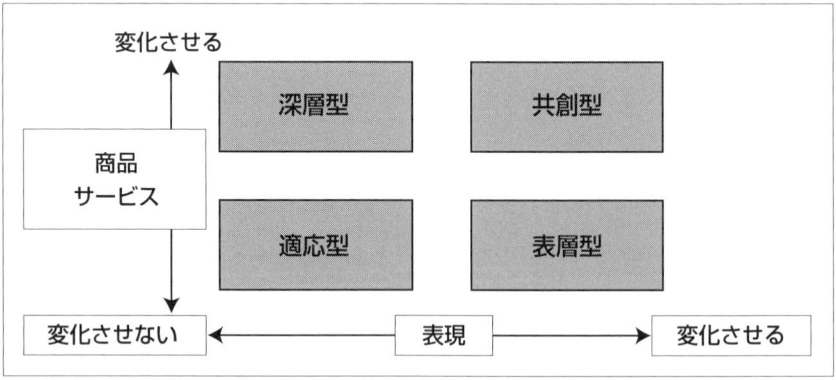

	表現	
商品サービス 変化させる	深層型	共創型
商品サービス 変化させない	適応型	表層型
	変化させない	変化させる

（出所）Gilmore, J., et. al. [1997] 訳書188頁。

第7章 経営情報

　深層型とは，顧客一人ひとりのニーズをくみ取ってカスタマイズした商品やサービスを，カスタマイズしたことがわからないように提供するアプローチである[11]。

　マス・カスタマイゼーションのコンセプトに最も適合するのは共創型である。しかし，楽天市場の商品は店舗である。店舗に自由な商品の出品を認めている以上，店舗の出品内容や発送方法に手を加えることはできない。

　つまり，適応型が楽天市場にとって有効なマス・マーケティングといえる。

　適応型マーケティングの顧客に対する活用例として，「仮想商店街」を提案する。これは，顧客が楽天から与えられた店舗リストや自分のお気に入りの店舗を商店街のように一覧にできるサービスである。

　その顧客が楽天市場内のどの店舗のホームページを見たか，またどのような検索ワードを入力したか，あるいはどのような商品を購入したのかを，楽天が顧客情報としてデータベース化する。その後，それらの顧客情報を分析することで顧客の好みや傾向が明らかになり，その好みなどに合わせて商品カテゴリー別に店舗リストとして紹介することが可能となる。

　これを行う際には各店舗の正確なターゲット層を明らかにする必要がある。

　まず，楽天は，各店舗の製品カテゴリー，価格帯，想定される購買層などを報告させる。さらに，各店舗の販売実績を調査することによって各店舗の販売戦略の正確性が明らかになると筆者は考える。

図表7-3-4　顧客情報に基づいた顧客と店舗，楽天の新たな関係

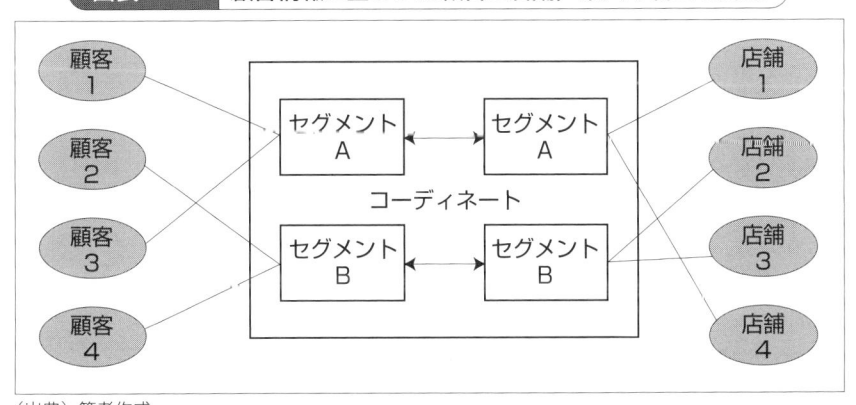

(出典）筆者作成。

さらにもう一歩踏み込んで言えば，現在の楽天市場に求められているのはプラットフォームとしての「場」の提供ではなく，「顧客と店舗の関係性」の提供である。顧客の好みと店舗のターゲットをつなぎ合わせることができれば，顧客が商品を購入する確率が高まるためである。

　流通金額の増加と出店者の増加が楽天の収益の増加につながるため，楽天は今後もいかに顧客と店舗のwin-winの関係を築くことができるかが経営上の課題になるであろう。

---

 1 ）國領二郎［1999］4 頁。
 2 ）同上書146頁。
 3 ）ＩＴ用語辞典≪http://e-words.jp/≫
 4 ）『週刊東洋経済』2006年 9 月 2 日号69頁。
 5 ）『日経ネットビジネス』2002年 3 月号19頁
 6 ）『週刊東洋経済』2006年 9 月 2 日号70頁。
 7 ）『日経ビジネス』2003年 2 月10日号48頁。
 8 ）『週刊東洋経済』2006年 9 月 2 日号69頁。
 9 ）『日経ビジネス』2003年 2 月10日号48頁。
10）楽天HP≪http://www.rakuten.co.jp/≫
11）Gilmore, J.＝PineⅡ, H.＝Joseph, B.［1997］（訳書）180頁。

参考文献

Gilmore, J.＝PineⅡ, H.＝Joseph, B.［1997］*Markets of One* Original English language education published.（DAIMONDO ハーバード・ビジネス・レビュー編集部訳『ハーバード・ビジネス・レビュー・ブックス　ＩＴマーケティング』。）

岸川善光［2006］『経営戦略要論』同文舘出版。

岸川善光［2007］『経営診断要論』同文舘出版。

國領二郎［1999］『オープンアークテクチャ戦略　ネットワーク時代の協働モデル』ダイヤモンド社。

山口敦男［2004］『楽天の研究　なぜ彼らは勝ち続けるのか』毎日新聞社。

IT用語辞典≪http://e-words.jp/≫

楽天HP≪http://www.rakuten.co.jp/≫

第7章　経営情報

まとめと今後の研究課題

　『経営管理要論』の第7章のテーマは，経営情報について理解を深めることである。高度情報社会（ネットワーク社会）では，情報技術（IT）および情報システムの進展が著しい。情報技術（IT）および情報システムを基盤としたeビジネスの台頭にみられるように，経営情報と経営管理との間には，密接不離の関係性がある。

　【ケース1】ソフトバンクでは，高度情報社会の進展に伴って，企業が追求する主な経済性の変遷について考察している。具体的には，工業化社会における規模の経済，情報化社会における範囲の経済に代わって，高度情報社会（ネットワーク社会）における連結の経済について考察している。【ケース1】では，内部資源の蓄積だけでなく，外部資源を積極的に活用することによって，連結の経済を獲得することがいかに重要であるか，また，そのための要件として，各主体がそれぞれ専門性を持つと同時に，その基盤としてオープン戦略とモジュール化が不可欠であることに言及している。

　今後の研究課題として，連結の経済の測定基準および測定方法を開発する必要がある。規模の経済，範囲の経済の測定と比較して，連結の経済を測定することは極めて難しい。連結の経済はネットワークによって発生するが，ネットワークは「関係性の織物」であり，時間・空間の変化とともに，ネットワークの基本構造自体，他組織との関係を深めつつ進化する。すなわち，変化が常態であるネットワークにおける連結の経済を測定することは一筋縄ではいかない。連結の経済を測定することができないと，ビジネス・システムの構築時の評価などにも悪影響を及ぼすので，代用特性などを用いた「主観の客観化」もあわせて検討すべきであろう。

　【ケース2】ミスミグループ本社では，情報システムの開発・設計について考察している。ミスミグループ本社のビジネス・モデルは，従来，「持たざる経営」の典型として全国的に著名であったが，近年，協力企業とのネットワーク化を促進し，「持つ経営」に転換しつつある。【ケース2】では，こ

のような背景を踏まえて,「関係のマネジメント」を実現するために,情報技術による単なる情報ネットワークの構築ではなく,組織学習,組織間学習など人的・組織的要因との相互補完的な組合せが重要であることに言及している。

今後の研究課題として,「持つ経営」「持たざる経営」の利点・欠点の総点検が必要不可欠である。一時期,燎原の炎のように広まった「持たざる経営」が今なぜ見直されているのか。機能連結―資源連結―情報連結の組合せの妥当性に加えて,人的・組織的要因に関する再考察が欠かせない。情報連結を前面に打ち出したネットワークには,ある種の脆さが同居しているといえる。

【ケース3】楽天では,経営情報と経営管理との関連性について考察している。【ケース3】では,経営管理における経営情報の重要性について,具体的には,プラットフォームの特性を活かした経営情報の活用の重要性について言及している。経営情報の活用の例として,マス・カスタマイゼーションを取り上げているが,顧客ごとのインタラクションを通じて顧客ニーズを見定め,顧客ニーズに合致した価値を提供する「共創型」マーケティングは,これからの経営管理のエッセンスの1つに違いない。

今後の研究課題として,クローズド型経営とオープン型経営の利点・欠点について詳細な考察が必要である。一時期,ＳＩＳ（戦略的情報システム）にみられるように,「囲い込み」を目的としたクローズド型経営がもてはやされた。ところが,その後一転してオープン型経営がもてはやされるようになった。オープン型経営を採用するためには,情報ネットワークによって企業間関係をオープンにせざるをえない。ネットワークによる外部資源の活用がオープン型経営の最大のポイントになるからである。しかし,オープン型経営の脆弱性を忘れてはならない。

本章では,上述した3つのケースを選択したが,情報技術（ＩＴ）,情報システムの運用・管理,eビジネスについても,経営管理との関連性を中心に突っ込んだ考察が必要不可欠である。特に,eビジネスは,時間・空間の制約を克服することを可能にしたビジネス・モデルであり,従来のビジネス・モデルと組み合わせることによって,さらに高度なビジネス・モデルが期待できる。

第8章 イノベーション

　本章の3つのケースは，『経営管理要論』の第8章と対応している。『経営管理要論』の第8章は，下記の左側に示されるように，6節で構成されている。『経営管理要論』の第8章では，イノベーションを顧客創造と並ぶ経営管理における最重要課題と位置づけて，多面的に考察している。また，拙編著『イノベーション要論』とも密接な連携をとっている。

1. イノベーションの意義
2. 技術革新……………………………【ケース1】シャープ
3. 産業組織の変革とイノベーション…【ケース2】セブン-イレブン・ジャパン
4. BPR…………………………………【ケース3】松下電器（現パナソニック）
5. ベンチャー・ビジネス
6. パラダイムの変革

　【ケース1】シャープでは，1956年の『経済白書』において，イノベーションの訳語として技術革新があてられたように，今もイノベーションの重要な構成要素である技術革新について考察する。技術革新において最も

重要なことは，いかにして技術のブレークスルーを促進するかということである。イノベーションの本質を「知識創造による新価値の創造」とみれば，いかに知識創造に関するブレークスルーを促進するかということにもなる。

　【ケース１】では，ブレークスルーの要因として，「ゆらぎ／カオス」，「自己組織化」，「ミドル・アップ・ダウン・マネジメント」の概念をもちいて考察する。「ゆらぎ／カオス」を意識的に導入し，知識創造を活性化することによって技術革新が可能になるのか，ミドル・マネジャーを中心に組織的知識創造をいかに促進するかなど，先端的な論点に言及する。

　【ケース２】セブン-イレブン・ジャパンでは，産業組織の変革とイノベーションとの関連性について考察する。近年，産業組織は，情報化，業際化，グローバル化の進展に伴って急激に変化しつつある。本ケースでは，情報化と業際化に焦点をあて，産業組織のイノベーションについて考察する。

　具体的には，【ケース２】にみられように，セブン-イレブン・ジャパンはいち早くPOSシステムやEOBシステムなどの情報化に取り組み，この情報化を通して，金融業（セブン銀行），運輸業（食事配達）など，業際化を次々に実現した。本ケースではその要因について考察する。関連して，企業との関係性，顧客との関係性を重視した関係性マーケティングに言及する。

　【ケース３】松下電器（パナソニック）では，ビジネス・プロセス・リエンジニアリング（BPR）について考察する。特に，業務プロセスの革新，顧客満足の充足など，BPRの中核的な課題に焦点をあてる。

　このような問題意識を踏まえて，【ケース３】では，松下電器（パナソニック）における経営危機の原因として，顧客満足の軽視をあげて，その真因は，「過度の分業と事業の重複」という立場から，顧客を起点とする業務プロセスの重要性について言及する。

＊ケースとして選択したシャープ，セブン-イレブン・ジャパン，松下電器（パナソニック）のホームページおよび各社に関連する参考文献を公表事例として参照した。記して謝意を申し上げる。

第8章 イノベーション

1 技術革新

❶ このケースを読む前に

　技術革新は，われわれの生活を劇的に変えてしまうほど，強いインパクトを持っている。本ケースでは，その技術革新について，技術の大きなブレークスルーをもたらす要因に着目しながら考察する。

(1) 設　問

　技術革新において最も重要なのは，いかにして技術のブレークスルーを促進するかという点である。では，この技術のブレークスルーは，どのような要因によって促進されるのであろうか。

(2) キーワード

　イノベーション：知識創造によって達成される技術革新や経営革新により，新価値を創出する行為のことである[1]。

　イノベーションのジレンマ：業界をリードしていた企業が，ある種の市場や技術の変化に直面したとき，きわめて正当な経営判断を行うことによって，その地位を守ることに失敗することを指す[2]。

　ゆらぎ／カオス：ゆらぎとは完全な無秩序ではなく，「不可逆的な秩序」のことである。ゆらぎが組織に導入されると，組織構成員はさまざまな面で「ブレイクダウン」に直面する。また，カオスは本当の危機の他に，経営者が意図的に危機感を創り出すことによって生じる場合がある。このゆらぎ／カオスは，組織の内部に「ブレイクダウン」を引き起こし，そこから新しい知識が生まれる。このような現象は，「カオスからの秩序の創造」と呼ばれる[3]。

　ミドル・アップダウン・マネジメント：知識創造に最も適した経営プロセスは，トップダウンでもボトムアップでもない，ミドル・アップダウン・マ

ネジメントである。このミドル・アップダウン・マネジメントにおいて，ミドル・マネージャーは，トップのビジョン（理想）とボトムのビジネス（現実）とをつなぐ「ナレッジ・エンジニア」としての役割を果たす[4]。

❷ ケース

(1) 企業概要

　　　企 業 名：シャープ株式会社
　　　設　　　立：1935年5月2日
　　　資 本 金：204,675百万円
　　　事業内容：エレクトロニクス機器，電子部品の製造・販売
　　　売 上 高：3,417,736百万円（2008年3月期，連結）
　　　経常利益：168,399百万円（2008年3月期，連結）
　　　従業員数：54,800名（2008年9月末現在，連結）

(2) ケース

〈独創性溢れるモノづくり〉

　シャープ株式会社（以下，シャープ）は，その独創性溢れるモノづくりに定評のある総合電機メーカーである。1912年に早川徳次によって創業された金属加工業がその起源であり，その後の早川金属工業研究所を経て，シャープの前身である早川電機工業へと発展した。

　「他社にマネされる商品を作れ」というのが，創業者早川のモットーであった。その早川の言葉通り，シャープは今日に至るまで，「世界初」・「業界初」となる画期的な商品を次々と生み出し続けている。

〈テレビ事業の不振〉

　しかし，シャープの今日までの道程は，決して平坦ではなかった。特に大きな問題となっていたのが，テレビ事業の不振であった。その背景には，テレビのキーデバイス（基幹部品）であるブラウン管を，自社で生産することができないという構造的な問題が存在していた。

　自前のブラウン管を持たないシャープは，東芝など他社からブラウン管を調達して，テレビの生産を行わなければならなかった。しかし，その方法で

第8章　イノベーション

は他社の都合に合わせなければならず，生産計画・商品企画・価格政策などの面で大きな制約を受けていた。この制約によって，シャープのテレビ事業は，他社に比べて圧倒的に不利な状況に置かれていた。

「家電の王様」と表現されるほど存在感が大きいテレビ事業の不振は，家電メーカーにとっては致命的であった。実際，テレビ事業の不振によって，シャープのブランドイメージは大きく低下し，抜本的な改革が必要となっていた。

〈ブラウン管を液晶へ〉

そうした非常に厳しい状況の中，シャープのかじ取りを行うことになったのが，1998年に社長（当時）に就任した町田勝彦であった。町田社長は就任まもない頃の会見で，「2005年までに，国内で販売するテレビをブラウン管から液晶に置き換えたい」という衝撃的な発言を行い，大きな波紋を呼んだ。

その町田社長の発言は，液晶事業への「選択と集中」を意味していた。しかし，この大胆な「選択と集中」は，多くの社員に動揺をもたらした。なぜなら，その「選択と集中」は，当時のシャープの稼ぎ頭である半導体事業の縮小を意味していたからであった。

ところが，当時の半導体産業は，アジア勢の台頭によって消耗戦の様相を呈していた。また，シャープの半導体事業の規模は，世界では20位程度の地位にとどまっていたため，町田社長は，半導体事業の将来性に限界を感じていた。

逆に，液晶事業に関しては，赤字で会社の足を引っ張っていたものの，シェア・技術力ともに世界トップクラスであった。それに加え，液晶はデジタルと親和性が高いという特徴を持っていた。時代がアナログからデジタルへと変化しつつある中で，町田社長は，液晶のもつ将来性に大きな期待を寄せていた。

〈一躍トップブランドへ〉

シャープの液晶技術は，約30年弱という非常に長い期間にわたって研究が続けられていた。しかし，その応用商品は比較的地味な商品が多く，約30年弱という研究期間の長さのわりに，大きなイノベーションを生み出せずにいた。それにも関わらず，液晶事業部は，焦りを感じることなくマイペースで

図表8-1-1 ブラウン管テレビと液晶テレビの年別国内出荷台数(単位：千台)およびシャープの売上高(単位：百万円)の推移

年（西暦）	2004	2005	2006	2007	2008
ブラウン管テレビ	5,754	3,982	1,856	625	183
液晶テレビ	2,665	4,217	5,595	7,411	8,633
シャープの売上高	2,257,273	2,539,859	2,797,109	3,127,771	3,417,736

（出所）JEITA HP《http://www.jeita.or.jp/》およびシャープ株式会社HP《http://www.sharp.co.jp/》をもとに筆者作成。

研究を続けていた[5]。

しかし，町田社長の大胆な決断によって，全社をあげての液晶テレビの開発が決定された。それまで技術者たちは，サイズ・画質・反応速度・視野角などの点から，液晶をテレビのキーデバイスに応用することは，きわめて困難であると感じていた。ところが，この町田社長の決断が，技術者たちの技術者魂に火をつけ，こうした技術的な問題は次々と解決された。

そして2001年1月，シャープはついに液晶テレビ「AQUOS（アクオス）」の商品化に成功した。この商品化の実現は，町田社長の発言から，わずか2年半後の出来事であった。「AQUOS」は，その洗練されたデザインや，戦略的なプロモーションの効果もあり，大ヒット商品となった。

その後，図表8-1-1に示されるように，液晶テレビの国内出荷台数とシャープの業績はともに右肩上がりとなった。そして，それに伴ってシャープのブランドイメージも劇的に改善され，一躍トップブランドへと成長した[6]。

❸ 分　析

(1) 分析の視点

液晶技術のブレークスルーを実現させたシャープが，新たに直面する問題点を抽出し，それに対する課題・解決策を，「ゆらぎ／カオス」，「ミドル・アップダウン・マネジメント」の概念を用いて導出する。

(2) 問題点

シャープは，液晶技術のブレークスルーによって，一躍トップブランドへ

第8章　イノベーション

図表8-1-2　シャープの連結部門別売上高構成比（2008年3月期）

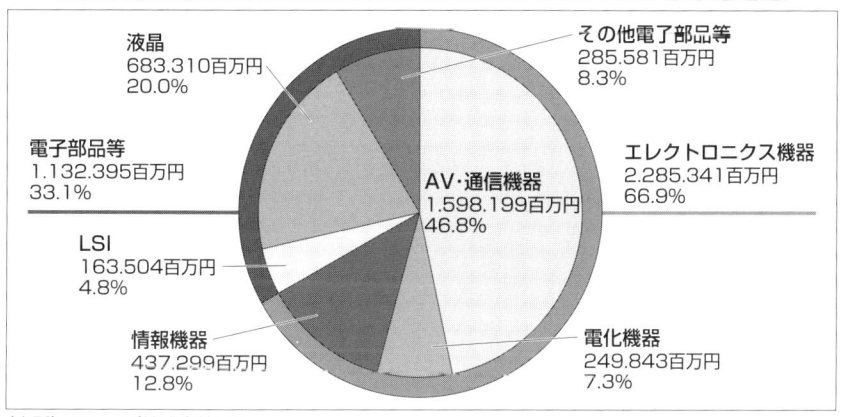

- 液晶　683,310百万円　20.0%
- 電子部品等　1,132,395百万円　33.1%
- LSI　163,504百万円　4.8%
- 情報機器　437,299百万円　12.8%
- AV・通信機器　1,598,199百万円　46.8%
- その他電子部品等　285,581百万円　8.3%
- エレクトロニクス機器　2,285,341百万円　66.9%
- 電化機器　249,843百万円　7.3%

（出所）シャープ株式会社HP。

と成長した。しかし，図表8-1-2に示されるように，現在のシャープは，液晶テレビや携帯電話を中心としたAV・通信機器事業と，外販用の液晶パネルを中心とした液晶事業の2つの部門に，売り上げの大部分（約3分の2）を依存しているのが現状である。

そのため，技術や市場に何らかの変化が生じ，液晶関連の事業が大きな損失を被った場合，そのリスクを他の事業でカバーすることは，現時点ではきわめて難しいといえる。そうした様々なリスクの中でも，とりわけ注意しなければならないのが，イノベーションのジレンマである。

シャープの成功によって，現在のテレビのキーデバイスは，液晶が主流となっている。しかし，液晶に代わる新たな技術が台頭してきた際に，シャープが業界リーダーの地位を死守できるかどうかは，不透明な部分が多い。こうしたイノベーションのジレンマに陥ってしまった場合，液晶に過度に依存しているシャープは，企業の存続すら危ぶまれる可能性も否定できない。

(3) 課　題

シャープは，イノベーションのジレンマのリスクを避けるために，液晶以外の技術においても積極的にブレークスルーを促進し，複数のコア・テクノロジーを育成しなければならない。複数のコア・テクノロジーが存在してい

れば，複数の事業の柱を構築することができるため，より安定した経営を行うことが可能になる。こうした現在の液晶に依存した体制からの脱却は，イノベーションのジレンマのリスクを軽減するためには避けることができない。

そして，その技術のブレークスルーの促進には，「ゆらぎ／カオス」の導入が必要不可欠である。なぜなら，「ゆらぎ／カオス」が組織内に導入されると，「カオスからの秩序の創造」が行われ，組織的知識創造が促されるからである。実際，シャープの液晶技術のブレークスルーは，「ゆらぎ／カオス」の導入によってもたらされた部分が大きいと考えられる。

また，組織内に「ゆらぎ／カオス」が創り出されても，その危機的状況における組織全体の方向づけができなければ，「ゆらぎ／カオス」の効果は小さくなってしまう。そのため，「ゆらぎ／カオス」を導入した後のマネジメント・プロセスも非常に重要である。

以上のことから，シャープの課題は，「ゆらぎ／カオス」の意識的な導入と効果的なマネジメント・プロセスによって，組織的知識創造を促し，複数の事業の柱を育成することである。

(4) **解決策**

「ゆらぎ／カオス」を意識的に導入するためには，トップ・マネジメントが挑戦的なビジョンを掲げる必要がある。現在のシャープの事業の中で，液晶に次ぐ事業の柱として期待されているのは，太陽電池事業や健康・環境事業であるため，ビジョンの内容はこれらの事業に関するものが望ましいであろう。その際に，町田社長のように具体的な期限や数値を示すことは，社内の危機意識を高めるために非常に有効である。

しかし，組織的知識創造を最大限に促すためには，トップのビジョンだけでは不十分である。なぜなら，トップが掲げたビジョン（理想）は，現場で働くボトムのビジネス（現実）と乖離しているため，これらの間に生じる矛盾を解決しなければ，組織的知識創造は促されないからである。

こうしたトップとボトムとの間の矛盾を解決し，「ナレッジ・エンジニア」として組織的知識創造を促す役割を果たすのが，ミドル・マネージャーである。そして，このミドル・マネージャーを中心に組織的知識創造を促すマネ

第8章 イノベーション

図表8-1-3　3つのマネジメント・スタイルの特性比較

	トップダウン	ボトムアップ	ミドル・アップダウン
知識創造の主体	トップ・マネジメント	企業家精神旺盛な個人	ミドル・マネージャーが率いるグループ
トップの役割	司令官	後援者	触媒者
ミドルの役割	情報処理者	自律的な個人	チーム・リーダー
組　織	階層組織（ヒエラルキー）	プロジェクト・チームと非公式なネットワーク	階層組織とタスクフォース（ハイパーテキスト）

(出所) 野中郁次郎=竹内弘高 [1996] 192頁を一部抜粋。

ジメント・プロセスが,「ミドル・アップダウン・マネジメント」である。

　野中郁次郎=竹内弘高 [1996] によれば，シャープの組織構造は「ハイパーテキスト型組織」と呼ばれ，階層組織（ヒエラルキー）の効率性と任務組織（タスクフォース）の柔軟性を兼ね備えた，組織的知識創造に最も適した組織構造である[7]。それにも関わらず，液晶技術のブレークスルーまで長い年月を要してしまったのは，組織的知識創造を促すミドルが，その役割を果たしきれていなかったためであると考えられる。

　シャープは，その組織構造の優位性を最大限に活かし，組織的知識創造を促すためにも，ミドル・アップダウン・マネジメントを推進すべきである。図表8-1-3に示されるように，ミドル・アップダウン・マネジメントにおいては，トップの役割はあくまで触媒者であり，組織的知識創造のカギを握っているのは，ミドル・マネージャーなのである。

　よって，シャープの解決策は，トップの挑戦的なビジョンに加えて，ミドル・アップダウン・マネジメントを推進することによって，組織的知識創造を促すことである。

---

1) 岸川善光 [2004] 6頁。
2) Christensen, C. M. [1997] 訳書7-11頁。
3) 野中郁次郎=竹内弘高 [1996] 116-119頁。
4) 同上書188-194頁。
5) 町田勝彦 [2008] 28-31頁。

6）宮本惇夫［2007］68頁。
7）野中郁次郎=竹内弘高［1996］250-286頁。

参考文献

Christensen, C. M.［1997］, *The Innovator's Dilemma*, The President and Fellows of Harvard College.（伊豆原弓訳［2000］『イノベーションのジレンマ』翔泳社。）
岸川善光［1999］『経営管理入門』同文舘出版。
岸川善光編［2004］『イノベーション要論』同文舘出版。
岸川善光［2006］『経営戦略要論』同文舘出版。
岸川善光編［2007a］『ケースブック経営診断要論』同文舘出版。
岸川善光［2007b］『経営診断要論』同文舘出版。
田坂広志［1997］『複雑系の経営』東洋経済新報社。
野中郁次郎=竹内弘高［1996］『知識創造企業』東洋経済新報社。
野中郁次郎=紺野登［1999］『知識経営のすすめ』筑摩書房。
野中郁次郎=紺野登［2003］『知識創造の方法論』東洋経済新報社。
町田勝彦［2008］『オンリーワンは創意である』文藝春秋。
宮本惇夫［2007］『シャープ　独創の秘密』実業之日本社。
柳原一夫=大久保隆弘［2004］『シャープの「ストック型」経営』ダイヤモンド社。

第8章 イノベーション

2 産業組織の変革とイノベーション

❶ このケースを読む前に

近年では情報化の進展に伴って,あらゆる産業の垣根が低くなっている。その結果,従来の枠組みでは分類することができない企業が増えている。本ケースでは,産業組織の変革とイノベーションについて考察する。

(1) 設 問

産業組織の変革には,情報化,業際化,グローバル化が三大要素とされている[1]。産業の垣根を超えた産業組織間のイノベーションを効果的に行うにはどうすればよいのであろうか。情報化と業際化の二要素をとりあげて考察する。

(2) キーワード

業際化:情報化の発展に伴って産業,業種,業態などの垣根が低くなり,相互乗り入れによる新たな競合関係や協力関係が生じる現象をいう[2]。

駆動目標:セブン-イレブンで開発された目標概念。ビジョンに基づいて知が創造され正当化されるためには,ビジョンと対話・実践の知識創造プロセスを連動させる具体的な概念,数値目標,行動規範が必要であり,駆動力を与えるもののこと[3]。

リレーションシップ・マーケティング:関係性マーケティングとも言われる。顧客ロイヤルティをキーコンセプトとし,各種利害関係者を企業の長期的パートナーと捉えて,CS(顧客満足)の向上を図ること[4]。

❷ ケース

(1) 企業概要

　　企 業 名:株式会社セブン-イレブン・ジャパン

設　　立：1973年11月20日
資 本 金：172億円
事業内容：コンビニエンス・ストアの経営
売 上 高：2,574,306百万円（2008年2月期，単体）
経常利益：176,465百万円（2008年2月期，単体）
従業員数：5,294人（2008年2月末現在）

(2)　ケース
〈サービスの拡大〉
　セブン-イレブン・ジャパン（以下，セブン-イレブン）は，日本におけるコンビニエンス・ストアの最大手企業である。現在では，その店舗数は12,000店を超え，チェーンストアとしては世界最大の規模を誇っている。当初，コンビニエンス・ストアといえば，加工食品，雑貨が置いてあるだけの店であった。
　しかし，セブン-イレブンは顧客が求めるものを追求し続け，モノを購入する便利さや，サービス購入の便利さ，すなわち「総合的な生活拠点」を求めた。
　例として，新鮮な野菜の売買，女性や高齢者向けの品揃え特化，店内調理，24時間営業など，セブン-イレブンは先陣を切ってコンビニエンス・ストアの在り方を変化させていった。その後も，更に消費者に広く受け入れられる取り扱いサービスを拡大し，従来の小売業の枠組みを超えた存在へと成長した（図表8-2-1参照）。
　公共料金の収納代行サービス，電子商取引（EC）事業，お食事配達サービス，アイワイバンク銀行（現セブン銀行）の24時間365日利用可能ＡＴＭ設置など，サービスを従来の小売業という枠組みには収まりきらない範囲にまで拡大させた。その結果，セブン-イレブンの顧客の利便性は飛躍的に向上した。
〈新しい産業〉
　セブン-イレブンの特徴として，以下の特徴があげられる[5]。
　①　店舗を持たない小売業。

第8章 イノベーション

図表8-2-1 セブン-イレブンの主な新事業

年（西暦）	事業・トピック
1982	・POS（販売時点情報管理）システム開始・EOB（電子発注台帳）による発注開始
1987	・公共料金の収納代行サービス
1996	・気象情報システム導入開始・国際テレホンカード取り扱い開始・カラーコピー機導入開始・ゲームソフト販売開始
1998	・音楽CD販売開始・雑誌定期購読予約サービス開始
2000	・電子商取引（EC）事業の「株式会社セブンドリーム・ドットコム」設立・サービス開始・お食事配達サービスの「株式会社セブン・ミールサービス」設立・サービス開始
2001	・イトーヨーカドーと共同出資により「株式会社アイワイバンク銀行（現セブン銀行）」設立・ATM設置
2003	・マルチコピー機を活用したチケットサービス等の取り扱い開始
2007	・独自の電子マネー「nanaco（ナナコ）」の導入

（出所）田中陽［2006］287-290頁から一部抜粋。

② 工場を持たないメーカー。
③ 物流施設や配送者，配送人員をいっさい持たないロジスティックス産業。
④ ホストコンピュータを持たない高度情報ネットワーク産業。
⑤ 労働力を自らほとんど持たないヒューマンビジネス。

この特徴には，従来のいかなる産業分類にも属さない「新しさ」がある。

セブン-イレブンのほとんどが，フランチャイズシステム（以下，FC）契約をした加盟店主が経営している。酒屋や食品店などの零細店との摩擦を避けるため，零細店との共存共栄を図るために，セブン-イレブンは出店の際に，既存店を仲間にする以外にないと考え，FCを中心に出店が行われたのである。

コンビニエンス・ストアという共同事業を通して，本部は加盟店経営のバックアップを行い，加盟店は，店舗経営・販売に専念するという権限を委譲する仕組みとなっている。

また，セブン-イレブンで売られているオリジナルな弁当や惣菜などの商品を作る工場は，ベンダーと称する取引業者が全て所有するものである[6]。

さらに，商品を納入するための配送センター，物流センター，配送施設な

どは，全てメーカーやベンダーの手にゆだねられている。情報のネットワークについても，ＮＴＴの日本最大規模のＩＳＤＮ網によりオンラインで結ばれ，ホストコンピュータは，野村総研が所有するものを活用している。

つまり，セブン-イレブンは，アウトソーシングを追求した協業体制を徹底し，新しい「ビジネス創生」を実現したと言える。

〈協業体制〉

セブン-イレブンの売上げの７割強が食品である。そのため，セブン-イレブンは常に変化する消費者ニーズの中でも特に「おいしさ」を追求している。

食品強化の上で，味・品質の向上・開発力は重要な要素であるが，ローカルの業者には限界があり，大手メーカーの力が必要であった。一方，メーカーは，マーケットの成熟化による大きな需要拡大が望めない状況で，新しい成長分野に対して本格進出の機会を狙っていることに，セブン-イレブンは着目した。

具体的には，ローカルの業者やメーカーとのオリジナル商品の開発を重視したのである。例えば，森永製菓との「フィリックス・アイス」シリーズ開発，大洋漁業とのパッ缶「カセットバー」シリーズ開発などである[7]。

セブン-イレブンは，従来のメーカーと小売業との関係を変化させ，人材，技術，資金などを中小ベンダーに提供してバックアップし，セブン-イレブン，大手メーカー，既存ベンダーとの一体化した供給体制の整備を促進した。これにより，生産から販売までの一貫した協業体制が確立した。

❸ 分　析

(1) 分析の視点

セブン-イレブンは，「従来の小売業」から「新しい産業」を創生した。その方法は，消費者ニーズを追求し，アウトソーシングを重視した協業体制である。

セブン-イレブンは，物品を卸売から買い入れて消費者に売買する小売業という垣根を超え，ＦＣ契約，生産から販売までのメーカー，問屋，運送業者とのアウトソーシングを徹底した共存共栄の関係性を構築した。つまり，セブン-イレブンは業際化を目指した。

第8章 イノベーション

セブン-イレブンの経営手法はどのようにイノベーションを成功させ続けたのか。また，今後セブン-イレブンはどのようにイノベーションを喚起し，産業組織の変革を行っていくのか。「関係性マーケティング」の視点を取り入れて分析する。

(2) 問題点

図表8-2-1に示されるように，セブン-イレブンの行ってきたイノベーションは，流通業・小売業という産業組織の枠組みに囚われず，産業組織の変革を行った。この産業組織の変革の成功は，各種利害関係者の企業を長期的パートナーと捉える関係性マーケティングの成功ともいえる。

しかし，今日このような産業組織変革を起こしたセブン-イレブンのサービスは他のコンビニエンス・ストアでも見られ，差別化は殆どなくなっている。

今後，セブンは情報化と業際化を念頭にした，より強固な「関係性マーケティング」戦略が必要である。

(3) 課　題

関係性マーケティングをより強固にするには企業との関係性，顧客との関係性の2つが重要である。

〈企業と企業の関係性〉

セブン-イレブンはＦＣ契約，メーカー，問屋，運送業者だけでなく，金融業，通信業などの業種ともリレーションシップを構築している。

1社だけではモノの開発，生産，物流，販売に限界がある。図表8-2-2に示されるように，「信頼」に基づく関係性を構築することによって，それぞれのメーカー，ローカル企業の強みを生かした経営を行い，共同開発による協力体制や，ベネフィットの最大化を可能にすることができる。

セブン-イレブンは，図表8-2-1に示されるように，様々な取り組みを行っているが，そのほとんどが他企業との合併によるものである。企業と企業との関係性を重視し，産業を超えて商品やサービスの販売・流通の新しいシステムの確立を求めているといえる。

図表8-2-2　信頼に基づくリレーションシップの構築

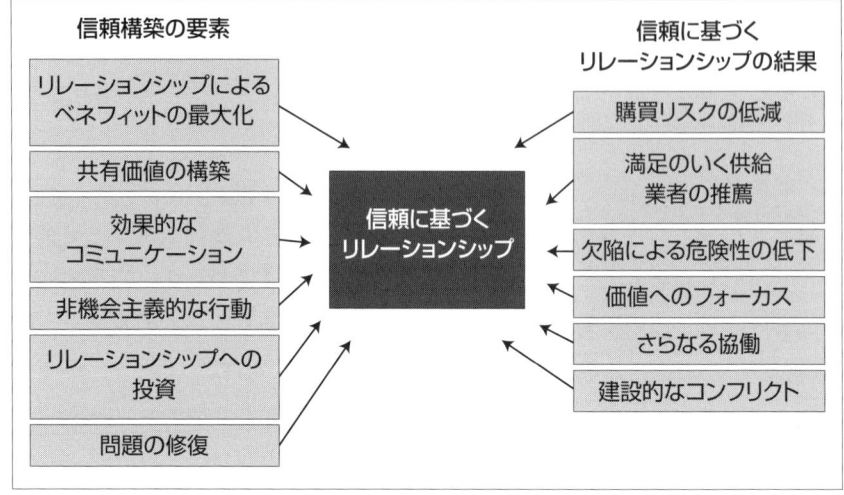

信頼構築の要素
- リレーションシップによるベネフィットの最大化
- 共有価値の構築
- 効果的なコミュニケーション
- 非機会主義的な行動
- リレーションシップへの投資
- 問題の修復

→ **信頼に基づくリレーションシップ** ←

信頼に基づくリレーションシップの結果
- 購買リスクの低減
- 満足のいく供給業者の推薦
- 欠陥による危険性の低下
- 価値へのフォーカス
- さらなる協働
- 建設的なコンフリクト

(出所) Hart, C. W. = Johnson, M. D. [1999] 20頁。

〈顧客と企業の関係性〉

　顧客の支持の獲得，すなわち，顧客の立場に立つ企業と顧客の関係性の構築が大切である。セブン-イレブンが産業組織の変革イノベーションを行えた理由として，逆ピラミッド型組織をあげる。

　逆ピラミッド型組織とは，最上位に顧客が位置し，その下に顧客と直接接する現場の従業員が位置するという形によって，階層的な組織構造のことである[8]。この組織構造は，ＦＣ契約による，従業員に権限を移譲することで最大限のメリットを発揮することができる。

　例えば，にわか雨が降ったとき店頭にあるビニール傘，一日朝昼晩の三回の弁当納入でのメニューの違い，給料日前と後での弁当の値ごろの変更などは，セブン-イレブンの長年にわたるPOS，EOBシステムにより蓄積された情報なのである。

　さらに，この情報化を通して徹底される駆動目標と仮説・実施・検証サイクルが行われている。例えば，にわか雨が降れば傘が売れると仮定し，実際に実施し，その仮説は正しいか，効果があるかを検証するのである。

　これらのシステムは，蓄積された情報と従業員全員が権限を持つことで一

丸として店舗をより良くすることができる。

(4) 解決策

　セブン-イレブンは，今日まで顧客のことを考えたサービスを提供し，イノベーションを生み出してきた。顧客との関係性で生まれた問題を，企業間の関係性で解決していることが伺える。セブン-イレブンの関係性を重視したやり方は，コンビニエンス・ストアという小売業の産業の垣根を超えたといえる。

　産業組織間のイノベーションを効果的に行うには，従業員の自立性やロイヤリティ，企業間での協力関係構築が重要であるといえる。

　しかし，既述したように現在では，コンビニ間での窓口代行サービスの取り扱い内容に大きな差はない。今後のセブン-イレブンは，この関係性マーケティングの細分化が重要であるといえよう。

　具体的には，同じセブン-イレブンでも地元の現場企業との共同での商品開発などによるそれぞれ違う商品を特化し，独自性を出す店舗の差別化経営が考えられる。それにより，同じセブン-イレブンでも消費者はその店舗ならではの商品を求め，足を運ぶであろう。例えば，データよりこの地域では「学生」の利用頻度が多いとした場合，学生の生活に役立つ商品開発，一人暮らしの応援システム，学校と提携した商品開発など，その店にしか売っていない独特の商品を開発し，新規事業を起こすことが重要である。

　これにより，セブン-イレブンは更に産業の垣根を越えて，広領域で他企業と長期的視野を持った信頼関係を構築することができ，店舗差別化経営や顧客の新たなる創造ができるであろう。

---

1) 岸川善光［2004］17頁。
2) 同上書19頁。
3) 野中郁次郎=遠山亮子編［2006］20頁。
4) 岸川善光［2004］146頁。
5) 緒方知行［1997］34頁。
6) 同上書35頁。

7）川辺信雄［2003］147-148頁。
8）石井淳蔵=栗木契=嶋口充輝=余田拓郎［2004］415-416頁。

参考文献

Hart, C. W. = Johnson, M. D. [1999] "A Framework for Developing Trust Relationships", *Marketing Management,* Spring.

石井淳蔵=栗木契=嶋口充輝=余田拓郎［2004］『ゼミナール　マーケティング入門』日本経済新聞社。

緒方知行［1997］『セブン-イレブン　新しい「流通創造」への挑戦』オーエス出版社。

岡村久［2003］『動け！　日本―イノベーションで変わる生活・産業・地域―』日経ＢＰ社。

川辺信雄［2003］『新版　セブンの経営史』有斐閣。

岸川善光編［2004］『イノベーション要論』同文舘出版。

岸川善光［2006］『経営戦略要論』同文舘出版。

岸川善光［2007］『経営診断要論』同文舘出版。

吉岡秀子［2007］『セブン-イレブンおでん部会―ヒット商品開発の裏側―』朝日新書。

田中悟［2005］『イノベーションと産業組織―企業間コーディネーションの視点―』多賀出版。

田中陽［2006］『セブン覇者の奥義』日本経済新聞社。

野中郁次郎=遠山亮子編［2006］『ＭＯＴ知識創造経営とイノベーション』丸善。

セブン・ジャパンＨＰ≪http://www.sej.co.jp/index.html≫

セブン銀行ＨＰ≪http://www.sevenbank.co.jp/≫

第8章 イノベーション

3 BPR

❶ このケースを読む前に

ビジネス・プロセス・リエンジニアリング（BPR）は，1980年代後半から1990年代にかけて，米国を中心に話題になった理論である。本ケースでは，そのBPRについて，プロセスという点に着目しながら考察する。

(1) 設問

BPRは，分業によって複雑になってしまった業務を，「顧客満足の充足」という観点から，抜本的に再構築するというものであり，その重要なキーワードは，「根本的」・「抜本的」・「劇的」・「プロセス」である。ここでは，それらのキーワードの中でも，とりわけ「プロセス」に着目し，BPRについて考察する。

(2) キーワード

ビジネス・プロセス・リエンジニアリング（BPR）：コスト，品質，サービス，スピードのような重大で現代的なパフォーマンス基準を改善するために，ビジネス・プロセスを根本的に考え直し，抜本的にそれをデザインし直すことである[1]。また，事業の再構築ないしはBPRの目的は，「顧客満足」の充足である[2]。

ビジネス・プロセス：特定の顧客あるいは市場に対して，特定のアウトプットを作り出すために，デザインされ構造化された評価可能な一連の活動のことである[3]。また，顧客満足の充足のために，顧客に対して価値を提供する一連の活動のこととも定義される[4]。

プロセス：最終的に顧客に対する価値を生み出す一連の活動を指す[5]。

❷ ケース

(1) **企業概要**

企 業 名：松下電器産業株式会社（現，パナソニック株式会社）[6]
設　　立：1935年12月15日
資 本 金：258,740百万円
事業内容：総合エレクトロニクスメーカー
売 上 高：9,068,928百万円（2008年3月期，連結）
経常利益：434,993百万円（2008年3月期，連結）
従業員数：313,594名（2008年9月末現在，連結）

(2) **ケース**

〈創業以来最大の危機〉

　松下電器産業株式会社（以下，松下電器）は，わが国を代表する総合エレクトロニクスメーカーである。1918年の創業以来，数々の経営危機に直面しながらも，創業者・松下幸之助の優れた経営手腕によって危機を脱し，世界的な企業へと成長を遂げた。松下幸之助は，その偉大な功績から「経営の神様」と称賛されている。

　しかし，その松下幸之助が亡くなった1980年代後半あたりから，松下電器の成長にかげりが見え始めるようになった。そして，2001年度の連結決算では，4310億円もの最終赤字を計上し，創業以来最大の経営危機に陥った[7]。

　この危機から松下電器を救ったのが，2000年に社長（当時）に就任した中村邦夫であった。中村社長は，「破壊と創造」を改革のスローガンとして掲げ，経営理念以外には聖域を設けない徹底した経営改革を行った。この一連の経営改革は，「中村改革」と呼ばれた。

〈事業部制の弊害〉

　松下電器の低迷を招いた要因は，伝統的な製品別事業部制にあった。松下電器の製品別事業部制は，1933年に松下幸之助のアイデアによって，全世界に先駆けて導入された。その後，事業が拡大するにつれて，事業部の数もそれに比例して増えていった。

第8章 イノベーション

図表8-3-1 「中村改革」以前の松下グループの主な事業の重複

事業領域	商品	松下電器AVC社	松下通信工業	九州松下電器	松下電送システム	松下寿電子工業
AVC	オーディオ, ビデオ, ビデオカメラ	○			○	
通信	パーソナルFAX		○	○		
通信	PHS・固定電話		○	○		
カーエレクトロニクス	カーAV	○	○			
カーエレクトロニクス	カーナビ		○	○		

(出所) 伊丹=田中=加藤=中野 [2007] 52頁。

　その結果,「中村改革」以前の松下電器は,グループ全体で100以上もの事業部が存在するという,行き過ぎた分業体制になっていた。それだけではなく,図表8‐3‐1に示されるように,グループ内での事業の重複も起こっていた。

　こうした過度の分業と事業の重複は,経営資源の分散による研究開発の遅延,無駄なコストの発生,各事業部間の対立など,松下グループ全体の業務に悪影響を及ぼしていた。そして,この問題をさらに深刻化させたのが,デジタル化・ネットワーク化という新たな技術の潮流であった。

　デジタル化・ネットワーク化によって,アナログ時代には独立していた製品どうしが,ネットワークによって繋がるようになり,さらに,それらの製品がひとつの製品に融合されるようになった。また,このデジタル化・ネットワーク化の流れは,製品や技術のライフサイクルの短命化も同時に進行させた。

　つまり,家電メーカーはグループ全体の総力を結集し,集約的かつ横断的に業務を行わなければ,生き残ることができない状況となっていた。しかし,それにもかかわらず,松下グループの各事業部は分業と対立を続け,その結果,創業以来最大の経営危機を招いてしまった。

図表8-3-2 「中村改革」後の松下電器の組織体制（2003年1月現在）

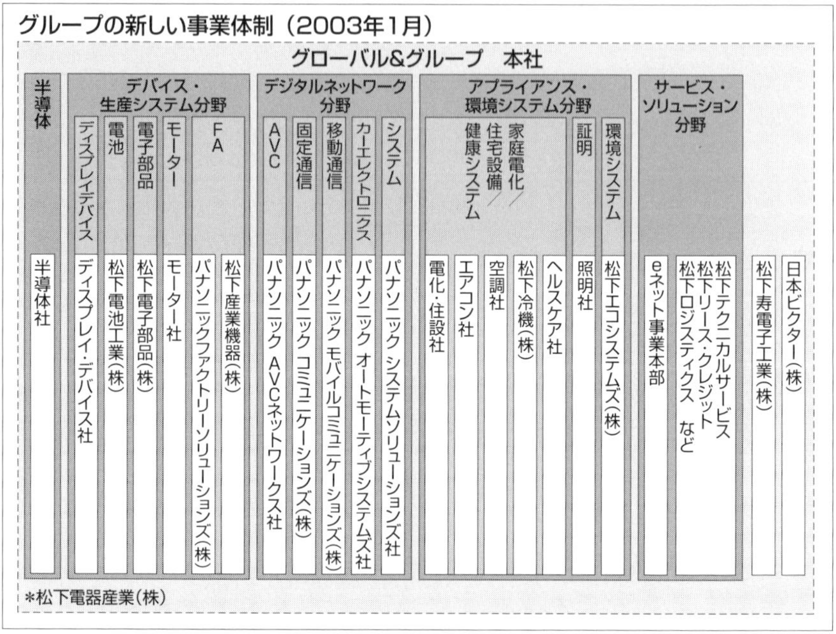

```
グループの新しい事業体制（2003年1月）
                    グローバル＆グループ 本社

半導体 | デバイス・生産システム分野        | デジタルネットワーク分野                      | アプライアンス・環境システム分野           | サービス・ソリューション分野
       | ディスプレイデバイス              | AVC                                      | 家庭電化／健康システム                    | 環境システム
       | 電池                             | 固定通信                                  | 住宅設備                                 |
       | 電子部品                         | 移動通信                                  | 証明                                     |
       | モーター                         | カーエレクトロニクス                        |                                         |
       | FA                               | システム                                  |                                         |

半導体社 | ディスプレイ・デバイス社 | 松下電池工業(株) | 松下電子部品(株) | モーター社 | パナソニック ファクトリーソリューションズ(株) | 松下産業機器(株) | パナソニック AVCネットワークス社 | パナソニック コミュニケーションズ(株) | パナソニック モバイルコミュニケーションズ(株) | パナソニック オートモーティブシステムズ社 | パナソニック システムソリューションズ社 | 電化・住設社 | エアコン社 | 松下冷機(株) | ヘルスケア(株) | 照明社 | 松下エコシステムズ(株) | eネット事業本部 | 松下ロジスティクス | 松下リース・クレジット | 松下テクニカルサービス など | 日本ビクター(株) | 松下寿電子工業(株)

＊松下電器産業(株)
```

（出所）パナソニック株式会社HP≪http://panasonic.co.jp/≫。

〈ドメイン会社制への移行〉

　中村社長は，こうした問題を解決するために，2003年に大胆な組織再編を行った。この組織再編は，伝統的な製品別事業部制を廃止し，ドメイン会社制へ移行するというものであった。グループ全体で100以上も存在していた事業部は，すべて解体され，図表8-3-2に示されるように，新しく設立されたドメイン会社に統合された。

　このドメイン会社制の特徴は，それまで各事業部に分散していた経営資源を，ドメイン（事業領域）というやや大きな括りで集約した点であった。このドメイン会社制への移行によって，あらゆる業務が集約的かつ横断的に行われるようになった。

〈マーケティング本部の設立〉

　また，ドメイン会社制への移行と同時に，マーケティング本部が新たに設立された。営業・マーケティング部門については，以前の製品別事業部にお

いても存在していたものの，開発・製造部門の権限が強く，その機能を十分に果たすことができていなかった。

そこで，中村社長は営業・マーケティング部門を，開発・製造部門と切り離し，この新たに設立されたマーケティング本部に集約した。このマーケティング本部の特徴は，各ドメイン会社から独立しているという点と，本社直属であるため大きな権限を持っているという点であった[8]。松下電器は，このマーケティング本部の設立によって，「生産の論理」ではなく，「市場の論理」で行動することが可能になった。

❸ 分 析

(1) 分析の視点

松下電器の経営危機，あるいはその後の「中村改革」について，「プロセス」，「顧客満足の充足」などの観点から分析する。

(2) 問題点

ケースから分かるように，松下電器の創業以来最大の経営危機を招いたのは，製品別事業部制による「過度の分業と事業の重複」である。図表8-3-3に示されるように，さらに原因究明を繰り返すと，「プロセスという視点

図表8-3-3 松下電器の問題点の真因

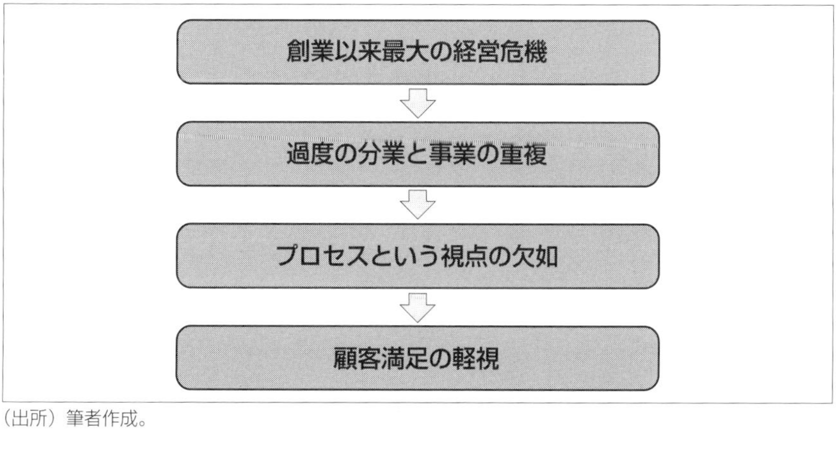

創業以来最大の経営危機
↓
過度の分業と事業の重複
↓
プロセスという視点の欠如
↓
顧客満足の軽視

(出所）筆者作成。

の欠如」，そして「顧客満足の軽視」という点が明らかになる。すなわち，この「顧客満足の軽視」こそが，松下電器の本質的な問題点である。

　また，新たに移行したドメイン会社制にも，問題点が存在する。それは，異なるドメイン間での連携を，どのようにして図っていくかという点である。今後，デジタル化・ネットワーク化のさらなる進展によって，製品どうしの融合がますます加速することが予想され，そのような状況では，異なるドメイン間の連携が不可欠である。

　しかし，ドメイン会社制への移行によって，同じドメイン内での連携は容易になったものの，異なるドメイン間での連携に関しては，以前の事業部制時代とさほど変わっていないように思われる。つまり，ドメイン会社制は，事業部制の二の舞になってしまう危険性を孕んでいるといえる。

(3) 課　題

　顧客満足を軽視していた松下電器は，あらゆる業務を，「顧客満足の充足」という観点から抜本的に再構築しなければならない。こうした業務の再構築，すなわちＢＰＲを行う上で最も重要なことは，顧客を起点とした「プロセス」に着目することである。

　ここで注意しなければならないのは，組織再編を行うこととプロセスの再構築を行うことは，必ずしもイコールの関係ではないということである。ハマー＝チャンピー［1993］は，『ＢＰＲの対象となるのは「プロセス」であり，「組織」ではない。そのため，企業がＢＰＲを行うのは営業部門や製造部門ではなく，これらの部門に属する人々の仕事である[9]』と述べ，組織再編とＢＰＲとの相違点について指摘している。

　つまり，組織再編はあくまでもＢＰＲを行うための手段であるため，どんなに大胆な組織再編を行ったとしても，「プロセス」を再構築しなければ，その組織再編は「顧客満足の充足」にはつながらないのである。

　また，異なるドメイン間の連携という問題についても，同様に「プロセス」という視点が重要な役割を果たす。こうした異なるドメイン間での連携は，「顧客満足の充足」のためには必要不可欠であり，その重要性は今後ますます大きくなるものと思われる。その連携を円滑に進めるためには，「組織」とい

第8章 イノベーション

う枠組みに囚われるのではなく,「プロセス」という視点から業務の再構築を行わなければならない。

以上のことから,松下電器の課題は,「プロセス」という視点から業務を捉え,BPRを行うことである。

(4) 解決策

ハマー=チャンピー[1993]によれば,BPRは2つの理由のために,決してボトムアップでは起こらない。1つ目の理由は,現場に近い人間はBPRに必要な広い視野に欠けるため,プロセス全体を見ること,あるいはプロセス全体のデザインを認識することができないためである。もう1つの理由は,プロセスの範囲は,ミドル・マネジメントの責任の領域をはるかに超えているためである[10]。

このことから,BPRは,社長をはじめとするトップ・マネジメントを中心に行う必要がある。しかしながら,松下電器の社内の人間だけでは,自社のプロセスの問題点に気づきにくい場合もある。BPRの目的は「顧客満足の充足」であるため,顧客の視点から客観的にプロセスを捉えることができる外部の人間も必要不可欠である。

そのため,トップ・マネジメントが主体となって,コンサルティング会社などの外部機関から積極的に人材を招聘し,BPRを推進するチームを設置することが解決策として考えられる。このチームは,トップ・マネジメントの持つ幅広い視野や強い権限と,外部の人間の持つ客観的な顧客の視点とを両方持ち合わせているため,BPRを行うメンバーとしては最適であると考えられる。

また,このBPR推進チームには,マーケティング本部の人材もメンバーに加えるべきであろう。なぜなら,マーケティング本部は,各ドメイン会社をヨコにつなぐ役割を果たしているため,異なるドメイン間の連携における最適なプロセスの設計には,その仲介役であるマーケティング本部の存在が欠かせないからである。

以上のことから,松下電器の解決策は,トップ・マネジメント,外部機関,マーケティング本部などが中心となって,BPRを推進することである。

1）Hammer, M.＝Champy, J.［1993］訳書57頁。
2）岸川善光［2006］222頁。
3）Davenport, T. H.［1993］訳書14-15頁。
4）岸川善光［2006］219頁。
5）Hammer, M.＝Champy, J.［1993］訳書15頁。
6）2008年10月１日,「松下電器産業株式会社」から「パナソニック株式会社」に社名を変更した。ただし,本ケースでは分析時点の混同を避けるため,基本的には旧社名の「松下電器」の表記を用いる。
7）伊丹敬之＝田中一弘＝加藤俊彦＝中野誠［2007］8-9頁。
8）同上書97-99頁。
9）Hammer, M.＝Champy, J.［1993］訳書174頁。
10）同上書308-309頁。

参考文献

Davenport, T. H.［1993］, Process Innovation, Ernst&Young.（卜部正夫他訳［1994］『プロセス・イノベーション』日経ＢＰ出版センター。）

Hammer, M.＝Champy, J.［1993］, *Reengineering the Corporation*, Haper Business.（野中郁次郎監訳［1993］『リエンジニアリング革命』日本経済新聞社。）

伊丹敬之＝田中一弘＝加藤俊彦＝中野誠［2007］『松下電器の経営改革』有斐閣。

岸川善光［1999］『経営管理入門』同文舘出版。

岸川善光編［2004］『イノベーション要論』同文舘出版。

岸川善光［2006］『経営戦略要論』同文舘出版。

岸川善光編［2007a］『ケースブック経営診断要論』同文舘出版。

岸川善光［2007b］『経営診断要論』同文舘出版。

財部誠一［2004］『松下電器「Ｖ字回復」の本質』ＰＨＰ研究所。

竹内一正＝ケニー・タケダ［2006］『松下電器10兆円グループ戦略』ぱる出版。

トーマツ編［1994］『ビジネス・リエンジニアリング』中央経済社。

日本能率協会編［1993］『リエンジニアリングがわかる本』日本能率協会。

第8章　イノベーション

まとめと今後の研究課題

　『経営管理要論』の第8章のテーマは，イノベーションについて理解を深めることである。環境が激変している現在，企業が環境に適応し，さらに環境を創造するためには，企業活動の革新すなわちイノベーションが必要不可欠である。『経営管理要論』では，イノベーションの本質を「知識創造による新価値の創出」ととらえ，多面的に考察している。

　【ケース1】シャープでは，技術革新について考察している。技術革新は，イノベーションと同義語であるとの誤解があるほど，イノベーションにおいて重要な位置づけを占めている。【ケース1】では，技術のブレークスルーの要因として，「ゆらぎ／カオス」，「ミドル・アップダウン・マネジメント」の概念を用いて考察している。具体的には，「ゆらぎ／カオス」の意識的な導入による組織的知識創造の促進，「ミドル・アップダウン・マネジメント」を可能にする「ハイパーテキスト型組織」の重要性に言及している。なお，ここでいう「ハイパーテキスト型組織」とは，階層組織とタスクフォースの組合せのことである。

　今後の研究課題として，技術革新によって逆に窮地に追い込まれる「イノベーションのジレンマ」といわれる現象に関する実証研究が必要不可欠である。すでに，イノベーションのジレンマの事例として，アバナシー＝アッターバックが提示した生産性のジレンマなど，いくつかの注目すべき概念が生まれている。アバナシー＝アッターバックの生産性のジレンマは，生産性の向上とイノベーションとの間にトレードオフの関係があることを指摘したものである。この生産性のジレンマを克服し，イノベーションを組織的かつ連続的に生み出していくことを「イノベーションの制度化」と呼んでおり，今後の重要な研究課題として認識されている。

　【ケース2】セブン-イレブン・ジャパンでは，産業組織の変革とイノベーションとの関連性について考察している。【ケース2】では，情報化と業際化に焦点をあて，産業組織のイノベーションに言及している。具体的には，

セブン-イレブン・ジャパンでは，いち早くPOSシステムやEOBシステムなどの情報化に取り組み，この情報化を基盤として，金融業（セブン銀行），運輸業（食事配達）など，産業組織の変革すなわち業際化を次々に実現しているが，【ケース2】では，これらの産業組織の変革の要因について考察している。そして，業際化の背景として，企業間の関係性，顧客との関係性など関係性マーケティングの重要性についても言及している。

今後の研究課題として，供給サイドからではなく，需要サイドから産業組織の変革について考察する必要がある。供給連鎖（サプライ・チェーン）ではなく，需要連鎖（ディマンド・チェーン）の重要性が概念的には指摘されているが，需要サイドからみた産業組織の変革に関する実証的な研究はまだほとんどない。本来，生活シーンなど需要サイドの詳細な検討こそが供給に対するシグナルとなるはずである。

【ケース3】松下電器（現パナソニック）では，ビジネス・プロセス・リエンジニアリング（BPR）について考察している。BPRは，その対象領域の広狭によって，①部門内BPR，②部門間BPR，③企業内BPR，④企業間BPR，⑤産業間BPR，⑥官民間BPR，の6つに分類することができる。【ケース3】では，企業内BPR，企業間BPRに焦点をあてて分析している。そして，顧客を起点とするビジネス・プロセスの再構築が重要であることを強調している。

今後の研究課題として，BPRの目的である「顧客満足の充足」の中身，具体的には，顧客満足とは何か，充足とは何か，をより一層掘り下げて検討する必要がある。従来，コスト，品質，サービス，スピードなどが顧客満足の基準として例示列挙されているが，本当にそうであるのか，優先順位はないのかなど，未解決の研究課題は枚挙にいとまがない。

本章では，上述した3つのケースを選択したが，イノベーションの意義について真っ向からチャレンジすることが望ましい。なぜならば，ドラッカーが喝破したように，イノベーションは顧客の創造と並んで，経営管理における最重要課題であるからである。また，ベンチャー・ビジネスとイノベーションの関連性，パラダイムの変革とイノベーションも興味深い研究課題といえよう。

第9章

経営のグローバル化

　本章の3つのケースは、『経営管理要論』の第9章と対応している。『経営管理要論』の第9章は、下記の左側に示されるように、6節で構成されている。『経営管理要論』の第9章では、グローバル化の進展を踏まえて、多国籍企業間競争の新展開、異文化経営、グローバル化の課題など、「時代の要請」ともいえる先端的な課題について考察している。

1. 日本的経営
2. グローバル化の背景
3. 多国籍企業……………………【ケース1】プロクター・アンド・ギャンブル・ジャパン
4. 多国籍企業間競争の新展開…【ケース2】インディテック（ZARA）
5. 異文化経営……………………【ケース3】イトーヨーカ堂
6. グローバル化の課題

　【ケース1】プロクター・アンド・ギャンブル・ジャパンでは、グローバル化のメイン・プレイヤーである多国籍企業について考察する。近年、グローバル化の進展に伴って、グローバル規模で経営活動を行う多国籍企業が飛躍的に増大している。本ケースでは、多国籍企業における本国親会

社と海外子会社の関係性に焦点をあてる。

　本国親会社と海外子会社の関係性の中で,【ケース1】では, 特に経営資源の調整問題について考察する。具体的には, マーケティングを例にとって, 親会社依存型マーケティングを採用すべきか, それとも本国親会社が海外子会社における経営資源を把握し, 調整を行うべきかについて言及する。高い経営資源をもつ海外子会社に委任統治権を与えるなど, 海外子会社に対する経営資源の調整は今後の重要課題であることを認識する。

　【ケース2】インディテック（ZARA）では, 多国籍企業間競争の新展開について考察する。具体的には, グローバル・ロジスティクスによる多国籍企業間の競争に言及する。ちなみに, グローバル・ロジスティクスとは, 多国籍企業の企業活動において, 世界的（地球的）な視野に基づく経営資源の蓄積・配分, すなわち,「何を, どこで, どれだけ調達し, どこへ, どのように供給するか」という仕組みのことである。

　【ケース2】では, グローバル・ロジスティクスを競争優位の源泉としているZARAについて, ①企画プロセス, ②生産・出荷プロセス, ③発注・配送プロセス, ④販売プロセス, の4つの観点を中心として, 問題点, 課題, 解決策について考察する。

　【ケース3】イトーヨーカ堂では, 異文化経営について考察する。グローバル規模で事業を展開するためには, 多様な文化的背景（歴史, 社会風土, 慣習, 価値観, 人生観, 仕事観, 行動様式など）を否応なしに前提とせざるをえない。そうでないと, 多民族, 多国籍, 多言語, 多文化に対応できないからである。

　【ケース3】では, 小売業であるイトーヨーカ堂が中国に進出した際, 国内の出店とどのような違いがあったのか, 異文化にどのように対応したのかを検討し, 異文化経営のポイントについて言及する。

＊ケースとして選択したプロクター・アンド・ギャンブル・ジャパン, インディテック（ZARA）, イトーヨーカ堂のホームページおよび各社に関連する参考文献を公表情報として参照した。記して謝意を申し上げる。

第9章 経営のグローバル化

1 多国籍企業

❶ このケースを読む前に

　経営のグローバル化によって，グローバル規模で経営活動を行う多国籍企業が増加している。多国籍企業は，親会社と子会社の持つ経営資源を効率的に活用することによって成長している。そこで本ケースでは，多国籍企業の経営資源の配分について，親会社と子会社の関係性を中心に考察する。

(1) 設　問

　多国籍企業は，本国親会社と多くの海外子会社で構成されている。そのため，多くの海外子会社を管理することが国際経営における1つの課題となる[1]。国境をこえた経営活動が活発になる今日，本国親会社と海外子会社の間の結びつきが強くなってきている。多国籍企業において，グローバル規模でどのような経営資源の配分・調整が必要となるのであろうか。

(2) キーワード

　多国籍企業：海外に子会社や合弁会社をもって国際的に経営活動をしている企業のこと。多国籍企業は，内部に多くの国籍の企業をかかえている[2]。

　経営資源分散度：経営資源が本社に集中しているか，あるいは子会社に分散しているかによって測定される。具体的な資源としてヒト，モノ，カネだけでなくグローバルな事業展開を行う企業にとって重要であると考えられる知識やノウハウといった情報資源も含まれている[3]。

　グローバル調整：Porter [1986] によれば，親会社と各国の子会社間で行われている企業活動が互いにどんな関係にあるか，どのくらい調整されているかを示すもの。

　調整はもともと分散した活動の間にノウハウや専門知識を共有させることであり，このような知識を各国の事業単位の間で蓄積し移動させる能力こそ

227

が，グローバル企業がもつ優位性の源泉である[4]。

❷ ケース

(1) **企業概要**
　　企　業　名：プロクター・アンド・ギャンブル・ジャパン株式会社
　　設　　　立：2006年3月
　　資　本　金：178,000百万円
　　事 業 内 容：日本における洗濯洗浄関連製品・紙製品・医薬部外品・化粧
　　　　　　　　品・食品などの製造・販売・輸出入
　　売　上　高：83,503百万ドル（2008年6月期，連結，P＆G全体）
　　営　業　利　益：17,083百万ドル（2008年6月期，連結，P＆G全体）
　　従業員数：約13,800名（2008年6月期，連結，P＆G全体）

(2) **ケース**

　プロクター・アンド・ギャンブル・ジャパン株式会社（以下，P＆G）の布用消臭・芳香剤，ファブリーズは米国親会社を中心に開発が進められた[5]。1996年に米国で発売されたファブリーズは，その後数年で欧州やアジア地区などでも展開を始めた世界戦略商品の1つである。日本での販売時，営業の司令塔は米国親会社であった。

　広い米国の住宅の中にはカーペット，ソファ，ベッド用寝具，カーテンなど布製品がたくさんある。洗濯しづらい布製品に染みついた臭いを，スプレーで消す商品としてファブリーズはデビューした。住宅事情が異なる日本でも，布に染みついたたばこやペットのにおいを気にする主婦に重宝され，年間売上高が100億円規模のヒット商品となった。

　だが，間もなく売り上げの伸びが止まった。実は米国でも同じことが起きていた。一定数のリピーターはいるものの，新しくファブリーズを手にしてくれる消費者がいなくなってしまった[6]。日本での2000年売上前年比は，9％増加であったものの，途中から失速傾向が鮮明になり，2001年には前年比14％減少となった[7]。

　そこで日本のP＆Gは，2001年7月に「ホッカイドープログラム」という

北海道限定のテストマーケティングを実施した。このマーケティングによって，主婦に限られていた客層を父親や子供にも広げようとした。父親が来客に備えて玄関のカーペットや靴にファブリーズを吹きかけたり，中学生の子供が野球のグローブに吹きかけるCMを放映し，同時に複数のターゲット層に対して商品のPRを行うというP＆Gにおいて初めての試みを実施した。

また，このCMと並行して学校の運動部の部室やスキー場の更衣室などに無料でファブリーズを配布するキャンペーンを行った。バレーボールや剣道のイベントで，選手の服，防具などにファブリーズを吹きかけ，主婦以外の客層に対する認知度を高めていった。

つまり，日本のP＆Gは，用途を家庭だけにとどまらず戸外に拡大するイベントを実施したのであった。この結果，北海道ではキャンペーン開始後3カ月で，ファブリーズの売上が以前に比べて6割伸び，2002年7月からこのマーケティングを全国規模に展開した。上記の取り組みを全国に広め，頭打ちだったファブリーズの年間売上高は100億円から150億円へと急増した[8]。

ファブリーズの例は，ローカルで成功したマーケティングを世界に拡大したことを示している。各地で発掘した消費者ニーズをグローバル戦略にも組み込み，P＆Gは自らのマーケティング力に磨きをかけ続けている[9]。

❸ 分 析

(1) 分析の視点

ファブリーズは，P＆Gのマーケティングにおいて，海外子会社が本国親会社に経営資源の「マーケティング能力」を移転した成功事例である。多国籍企業において，本国親会社と海外子会社にある経営資源を，グローバル規模でどの程度，調整するかは重要なポイントとなる。そこで，P＆Gが行うグローバル規模の調整が，本国親会社と海外子会社の関係において適切であったかについて検討する。

(2) 問題点

P＆Gの問題点は，グローバル規模での経営資源の調整が適切でないことにある。日本のP＆Gは販売当初，米国親会社と同様のマーケティングを日

本市場で展開していた。しかし，後に日本で新たなマーケティングが開発されたことを考えれば，現地の消費者のライフスタイルを学び，それに沿ったマーケティングが展開できたはずである。

したがって，Ｐ＆Ｇの問題点は本社での成功を海外子会社にそっくり同じように移転するような「親会社主導型でのマーケティング」を強いていることにある。本国親会社が，海外子会社における経営資源を把握し，調整を行う役割を果たしていないことを示している。

(3) 課　題

海外子会社における経営資源のレベルに沿った分類がされていないことが課題となる。グローバル経営は「本社主導の調整度」と「子会社の経営資源レベル」の相対的な高低によって４分類型に分類される[10]。

図表９-１-１に示されるように，「本社主導の調整度」（縦軸）では，本国親会社が現地子会社に対して，調整をどの程度行っているかを相対的な高低で表している。また，「現地経営資源レベル」（横軸）では，現地子会社における経営資源（生産設備，生産ノウハウ，技術，人材，賃金，原材料・部品供給）のレベルを示している。このレベルは，子会社依存度を決める重要な

図表9-1-1　グローバル経営の4分類型モデル

本社主導の調整度	① ユニ・グローバル (Uni-Global)：本社調整型 特殊性＝低	③ グローカル (Global-Local)：相互調整型 特殊性＝低
（高↕低）	② マルチ・リージョナル (Multi-Regional)：地域本社調整型 特殊性＝高	④ ローバル (Local-Global)：子会社調整型 特殊性＝高
	低　　現地経営資源レベル　　高	

(出所) 諸上茂登＝根本孝編著［1997］16頁を参考に筆者作成。

第9章　経営のグローバル化

要因となる。研究開発能力，製造能力，マーケティング能力などの子会社の現地資源レベルが高いほど，本社の子会社依存度または本社―子会社の相互依存度が高まる。各類型における特性は以下の通りである[11]。

① ユニ・グローバル経営

ユニ・グローバル経営は，グローバル産業にみられる現地の環境の特殊性が比較的低い。したがって，本社リーダーシップによる統一的なグローバル調整を行いやすい。子会社の現地資源レベルがそれほど高くない場合に適合する組織類型である。こうした場合には，本社事業単位は戦略決定者としての役割を果たし，子会社はその戦略の実行者と位置づけられる。

② マルチ・リージョナル経営

マルチ・リージョナル経営は，現地の環境の特殊性が比較的高い。本社リーダーシップによるグローバル調整がより困難である。子会社の現地資源レベルがそれほど高くない場合に適合する組織類型である。本社―地域本社―子会社関係は階層的関係を基本とするが，地域間の水平的な調整が重要性を増してくるようになると，本社が複数の地域体制間の調整者として機能することになる。

③ グローカル経営

グローカル経営は，グローバル産業に見られる現地の環境の特殊性が比較的低い。したがって，本社リーダーシップによるグローバル調整を行いやすい環境である。子会社の現地資源レベルが高い場合に適合する組織類型である。

④ ローバル経営

ローバル経営は「現地からグローバルへ」，「地域からグローバルへ」という発想を持つ造語である。現地の環境の特殊性が比較的高く，子会社が高いレベルの現地資源を持っている場合に適合する組織類型である。こうした場合には，本社のリーダーシップは弱くなり，むしろ本社の子会社依存度が高まる[12]。

上記を踏まえ，再びＰ＆Ｇの課題について考察する。Ｐ＆Ｇでは現地の生活習慣などによってニーズが変化するような，特殊性が高い消費財を扱っており，②マルチ・リージョナル経営と，④ローバル経営の特性にあてはまる

ことがわかる。

　Ｐ＆Ｇは，1996年から世界的な分業体制を組み，日本メンバーは開発の初期段階から参画していた[13]。したがって，日本の経営資源レベルは比較的高い段階であることがわかる。よって，④ローバル経営に位置していると言えよう。

　しかし，米国本社が商品導入のマーケティングにおいて決定権を持っていることに示されるように，④ローバル経営のように，戦略の決定権を子会社が持っているとはいえない。子会社は，単なる戦略の実行者として機能していることがわかる。したがって，課題は子会社の現地資源レベルと特殊性が高いにも関わらず，②マルチ・リージョナル経営のレベルで，本社に強い権限のある調整を行っていることにある。

(4)　解決策

　主な解決策として，海外子会社の経営資源レベルにあった本社の調整を行うことが必要となる。そこで，②マルチ・リージョナル経営と，④ローバル経営の二点から具体的にどのような体制が必要であるかを検討する。

　②マルチ・リージョナル経営のような経営資源が比較的低い場合には，現地経営資源の本社のすぐれた人材を現地に派遣する，または優秀な現地人経営者やエンジニアを雇用することによって現地資源レベルを高めることができる。そうした過程において，現地環境が近隣の国々，地域で類似しているような場合には，地域統括本部や地域本社が設置され，地域内での調整を担当するようになる。

　④ローバル経営のような海外子会社能力の高いケースの場合，グローバル競争の優位性は，その海外子会社の独自の能力をいかに高め，その成果をグローバルに活用するかにかかっている。独自能力を高めるためにその自律性を認め，分権的マネジメントが中心となる。したがって，独自能力の開発がその子会社の大きな役割である。その能力をグローバルに利用する場合，海外子会社がリーダーとなり，積極的にグローバルな責任を果たすかたちとなる。

　ローバル経営の大きな特徴は，能力の高い特定子会社が特定のグローバル

第9章　経営のグローバル化

図表9-1-2　海外組織の役割のタイプ

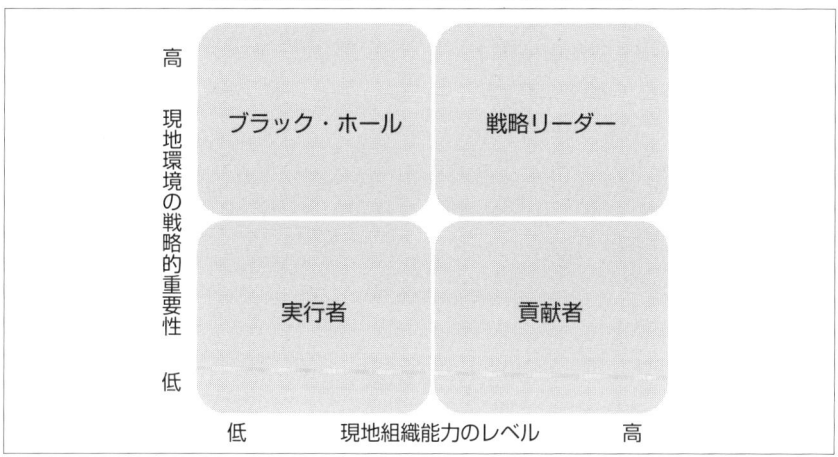

	現地組織能力のレベル 低	現地組織能力のレベル 高
現地環境の戦略的重要性 高	ブラック・ホール	戦略リーダー
現地環境の戦略的重要性 低	実行者	貢献者

(出所) Bartlett, A. C. = Ghoshal, S. [1989] 訳書142頁。

事業の戦略的リーダー，戦略決定者となることにある。また，別の事業では他の子会社がグローバルなリーダーシップを発揮することもある。本社はそうした子会社にグローバルな委任統治権を与え，自らは緩やかな世界的調整を行う[14]。

子会社の役割は図表9－1－2に示されるように，戦略的重要性（縦軸）と能力のレベル（横軸）によって分類することができる。日本子会社の場合，貢献者のレベルから戦略リーダーへ推移するレベルになってきている。

上記より，P＆Gは海外子会社に対して委任統治権を与えることや，経営資源を高める施策を実施することが必要となる。製品ごとに現地の特殊性を把握し，どの程度の権限を委任するかを米国本社は決めるべきである。

高い経営資源をもつ海外子会社に委任統治権を与えることは，さらなる子会社の経営資源の開発や成長の手助けとなる。グローバル規模のさらなる発展を目指すために，海外子会社に対する経営資源の調整の見直しが必要となる。

---

1) 吉原英樹 [2005] 16-17頁。
2) 吉原英樹 [2001] 15-16頁。

3）諸上茂登=根本孝［1997］20頁。
4）Porter, M. E.［1986］訳書33-38頁。
5）『日経ビジネス』2000年11月13日号，53頁。
6）『日経ビジネス』2008年4月21日号，32頁。
7）『日経ビジネス』2005年12月26日・2006年1月2日合併号，62-63頁。
8）『日経ビジネス』2005年10月3日号，14頁。
9）『日経ビジネス』2005年12月26日・2006年1月2日合併号，61頁。
10）諸上茂登=根本孝［1997］14-20頁。
11）Bartlett, A. C.=S. Ghoshal［1989］訳書17-20頁。
12）諸上茂登=根本孝［1997］16-17頁。
13）『日経ビジネス』2000年11月13日号，52-53頁。
14）諸上茂登=根本孝［1997］59頁。

参考文献

Porter, M. E.［1986］*Competition in Global Industries*, Harvard Business School Press.（土岐坤=中辻萬治=小野寺武夫訳［1990］『グローバル企業の競争戦略』ダイヤモンド社。）

Bartlett, A. C.=Ghoshal, S.［1989］Managing Across Borders: The Transnational Solution, Harvard Business School Press.（吉原英樹訳［1990］『地球市場時代の企業戦略』日本経済新聞社。）

岸川善光［2006］『経営戦略要論』同文舘出版。

岸川善光編［2007a］『ケースブック 経営診断要論』同文舘出版。

岸川善光［2007b］『経営診断要論』同文舘出版。

馬越恵美子［2000］『異文化経営論の展開：「経営文化」から「経営文明」へ』学文社。

諸上茂登=根本孝編著［1997］『グローバル経営の調整メカニズム』文眞堂。

安室憲一編著［1994］『多国籍企業文化』文眞堂。

吉原英樹［2001］『国際経営（新版）』有斐閣。

吉原英樹［2005］『国際経営論』放送大学教育振興会。

プロクター・アンド・ギャンブル・ジャパンHP≪http://jp.pg.com/≫

第9章 経営のグローバル化

2 多国籍企業間競争の新展開

❶ このケースを読む前に

近年，多国籍企業間の競争の形態が急激に変化しつつある。ほとんど国境を意識することなく，世界的（地球的）な規模での競争を展開している[1]。そこで，本ケースでは多国籍企業間の競争の新展開について，グローバル規模での供給連鎖（サプライ・チェーン）を中心に検討する。

(1) 設 問

グローバル・ロジスティクスは，グローバル・オペレーションの根幹であり，グローバル化の諸課題の中でも極めて重要な課題として位置づけられる。なぜならば，世界的な規模で，必要な資源（ヒト，モノ，カネ，情報）を必要とする場所で，必要な時に必要なだけ，調達し供給するには，グローバル供給連鎖の構築がその前提となるからである[2]。では，競争優位をもつ多国籍企業ではどのようなグローバル・ロジスティクスを導入しているのであろうか。

(2) キーワード

グローバル・ロジスティクス：多国籍企業が展開するグローバルな調達・生産・販売を支える物流と情報の流れを中核とするシステムの構築とその管理のことである。具体的には，多国籍企業の企業活動において，世界的（地球的）な視野に基づく経営資源の蓄積・配分，すなわち「何を，どこで，どれだけ調達し，何をどこへ，どれだけ供給するか」を計画・実施・統制することである[3]。

供給連鎖（サプライ・チェーン）：製品の開発から消費に至る一連のプロセスのことである。供給連鎖は，その性格上複数の企業にまたがるので，供給連鎖の組み換えを図ると，必然的に提携，連合，統合など「企業間関係」

の革新を伴うことになる。「企業間関係」の革新とは，具体的には，どの企業ないしは企業グループが供給連鎖の主導権を握るかということである[4]。

❷ ケース

(1) 企業概要

企　業　名：インデックス（Inditex Group）
設　　　立：1975年
事業内容：紳士，婦人，子供向けの衣料・雑貨の販売
売　　　上：9,435百万ユーロ（2007年1月期，連結）
営業利益：1,652百万ユーロ（2007年1月期，連結）
従業員数：79,517名（2007年1月期，連結）

(2) ケース

　Inditex Groupは，ZARA（ザラ）というファッション・ブランドを展開している。スペインに本社を置くアパレルメーカーである。2007年，衣料品専門店の売上高は，米国GAPに次ぐ世界2位である。ZARAは，1975年にスペインで1号店をオープンし，72カ国に1,532店舗を展開している[5]。日本では1998年，渋谷に初出店し，東京を中心に各都市29店舗を構えている[6]。
　ZARAの商品は，コモディティ・アイテムというよりも，ファッション・アイテムに重点をおいている。しかも，最先端の流行を本家本元の高級ブランドより一足早く商品化し，なおかつ高級ブランドの2～3割という廉価（婦人向けジャケットが1～2万円，スカートが2,900円～1万円）で売り出すというビジネス・モデルで世界中の顧客を魅了している[7]。

〈短いリードタイム〉

　ZARAは，顧客が購入するまで商品を自社管理することによって，超高速のサプライチェーンを可能とした[8]。最短1週間で企画から生産までを完了し[9]，15日間で流通までを完了させ，世界の店舗に商品を陳列する[10]。
　図表9-2-1に示されるように，ファッション・アパレル業界の中でもザラのリードタイムは特に短い。しかも，この短いリードタイムの体制は，店舗の増加，ロットの増大にもかかわらず維持され，高い優位性を発揮してい

第9章 経営のグローバル化

図表9-2-1　2社の業績と戦略比較

企業名 （ブランド名）	ファーストリテイリング （ユニクロ）	Inditex Group （ZARA）
〈業績〉売上高（億円）	4,488（前年比116.9%）	12,654（前年比121.6%）
営業利益（億円）	703（前年比124.1%）	2093（前年比124.0%）
営業利益率（%）	15.7	16.5
〈戦略〉商品開発生産体制	少品種大ロット生産	多品種小ロット単サイクル生産
デザイナー数	50名	200名
製造拠点	中国90%	欧州80%
デザイン〜出荷の期間	約1年	2〜5週間
宣伝広告費	222億円（売上比5%）	推定38億円（売上比0.3%）
店舗数	1,632（ユニクロ750）	3,131（ZARA推定1,145）
推定1店舗売上高（億円）	3.5	5.5
売れ残りの在庫	不明	15〜20%

（出所）JMR生活総合研究所，2007年7月10日号に基づき筆者作成（「エコノミスト」[2007] 97頁，所収）。

る[11]。

〈グローバル・ロジスティクス〉

　ZARAのグローバル・ロジスティクスを，①企画プロセス，②生産・出荷プロセス，③発注・配送プロセス，④販売プロセス，の4点に分けて考察する。

　①　企画プロセスにおけるZARAの最大の特色は，自社デザイナーが生み出す最新のファッションにある。本社のデザインセンターでは，20ヵ国以上から集まった200名の若いデザイナーが，商品の企画・デザインを行っている。1日に20〜30点，年間では1万3,000点のデザインが生み出されている。

　②　生産・出荷プロセスでは，需要の変動に柔軟な対応をする生産を行っている。商品化が決定されたデザインは，情報ネットワークを通じて本社敷地内の自社工場に伝達され，すぐに生産が開始される。生産量と市場への投入タイミングは，デザイン部門のマネジャーが決定する。しかし，工場にも売れ行きや記事の調達量を勘定して修正する権限がある。

　③　発注・配送プロセスでは，厳格な発注・納品スケジュールによって鮮度保持が徹底されている。各店舗は新商品情報を事前に受け取り，週に2回

発注を行う。発注された商品は，本社近くの自社工場から物流センターへ，その日の夜から翌日の早朝に集められ，午前中にトラックに積み込まれる[12]。そして，欧州各店へは陸路で2日以内に，他地域へは航路で3日以内に配送される[13]。

④ 販売プロセスでは，疑似受注生産型商品を小刻みに少量ずつ販売する方法が採用されている。店頭の商品は，3日で売り切る量しか在庫されず，地域特性に合わせて店長が補充発注を行えるものの，基本的には「売り切れ御免」の姿勢を貫いている。消費者は，限られた商品点数により「いま買わなければ」という意識にかき立てられる[14]。

❸ 分　析

(1) 分析の視点

多国籍企業間の競争において，サプライ・チェーンは効率性だけでなく，需給に対して柔軟性・融通性を持つことが求められる[15]。グローバル・ロジスティクスを競争優位の源泉としているZARAには，どのような問題点があるのであろうか。サプライ・チェーンにおける問題に焦点をあてて検討する。

(2) 問題点

ZARAの多品種小ロット生産は，商品の価格が高くなる問題点があげられる。南知恵子［2003］によれば，流通在庫投資の考え方は，①投機型流通在庫投資と，②延期型流通在庫投資の2通りがある。①投機型流通在庫投資では，製品形態とロットを生産時点に近い，早い段階で決定するのに対し，②延期型流通在庫投資では，消費時点の近くまで意思決定を延期する方法をとっている。

①投機型流通在庫投資のメリットは，製品形態とロットを早く決定することによる規模の経済の享受である。一方，デメリットは，需要予測をはずしてしまうと，売れ残りのリスクを負ってしまうことである。②延期型流通在庫投資は，需要動向に合わせつつロットを調整し，製品仕様を変えることにより，売れ残りのリスクが回避できる。しかし，規模の経済が働かないため，価格形成の上昇要因となる[16]。

ZARAの場合，生地の調達をシーズンに入る５ヵ月前から始め，最終的に終了１カ月前まで続ける。商品の生産は，シーズン２ヵ月前から開始するものが全体の２割で，残り８割は，シーズン初めに投入された商品の売れ行きや流行の変化にあわせて，毎週のようにデザインを変更し，少量ずつ生産するため，②延期型流通在庫投資にあてはまる[17]。

　なお，①投機型流通在庫投資にあてはまる2001年時点のユニクロではシーズン開始時に，生産計画数量の５割程度を生産し，残りは売れ行きを見ながら追加生産するようになっている[18]。

(3) 課　題

　課題として，プライス（価格）に見合った商品を消費者の視点から作りあげることが重要となる。創（企画），工（生産），商（販売）が共にトライアングル（三角形）で結びつき，連動して生活者の視点から価値を創造し，適正なプライスを形成していかなければならない。

　図表９-２-２の三極構造に示されるように，大枝一郎［2006］によれば，創は工（製造技術）の力を借りて規格通りの製品を生産してもらわなくてはならない［モデリング］。工は生産した製品を消費者の求めるタイミングに合わせて適量を生産して，商（売場）に提供しなければならない［ロジスティクス］。商は商品の販売を促進する中で，消費者との接点（購買時点）で

図表9-2-2　創・工・商の三極構造と消費者との相関関係（三角錐）

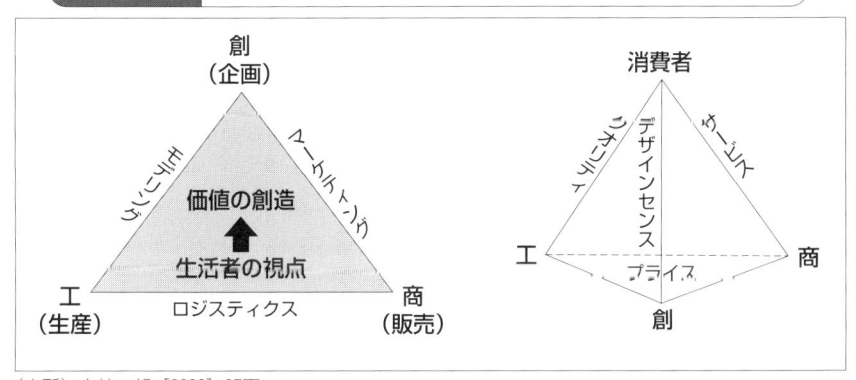

（出所）大枝一郎［2006］35頁。

消費者の動向を情報収集し，創（商品企画）の的確性を高めるために提供しなければならない［マーケティング］。

また，商は売場の商品の動きをチェックし，工（工場）に適品を適量生産し，適時に納品してもらえるように働きかける逆回りの関連も重要である。トライアングルの相関関係では，商品価値に加え，販売員のサービスの価値も求められ，納得できるリーズナブル価格であって初めて購入を決断する。

今日のファッション・ビジネスは "CS（customer satisfaction，カスタマー・サティスファクション＝顧客満足）" を得るために，①ターゲットとした消費者の欲しがる商品（適品）を企画し，②欲しがる時（適時）に，③欲しがる価格（適価）で提供できるように生産し，④欲しがるサービスを充実させた店や売場（適所）で販売していかなければならない。また，ビジネスとして採算を考えた場合，⑤できるだけ売れ残り品を少なくし，消費者の求める量に不足しないように生産量（適量）を調整しなければならない。つまり，上記の適（5適）を満たすシステムを構築しなければならない[19]。

(4) **解決策**

解決策として，創・工・商の3つの視点から提案する。まず，創（商品企画）の面で商品そのものの付加価値を高めるために，より消費者のニーズに見合った製品作りを実施することがあげられる。

例えば，デザイン・アイデアの開発，素材計画，新ブランド開発などで，消費者との接点を持つことが考えられる[20]。デザインの企画においても，デザイナーという生産者側の枠組みにとらわれずに，一般消費者からのデザイン募集や提案を含んだ商品開発を行うこともできるであろう。

工（製造技術）の面においては，生産工程の合理化やオートメーション化によるコスト・ダウン，その一方では品質管理と品質のより一層の向上を目指す研究も大切である。生産において，最小の原価で最大の品質を目指す原価管理と品質管理を研究し，開発することが競争に勝つ命題となる[21]。

商（販売）においては，消費者の要望をより強く反映するための仕組み作りが必要である。日本の消費者はファッションに非常に敏感で，品質に強いこだわりをもち，きめ細かいサービスを求めている[22]。日本の消費者の強い

第9章　経営のグローバル化

要望を反映させることで，よりサービス面の向上を高められる。例えば，店舗だけの情報収集だけでなく，インターネット調査やアンケートの実施を行い，積極的に消費者の意見を受け止める姿勢を見せることができるであろう。

　多国籍企業間の競争は，地球規模のビジネス活動である。ＳＣＭ活動は，昨今の急激なＩＴ革命により大きく変わらざるを得ない。かつてのＳＣＭは顧客サービスなどの部門に限定されていたが，これからは技術，生産，流通などすべての付加価値活動について顧客を引き付けるものが必要になってくる。

　21世紀の新展開では，川上から川下へと製造できるものを販売するという企業内部を主眼に置いた地域的なＳＣＭ活動のスタンスから，地球規模の顧客を念頭に置き，求められるものをより早く，より安価に，ダイナミックに販売していく姿勢が重要となる[23)]。

　今後の多国籍企業間競争の展開では，ＩＴ革命による情報のボーダレス化の中で，従来のＳＣＭ活動をより深化させ，地球規模を念頭に置いたグローバル活動の展開が期待される。

1）岸川善光［1999］229頁。
2）岸川善光［2002］236頁。
3）同上書236頁。
4）同上書140頁。
5）Inditex Group HP。
6）ZARA JAPAN HP。
7）今井利絵［2006］257頁。（江夏＝桑名編著［2006］，所収）
8）DIAMOND ハーバード・ビジネス・レビュー編集部［2006］42頁。
9）日経ビジネス，2005年1月10日号。
10）DIAMOND ハーバード・ビジネス・レビュー編集部［2006］42頁。
11）今井利絵［2006］259頁。（江夏＝桑名編著［2006］，所収）
12）同上書263頁。
13）『日経ビジネス』2005年1月10日号，34頁。
14）今井利絵［2006］259頁。（江夏＝桑名編著［2006］，所収）
15）DIAMOND ハーバード・ビジネス・レビュー編集部訳［2006］，3-9頁。
16）南知恵子［2003］33頁。

17)『日経ビジネス』2005年1月10日号, 34頁。
18)『週刊東洋経済』2001年11月3日号, 34頁。
19) 大枝一郎［2006］35-36頁。
20) 同上書37頁。
21) 同上書38頁。
22)『週刊ダイヤモンド』2008年10月18日, 35頁。
23) 江夏健一［2006］, 245-248頁。(江夏=桑名編著［2006］, 所収)

参考文献

Harvard Business Review［2003］*Harvard Business Review Anthology Supply Chain Management,* Harvard Business School.（DIAMOND ハーバード・ビジネス・レビュー編集部訳［2006］『サプライチェーンの経営学』ダイヤモンド社。）
江夏健一=桑名義晴編著『理論とケースで学ぶ国際ビジネス（新版）』同文舘出版。
大枝一郎［2006］『新ファッションビジネスの基本』ファッション教育社。
加護野忠男［1999］『〈競争優位〉のシステム』PHP新書。
加護野忠男［2004］『事業システム戦略』有斐閣。
岸川善光［1999］『経営管理入門』同文舘出版。
岸川善光［2002］『図説　経営学演習』同文舘出版。
日本総合研究所ＳＣＭ研究グループ［1999］『図解サプライチェーンマネジメント早わかり』中経出版。
三菱総合研究所経営コンサルティング部編［1999］『サプライチェーン・マネジメント革命』経済界。
南知恵子［2003］「ファッション・ビジネスの論理―ZARAに見るスピードの経済―」『流通研究』第6巻第1号, 31-42頁。
Inditex Group≪http://www.inditex.com/en/≫
ZARA JAPAN HP≪http://www.zara.co.jp/≫

3 異文化経営

❶ このケースを読む前に

　2001年のＷＴＯ加盟によって，中国は人口13億もの人口を持つ巨大市場として脚光を浴びるようになった。中国小売市場では外資参入が進み，中国小売業は転換期を迎えた。そこで本ケースでは，グローバル競争が進む中国小売業を中心に，異文化経営の展開について考察する。

(1) 設問

　中国小売業の外資参入によって，中国では外資による異文化経営が繰り広げられている。異文化経営を行う上で，企業はどのような課題に直面するのであろうか。小売業界における異文化経営の特徴について検討する。

(2) キーワード

　異文化経営：グローバルな事業展開を行う企業が，多様な文化的背景のもとで行う企業経営のことである。多様な文化的背景は，単一の均質な属性（国籍，文化的背景，言語）ではなく，多民族，多国籍，多言語，多文化の人々によって構成される[1]。

　ドミナント：特定の地域に集中出店を行い，商圏内で優位を保ち支配をねらうことである。

　集中出店によるドミナント化が有効となる理由としては，①配送コストの削減と効率向上，②宣伝広告の効率化，③知名度アップによる客吸引力の増加などがあり，同業他チェーン店の参入をしにくくする点があげられる[2]。

❷ ケース

(1) **企業概要**

企 業 名：株式会社 イトーヨーカ堂

設　　　立：1920年

資 本 金：40,000百万円

事業内容：衣料品，住居関連品，食品を販売するスーパーストア事業

売 上 高：5,223,832百万円（2008年2月期，連結）

経常利益：278,262百万円（2008年2月期，連結）

従業員数：43,137名（2008年2月期，連結）

(2) **ケース**

　株式会社イトーヨーカ堂（以下，イトーヨーカ堂）における中国展開について，参入方法と店舗進出，中国文化への適応，プロジェクト・チームの面，の3つの視点から考察する。

〈参入方法と店舗進出〉

　イトーヨーカ堂の中国進出は1996年4月である。同社はオランダのマクロ社とともに，中国国務院によって，中国全土でのチェーンストア展開を許可する「統一免許」を外資系小売業で初めて与えられた。そして1997年11月，

図表9-3-1　前号店からの店舗開店までの間隔（単位：月）

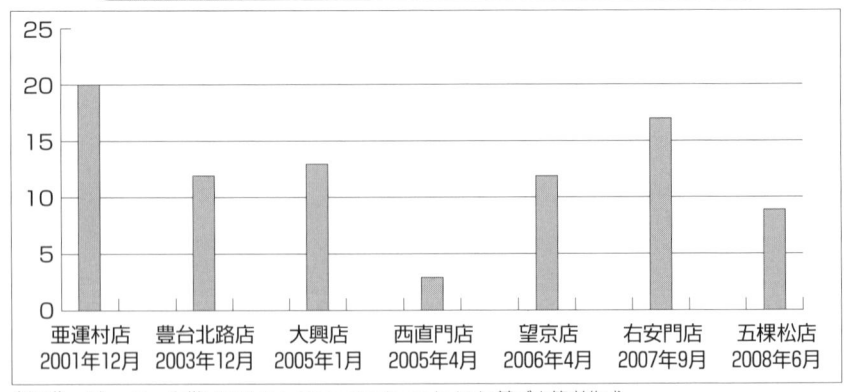

店舗	前号店からの間隔（月）
亜運村店　2001年12月	20
豊台北路店　2003年12月	12
大興店　2005年1月	13
西直門店　2005年4月	3
望京店　2006年4月	12
右安門店　2007年9月	17
五棵松店　2008年6月	9

（出所）イトーヨーカ堂HP《http://itoyokado.co.jp/》に基づき筆者作成。

第9章 経営のグローバル化

成都に1号店，1998年9月には北京で開業した[3]。

図表9-3-1に示されるように，その進出状況は出店計画と立地選択が非常に慎重であった。北京の1号店が単店舗ベースで黒字転換するまで，2号店の開店を控えた。中国ではチェーンストア経営は20店舗前後の規模に達してはじめて黒字転換すると一般に認識されている。このことからイトーヨーカ堂の経営方針は独特なものに見えた。

1号店で蓄積された経験を生かして，2号店を開店したのは2001年12月であり，その2号店が黒字転換したのが2002年後半のことであった。規模は小さいが，地道な経営努力は企業業績の向上につながり，顧客の評判や収益面ではかなり高い評価を得ている[4]。

図表9-3-2に示されるように，2008年7月時点で，北京10店舗，成都3店舗に進出している。イトーヨーカ堂専務，中国室長の塙昭彦氏によれば，2008年までは他地域への出店はしないことを決定している[5]。

中国全土での店舗数は少ないが，1997年から北京と成都での特定地域に限定したドミナント戦略をとっているのがイトーヨーカ堂の特徴である。今後，

図表9-3-2 イトーヨーカ堂の中国店舗

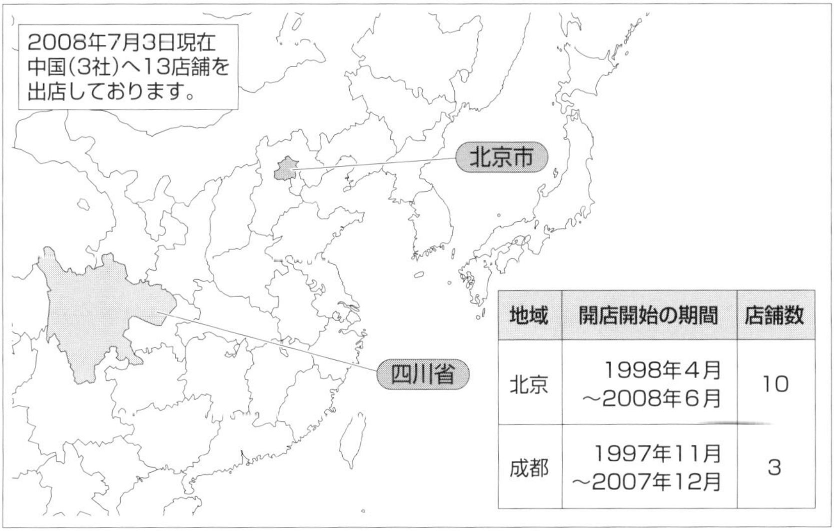

2008年7月3日現在
中国（3社）へ13店舗を
出店しております。

北京市

四川省

地域	開店開始の期間	店舗数
北京	1998年4月～2008年6月	10
成都	1997年11月～2007年12月	3

（出所）イトーヨーカ堂HP店舗情報《http://www.itoyokado.co.jp/store/abroad.html》より。

北京と成都では，物流と商流を固める時期であるとして，成都に残り5，6店舗，北京に20から30店舗進出を見込んでいる。中国展開の初段階においては，個別店舗の採算性を重視し，店舗数には固執しない方針をとっている[6]。

一方で，フランスのカルフールは短期間で中国全土に店舗数を拡大した。それに比較すれば，イトーヨーカ堂は明らかに歩みが遅い。出店速度の遅さは，二社の経験の相違が影響している。

中国では，個人的関係を重視し，行政指導にも例外措置が見られる。カルフールは，地方政府の外資誘致政策を利用して，中央政府の許可を得なくても事業展開できる方策で中国への全国展開を実施した[7]。

〈中国プロジェクト・チームの構成〉

イトーヨーカ堂の中国プロジェクト・チームは，イトーヨーカ堂に勤務していた在日中国人の1名を除き，海外勤務経験のないもので大半を占めていた。その点で，語学や現地事情理解の点でハンディキャップを抱えていた。

一方で，同じく小売業で積極的な店舗展開を行っていたカルフールは，1989年，台湾で店舗展開を行った経験のある幹部たちが中国戦略を担当した。台湾最大の総合小売企業である台湾カルフール社には，職場での使用言語の英語と現地語の中国語（北京語，広東語）を使用できる幹部が多数存在し，中国本土での事業展開を担った[8]。

〈中国文化への適応〉

成都1号店の売り場面積は地下1階の食料品から地上4階の住居用品まで合わせて8,900㎡と決して大きくはないが，中心繁華街に位置しており，半径5キロ圏内に43万人が居住する好立地であった。しかし，商圏調査をしたにもかかわらず，開店後の売上高は当初の計画を大幅に下回った。

例えば，成都で俸給生活者を想定し，日本では定番商品の白いワイシャツを大量に陳列し，販売促進をかけた。しかし，これはまったくの空振りとなった。中国人スタッフによれば，白いワイシャツは汚れやすく，洗濯を頻繁にしないといけないので，俸給生活者はあまり着用しないことがわかった。

また，成都での経験を生かした売り場作りを北京で生かそうとしても，地域差という問題が発生した。成都で売れた衣料品を北京に並べても売れないケースが相当数あった。その原因として，東北部に位置する北京と南西部に

ある成都とでは,衣料品のスタイルや色の売れ筋も微妙に異なっていた点があげられる[9]。国における文化の違いや,各地域における嗜好の違いは,消費者行動として表れ,価値観の違いを浮き彫りにした。

❸ 分　析

(1) 分析の視点

本ケースでは,小売業の国際展開における特徴を踏まえた上で,イトーヨーカ堂の経営活動が中国において,適切に行われているか検討する。

(2) 問題点

問題点として,①時間のかかる出店体制,②異文化の理解不足,③人材の不足の3点があげられる。まず,①時間のかかる出店体制について述べる。

大きな地域マーケットでも適正な商業用地は限られている。ほかの小売業者が積極的に進出している中で,慎重すぎる出店は優良な土地や他の経営資源を奪われてしまう結果を招きかねない。出店地域を広げず,既存の出店エリア内で集中的に出店すると,イトーヨーカ堂が重視するドミナント戦略は将来,競争相手の積極的な出店により困難になるおそれもある[10]。

次に,②異文化の理解不足について検討する。中国での開店に先立ち,中国店舗の店長候補は,商圏調査を目的として中国に住み,立地条件に応じた地域適応に取り組んだ[11]。しかし,現地の人の生活に密着したきめの細かい売り場を作ることはできなかった。これは異文化の理解が容易ではないことを示唆している。人々は一面的な情報に基づいて他の文化に対するイメージを作り上げることがよくある。自分の属する文化の価値観を唯一の基準として,他の文化の価値観などについて判断する「自文化中心主義」の考え方を持っているのが通常である[12]。

③人材の不足については,店舗網が拡大する中で,語学を理解し,かつ小売業の知識を持っている人材が確保しにくいという問題があげられる。イトーヨーカ堂の経営管理の特徴は顧客情報の収集に基づく,単品管理である。その実現のためには経営理念と経営技術を身につけた人材が必要となる[13]。

しかし,中国では新卒者が抱く小売業に対するイメージがあまり良くなく,

その多くが証券や保険に流れている。そのため，小売企業各社は慢性的な人材不足に悩まされている。さらに，ライバルとなる外資小売企業も出店ペースを大幅に上げる計画を掲げ人材獲得の競争は避けられないものとなっている[14]。イトーヨーカ堂においても，近年特に出店スピードが短縮しており，人材の質を高めたい一方で，人材不足であるという問題を抱えている。

(3) 課　題

それぞれの問題点に対して，課題を述べる。小売業を考える上で重要な点が2つある。第一に，事業進出のスピード化である。競争の激化，経営環境の変化に迅速に対応していかなければ業績向上は困難である。

第二に，小売業は，製造業と比較して，環境と相互作用する局面が多い。その典型例が，小売業の顧客との接触である。顧客との接触，すなわち異文化との接触である。閉じられたシステムであれば，その中だけの効率性を追求することが可能であるが，小売業のケースではそう簡単にはいかない。異文化を理解し，コミュニケーションをとれる人材が必要である。現地の従業員を雇用し，現地の顧客とその場面ごとに対応していかなければならない[15]。

上記の小売業の国際展開における特徴を踏まえると，時間のかかる出店体制については，①事業進出のスピード化，②異文化理解不足，③人材不足については現地顧客ニーズを経営に反映できる能力，知識・ノウハウを持った優秀な人材が，店舗に求められていることが分かる。

(4) 解決策

まず，①事業進出のスピード化は，今後ますます重要なポイントになってくる。昨今のグローバル経営は，環境変化のスピードが速くなり，迅速に対応しなければ大きな痛手を負うことになる。よって，今後の多角化にともなった自社開発商品の拡充と自社配送機能の構築のために，現地での商品の共同仕入れや共同開発に積極的に取り組む必要がある[16]。また，他地域への進出においては，同様の事業スタイルで展開できるかを現地の経済事情や地域特性をもとに検討していく必要がある。そして，自らの体制を整えて，短期間で異文化市場に受け入れられる事業展開を行うことが重要となる。

第9章　経営のグローバル化

②　異文化理解，人材不足については，イトーヨーカ堂の魅力をより鮮明にあらわすことと，優秀な人材を確保することが肝要である[17]。北京の大型店に関する消費者調査において，カルフールは低価面ではイトーヨーカ堂より高い評価を受けているものの，商品のバラエティ，品質，接客サービス，イメージの点ではイトーヨーカ堂がより高い評価を得ているとある。

よって，この魅力を人事採用の際に伝えられるか否かが，人材を惹きつける判断基準となるであろう。優秀な現地従業員の採用後は，異文化理解のもとに魅力ある人事施策を実行し，会社への貢献意欲を引き出し，彼らの能力を最大限生かしていくことで人材流出を防ぎ人材不足を解消する[18]。

③　人材の質を高めるためには教育が必要となり，時間がかかるものである。したがって，新規店舗の質を高めるためにはすべての人材を中国現地で供給することは時間がかかりすぎ，困難である。よって，日本からの人材補充が必要となってくる。小売企業間でのグローバル競争が進む中で，ゼロの状態から現地で人材を育成する時間はない。

そこで，もともとある程度の店舗に関する知識，経営理念を理解している人間を直接派遣し，現地の大学における語学研修や地域とのコミュニケーションの場を企業自ら設定して，異文化の中に溶け込み，人材の質を高めていくことが有効な解決策になると考えられる[19]。

文化の違いはさまざまである。歴史，社会風土，慣習，価値観，人生観，仕事観，行動様式など数限りない。日本の定番商品が受け入れられなかったのは，明らかに文化の違いである。相手の文化を理解して，その相違に対応した政策をどのようにとるのであろうか。つまり，異文化のギャップをいかに乗り越えて，現地経営に生かしていくかが重要となる[20]。

1）馬越恵美子［2000］1頁。
2）羽田治光［1997］178頁。
3）諸上茂登=根本孝［1997］1頁。
4）矢作敏行［2003］62-63頁。
5）NIKKEI NET：中国ビジネス特集，2005年4月4日。
6）矢作敏行［2005］74-75頁。

7）同上書75頁。
8）同上書76頁。
9）金崎賢希［2004］48-49頁。
10）矢作敏行［2005］76頁。
11）周宝玲［2007］135頁。
12）矢作敏行［2005］76頁。
13）金崎賢希［2004］54頁。
14）江夏健一=桑名義晴=岸本寿生［2008］111頁。
15）矢作敏行［2007］203-204頁。
16）周宝玲［2007］111頁。
17）同上書112頁。
18）同上書141頁。
19）同上書14頁。
20）周宝玲［2003］155頁。

参考文献

江夏健一=桑名義晴=岸本寿生［2008］『国際ビジネス研究の新潮流』中央経済社。
金崎賢希［2004］「グローバル・リテーラーの中国進出」『経営学論集』第15巻第2号，45-55頁。
岸川善光［2006］『経営戦略要論』同文舘出版。
周宝玲［2003］「中日間の異文化経営と異文化コミュニケーション」『立命館経営学』第42巻3号。
周宝玲［2007］『日系企業が中国で成功するために―異文化経営が直面する課題―』晃洋書房。
羽田治光編著［1997］『フランチャイズ用語がわかる事典』日本実業出版社。
馬越恵美子［2000］『異文化経営論の展開：「経営文化」から「経営文明」へ』学文社。
諸上茂登=根本孝編著［1997］『グローバル経営の調整メカニズム』文眞堂。
矢作敏行［2003］『中国・アジアの小売業革新』日本経済新聞社。
矢作敏行［2005］「イトーヨーカ堂の中国現地化プロセス」『経営志林』第41巻4号，2005年1月。
矢作敏行［2007］『小売国際化プロセス―理論とケースで考える』有斐閣。
吉原英樹［2001］『国際経営［新版］』有斐閣。
NIKKEI NET：中国ビジネス特集，2005年4月4日≪http://www.nikkei.co.jp/china/≫

第9章 経営のグローバル化

まとめと今後の研究課題

　『経営管理要論』の第9章のテーマは，経営のグローバル化について理解を深めることである。近年，企業活動のグローバル化が著しく進展している。グローバル化とは文字通り，企業が国境（ボーダー）を意識することなく，地球的（世界的）な視野のもとで企業活動を営むことである。『経営管理要論』では，日本的経営，グローバル化の背景，多国籍企業，多国籍企業間競争の新展開，異文化経営，グローバル化の課題，の6つの論点に焦点をあてて考察している。

　【ケース1】プロクター・アンド・ギャンブルでは，多国籍企業について考察している。【ケース1】では，特に，多国籍企業における本国親会社と海外子会社の関係性に焦点をあて，マーケティングに例をとって，経営資源の調整問題に言及している。多国籍企業に至るまでのプロセスは，例えば，経済企画庁［1990］の調査によれば，①輸出，②海外販売拠点の設置，③海外生産拠点の設置，④現地法人の設置，⑤グローバル企業化，の5つのプロセスを踏んで発展することが多いとされてきたが，近年では，このプロセスを踏まずに，海外子会社にいきなり多大の委任統治権を与える企業が増大するなど，多国籍企業の行動は多種多様な様相を帯びつつある。

　今後の研究課題として，多国籍企業の経営管理の特徴を実証的に考察する必要がある。比較研究が可能なように，例えば，ポーターの「価値連鎖（バリュー・チェーン）」の概念を用いて，主活動と支援活動に大別して多国籍企業の経営管理の特徴を分類すれば，「一定の法則性」を導き出すことができるであろう。

　【ケース2】インデックス（ZARA）では，多国籍企業間競争の新展開について考察している。具体的には，グローバル・ロジスティクスによる多国籍企業間の競争に言及している。グローバル・ロジスティクスによる競争は，ポーターの「価値連鎖」に準拠すれば，主活動による競争に他ならない。それも，主活動を構成する機能を横断的に連結したシステムによる競争である。

ビジネス・システムによる競争は，有効性，効率性，模倣困難性，持続可能性，発展可能性など，競争力の評価基準に照らしてみると優れた面が多い。

今後の研究課題として，ビジネス・システムの形態と業績との関連性について実証的な考察が必要不可欠である。ビジネス・システムの革新は，①垂直的統合，②水平的統合，の2つの方法によってなされることが多い。垂直的統合とは，原材料の調達から製品の販売，顧客サービスに至る機能を垂直的な流れと見て，2つ以上の機能を1つの企業にまとめることをいう。水平的統合とは，同種の事業分野に進出し，事業範囲を拡大することである。企業同士の統合によって達成されることが多い。多国籍企業間競争の新展開において，ビジネス・システムの形態を機軸とした実証的研究が望まれる。

【ケース3】イトーヨーカ堂では，異文化経営について考察している。【ケース3】では，小売業であるイトーヨーカ堂が中国に進出した際，中国の多様な文化的背景（歴史，社会風土，慣習，価値観，人生観，仕事観，行動様式など）にどのように対応したかについて言及している。多民族，多国籍，多言語，多文化に対する対応は，経営のグローバル化にとって不可避のテーマであり，これらに対する理解は最重要課題であることはいうまでもない。

今後の研究課題として，異文化インターフェース，異文化シナジーなどを踏まえて，異文化経営に関する実証的な研究が欠かせない。経営と文化との関係性について，ハリス＝モラン，ホフステッドなどの先駆的な研究は，文化に関する考察に偏重しており，まだ異文化経営論にまで昇華されていない。経営と文化の相関関係は，文化の経営に対する影響力を考えると避けては通れない重要テーマである。

本章では，上述した3つのケースを選択したが，取り上げなかった3つの論点（日本的経営，グローバル化の背景，グローバル化の課題）も，極めて興味深い論点ばかりである。日本的経営について，1960年代から毀誉褒貶のうねりが続いている。市場の本質をどのようにとらえるか，競争の本質をどのようにとらえるか，再考察が欠かせない。グローバル化の背景についても，比較優位などの安易な学説に準拠するのではなく，説明力のある理論を構築すべきである。グローバル化の課題として，国の役割に関する学際的な研究が欠かせない。

第10章 経営管理論の今日的課題

　本章の３つのケースは，『経営管理要論』の第10章と対応している。『経営管理要論』の第10章は，下記の左側に示されるように，５節で構成されている。

　『経営管理要論』の第10章では，紙幅の都合もあり，独立した章として扱うことはできなかったものの，近い将来，教科書の独立した章として記述されるであろう重要な課題を５つ選択して考察している。

1. 知的財産権と経営管理……【ケース１】角川グループホールディングス
2. サービス・マネジメント…【ケース２】ザ・リッツ・カールトン大阪
3. Ｍ＆Ａ
4. 環境経営
5. 経営管理教育………………【ケース３】日本製紙

　【ケース１】角川グループホールディングスでは，近年，経営管理において重要課題になりつつある知的財産権について考察する。知的財産権には，特許，実用新案，意匠，著作権，商標，営業秘密などがあげられる。

本ケースでは，知的財産権と密接な関係のあるコンテンツ・ビジネスを取り上げて，コンテンツ・ビジネスに対する取り組み，コンテンツ・ビジネスにおける収益の上げ方について考察する。

　具体的には，【ケース１】では，コンテンツ・ビジネスの典型事例である出版業界における収益の上げ方について考察する。出版業界では出版不況といわれるように，出版物の売上がデジタル・コンテンツの売上の後塵を拝する事態が発生している。このような状況を踏まえて，今後想定される収益モデル（類似物財化型，物財帰着型，サービス帰着型）に言及する。コンテンツ・ビジネスの健全な発展のためには，著作権強化などの現実的な対応が欠かせない。

　【ケース２】ザ・リッツ・カールトン大阪では，サービス・マネジメントについて考察する。わが国では，経済のサービス化が飛躍的に進展しているにも関わらず，サービス・マネジメントに関する研究はあまり進んでいない。また，ＧＤＰ全体に占めるサービス業のＧＤＰの比率が，年々増加しているにも関わらず，大学（経営学部，商学部，経済学部など）においてサービス・マネジメントに関連する科目はなかなか増加しない。無形性，認識の困難性などサービスの基本特性によるところも大きいが，早急な対応が望まれる。

　このような問題意識を踏まえて，【ケース２】では，世界に誇るサービス・クオリティといわれているザ・リッツ・カールトン大阪について，ラブロック＝ライトのサービス・マーケティングと照らし合わせながら考察する。

　【ケース３】日本製紙では，経営管理教育について考察する。経営管理教育は，一般の教育と同様に，本来人間が有している素質を開花し，望ましい方向に自己努力するように動機づけ，目標達成のプロセスを援助し，人間の成長と発達を助成することがその本質である。

　そこで，【ケース３】では，自律型人材モデルに準拠して，経営管理教育の効果を最大化ならしめるために，どのような方策があるのかについて言及する。従来の企業と個人の関係ではなく，新たな企業と個人の関係を構築することが必要不可欠になると思われる。

＊ケースとして選択した角川グループホールディングス，リッツ・カールトン，日本製紙のホームページおよび各社に関連する参考文献を公表情報として参照した。記して謝意を申し上げる。

第10章　経営管理論の今日的課題

1 知的財産権と経営管理

❶ このケースを読む前に

　コンテンツ・ビジネスは，これまで書籍や雑誌という出版メディアが主体であるとされてきた。しかし，近年では，テレビなどの映像メディアやＩＴ技術の進化に伴うインターネットを媒体としたものまで，複雑多岐にわたっている。本ケースでは，このような変化を踏まえて，コンテンツ・ビジネスの収益構造の再構築を課題とし，そのための具体策について考察する。

(1)　設　問

　本ケースでは，コンテンツ・ビジネスの事例として出版業界を取り上げる。出版物の発行部数が年々減少していく中で，出版業界は今後どのように成長していくべきか。

(2)　キーワード

　コンテンツ：様々なメディア上で流通する［映像，音楽，ゲーム，図書］など，動画・静止画・音声・文字・プログラムなどの表現方法によって構成される"情報の内容"[1]。

❷ ケース

(1)　企業概要

　　　企　業　名：株式会社角川グループホールディングス
　　　設　　　立：1945年11月
　　　資　本　金：26,330百万円（2008年3月期　単体）
　　　事業内容：出版事業・映像事業・クロスメディア事業
　　　売　上　高：150,789百万円（2008年3月期　連結）
　　　経常利益：5,951百万円（2008年3月期　連結）

従業員数：2,053名（2008年3月期　連結）

(2) ケース

〈出版不況下での角川グループの躍進〉

　図表10-1-1は，角川グループホールディングス（以下，角川グループ）の売上高の推移を右軸に，出版物の推定販売金額の推移を左軸にとってグラフ化したものである。図表10-1-1に示されるように，出版物全体の売上が落ちる中でも，角川グループは着実に成長していることが分かる。

〈コンテンツ産業における従来の収益構造〉

　コンテンツ産業における収益構造は，以下の2つの変換パターンに分類することができる。

① メディア変換

　　コンテンツは変わらない。アナログメディアあるいはデジタルメディアへの記録・蓄積を通じて，コンテンツの表現を固定化する。

　　例）出版化，映画化，テレビ化，配信化，ビデオ化，ゲーム化等

② キャラクター変換

　　キャラクターデザインを商品とする。商品パッケージにキャラクターを表示・彩色する（プラモデル，アパレルなど）[2]。

図表10-1-1　角川グループの売上高と出版物の推定金額の推移

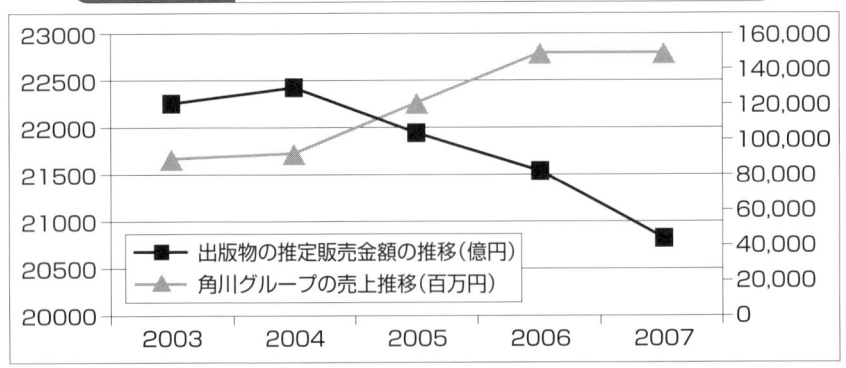

（出所）『デジタルコンテンツ白書2008』と角川グループＨＰ
　　　　《http://www.kadokawa-hd.co.jp/index2.php》を参考にして筆者作成。

第10章　経営管理論の今日的課題

〈インターネット環境の整備によるコンテンツ産業の変化〉

　インターネット環境の整備に伴って，コンテンツ・ビジネスの収益構造は大きく変化した。コンテンツを産業として成立させるためには，それが持つ「情報」に希少性がなくてはならない。従来の書籍やCDなどのビジネスモデルでは，再販価格維持制度などの例外的な慣習によって希少性が支えられてきた。しかし，インターネット上ではそのような慣習は存在しない。しかも配信コストが極めて低く，コンテンツの複製も簡単に行えるため，インターネット上では著作権を無視した動画や画像の掲載が頻発する恐れがある。

〈角川グループにおけるデジタル分野への対応〉

　先述したように，インターネット上では著作権を無視した動画が掲載される恐れが高い。動画共有サイトも例外でなく，各種コンテンツ制作会社はそれらの動画の削除を申請する作業に追われている。

　しかし，角川グループは大手動画共有サイトの1つであるユーチューブのサイト内に「角川アニメチャンネル」というカテゴリーを置いた。ここでは角川アニメの第一話や販売告知CMが無料で配信されている。さらに，ユーザーが投稿した動画の中から，角川グループが放映権を所有する動画をピックアップする。そして，原作者やテレビ局の許諾を得て，モラル上も問題がなければ「公認バッチ」と広告がつけられる。バッチがついた動画は動画製作者がその動画の所有権を角川グループに移管したとみなされ，公開を継続することができる。また，掲載された広告からの収入によって権利者にライセンス料を支払うこともできるというシステムである[3]。

　次に，近年成長が著しい携帯コンテンツについて述べる。i-モード内の動画と小説の配信サイトである「ドーガ堂」において，角川グループの所有するアニメや漫画の配信をスタートした。原則として，第一話は無料で配信，第二話以降は有料というシステムである[4]。

　また携帯電話以外のチャネル進出については，角川書店，講談社，集英社，小学館，トーセが共同でコミック配信会社を設立し，任天堂ゲーム機「Ｗｉｉ」での配信を目指している[5]。

　以上のような取り組みが功を奏し，角川グループでは2003年から2007年までの経常利益の伸び率は213.6％となっている。

❸ 分　析

(1) 分析の視点

本ケースでは，収益力の落ちている出版社と角川グループの差異に着目し，デジタル・コンテンツに対する取り組みについて考察する。

(2) 問題点

出版不況の原因として，デジタル・コンテンツの進化があげられる。特に，2008年1月から7月にかけて，雑誌創刊件数が100件に対し休廃刊は107件に上った。2006年までは創刊数が休廃刊数を常に上回っていたが，2007年以降は休廃刊数が創刊数を抜いている。

この原因として，①デジタル媒体への広告のシフト，②読者がインターネットを用いることによって簡単に情報を入手できるようになった，などがあげられる[6]。

2004年になると，出版物の推定販売金額とデジタル・コンテンツの総売上げがほぼ横並びになり，2005年以降は完全にデジタル・コンテンツが出版物を売上げの面では追い抜いている。

以上の事例から明らかなように，コンテンツのデジタル化の推進が急務であるということは，既にどの企業も把握している。つまり，今後重要になってくるのは，ワンソース・マルチユースが可能であるコンテンツを，いかに効果的に多メディアに展開させるかということになる。

(3) 課　題

本ケースでは，角川グループがデジタル・コンテンツについて，まだ効率的な収益構造モデルを構築できていないという点に焦点を絞って考察する。

まず，デジタル・コンテンツに関する収益構造の詳細を以下に示す。

① 複製防止課金型（課金モデル）

複製防止などをほどこし，情報そのものに希少性を持たせる。

② 物財帰着型

情報提供により，モノの販売を促進し，コストと利益を回収する。例と

第10章 経営管理論の今日的課題

図表10-1-2　角川グループの収益構造

変換パターン		収益構造		
		類似物財化型	物財帰着型	サービス帰着型
	メディア変換	ＴＶアニメのDVD化	公式HP内の「立ち読み機能」による書籍の販売促進	無料コミック配信による,携帯コミックの販売促進
	キャラクター変換	キャラクターグッズ		

（出所）『デジタルコンテンツ白書2007』に基づいて筆者作成。

して，Appleのi-podとi-Tune storeの関係があげられる。i-podの販売により，i-Tune storeの売上高も伸びている。

③　サービス帰着型

情報サービスによって販売を促進し，サービス収入からコストと利益を回収する[7]。例として，USEN（現在はYahoo!に譲渡された）のGyaO事業があげられる。GyaOでは，視聴者が映像を見る際に，必ず広告を見なくてはならない。この広告によってGyaOは収益を上げている。

図表10-1-2は，縦軸にメディア変換パターン，横軸にデジタル・コンテンツの収益構造を取り，マス内には現在角川グループが行っている取り組みを公表情報に基づいて作成したものである。

図表10-1-2に示されるように，今まで角川グループでは，類似物財化型を重視してきた，ということがいえる。しかし，物財帰着型とサービス帰着型については，まだ活用できていない部分がある。この部分の収益構造の構築が，角川グループにとっての課題である。

(4)　**解決策**

課題を解決するために，まだ角川グループにおいて実用化されていない収益の上げ方について考察する。図表10-1-3は，図表10-1-2に筆者が考えた収益の上げ方を追加したものである。

筆者の考えた収益を上げる方法は，大きく２つに分けることができる。

第一の方法は，角川グループが主催するＳＮＳ（ソーシャル・ネットワーキング・サービス）の活用である。このＳＮＳ内では，角川グループの所有

図表10-1-3　今後想定される収益モデル

		収益構造		
		類似物財化型	物財帰着型	サービス帰着型
変換パターン	メディア変換	ＴＶアニメのDVD化	公式HP内の「立ち読み機能」による書籍の販売促進	無料コミック配信による，携帯コミックの販売促進
	キャラクター変換	キャラクターグッズ	後からセリフデータを挿入できるフィギュア	キャラクターのアバターは無料だがアクセサリーは有料

(出所)『デジタルコンテンツ白書2007』に基づいて，筆者が一部修正。

する様々な作品のファンが集い，ファン活動や今後の作品への提案ができる。角川グループからは会員限定サービスとして，新作情報の公開やイベントを開催する。そして，そのＳＮＳ内では会員が好きなキャラクターのアバター（チャットなどのコミュニケーションツールで，自分の分身として画面上に登場するキャラクター[8]）を他者に紹介することができる。キャラクターの素体（素材）自体は無料で配布されるが，服やアクセサリーを変えたい場合は課金をするという仕組みである。

　第二の方法は，そのキャラクターの台詞を録音したデータを初めは無料で配布し，その後専用の再生ソフトの入ったハード（人形などキャラクターの特性を生かした外観が望ましい）を販売することである。そして，音声データ第二弾以降は有料とする。

　ところが，これらのビジネスモデルは，他社に簡単に模倣される可能性がある。しかし，参入障壁を上げることによって模倣を防止することはできる。バーニー［2002］によれば，参入障壁として，規模の経済，製品差別化，規模に無関係なコスト優位性，意図的防止，政府による参入規制の5つがある[9]。

　規模の経済の事例としては，多くのキャラクターを創作することと多くのチャネルを所有することがあげられる。

　製品差別化の事例としては，キャラクター自体の独自性，ブランド認知度の高さをあげることができる。

　規模に無関係なコスト優位性の事例としては，早くからデジタル・コンテ

ンツに注目してきたノウハウ，人気作家の抱え込みや新人作家の積極的な発掘をあげることができる。

　意図的防止（参入を妨害する目的のみで行われる行動のこと。たとえ，その行動が既存事業の効率性を犠牲にする可能性があってもそれを実行する）の事例としては，角川グループが一体となったより大規模な広報活動，またはクリエイターの養成所を開校することによる有能なクリエイターの囲い込みがあげられる。

　政府による参入規制の事例としては，著作権法の強化があげられる。

　以上，5つの参入障壁を活用することによって，他社による模倣を完璧ではないもののある程度は防ぐことができる。または，参入されても利益が減少しない収益構造が構築できるであろう。

　コンテンツ産業は，ソフトの売上げに大きく業績が左右される業界なので，長期的な競争優位を築くことが難しい。しかし，一度獲得したファンを囲い込むことができれば，安定した収益をあげることができる。今後は人気のあるコンテンツをただ流通させるのではなく，デジタル化の特性とコンテンツのワンソース・マルチユースの特性を生かす方法を，デジタル・コンテンツに関連する企業は真剣に考えるべきである。

1）『デジタルコンテンツ白書2007』6頁。
2）同上書57頁。
3）YouTube-KADOKAWA Anime Channel≪http://jp.youtube.com/user/KADOKAWAanime≫
4）RBB NAVi≪http://www.rbbtoday.com/news/20080709/52640.html≫
5）『日経産業新聞』2008年8月14日　3面
6）ITpro≪http:/itpro.nikkeibp.co.jp/article/Watcher/20081010/316631/≫
7）『デジタルコンテンツ白書2008』28-30頁。
8）Yahoo! Japan家電ナビ≪http://kaden.yahoo.co.jp/≫
9）Barny, J. B.［2002］（訳書）120-140頁。

参考資料

Barny, J. B.［2002］*Gaining And Sustaining Competitive Advantage*, Second

Edition, Person Education, Inc.（岡田正大訳［2007］『企業戦略論（上）基本編』ダイヤモンド社。）

岸川善光［2006］『経営戦略要論』同文舘出版。

経済産業省商務情報政策局監修・財団法人デジタルコンテンツ協会編［2008］『デジタルコンテンツ白書2008』財団法人デジタルコンテンツ協会。

経済産業省商務情報政策局監修・財団法人デジタルコンテンツ協会編［2007］『デジタルコンテンツ白書2007』財団法人デジタルコンテンツ協会。

佐藤吉之輔［2007］『全てがここから始まる　角川グループは何を目指すのか』角川グループホールディングス。

長谷川文雄=福冨忠和編［2007］『コンテンツ学』世界思想社。

RBB NAVi≪http://www.rbbtoday.com/news/20080709/52640.html1≫

ITpro≪http://itpro.nikkeibp.co.jp/article/Watcher/20081010/316631/≫

Yahoo! Japan家電ナビ≪http://kaden.yahoo.co.jp/≫

YouTube-KADOKAWA Anime Channel≪http://jp.youtube.com/user/KADOKAWAanime≫

第10章 経営管理論の今日的課題

2 サービス・マネジメント

❶ このケースを読む前に

　本ケースでは，近年注目されてきているサービス・マネジメントが，サービスを事業としている企業の利益にどのようにつながるのか考察する。ケースとして，リッツ・カールトン・ホテルのサービス・マネジメントを取り上げる。

(1) 設　問

　サービスにはいくつかの特性があるが，このサービスの特性を生かして企業の利益を上げるために，今後どのようにマネジメントを行っていくべきなのであろうか。

(2) キーワード

　サービス：サービスとは活動もしくはプロセスであり，無形性と同時性という主に2つの重要な特性を持つ。無形性とは，物と違ってサービスは購入しても所有権が購入者に移行しないことを意味する。また，同時性とは，サービス提供プロセスにおいてサービス提供者と顧客の両方が同時に存在しなければならないことを意味する[1]。

　ロイヤルティ：顧客が特定の企業に対する愛顧を長期に渡って継続すること。ロイヤルティの高い顧客は，その企業の製品やサービスを専ら選好し，繰り返し購入し，友人や同僚など周囲にも製品やサービスの推奨を自発的に行う。

❷ ケース

(1) 企業概要

　　企業名：ザ・リッツ・カールトン大阪

開 業 日：1997年5月23日
経　　営：株式会社阪神ホテルシステムズ
資 本 金：100百万円（阪神電気鉄道株式会社全額出資）
事業内容：ホテル業務及び関連する一切の業務
従業員数：約530名

(2) ケース

　ザ・リッツ・カールトン大阪（以下，リッツ・カールトン）は，ザ・リッツ・カールトン・ホテル・カンパニーL. L. Cが1997年に初めて日本に開業したホテルである。オープン当初は，リッツ・カールトンの名前は地元ではあまり知られておらず，「外資系のホテル」というイメージであった。しかし，またたく間に「サービスが良い」「高いけれど一度行ってみたい」という評判が広がり，オープン後わずか二年で日本一のホテルとなった。また，300床クラスのホテルの多くは，年間売上高が約70億円程度に留まっているのに対して，292床のリッツ・カールトンでは，120億円という高業績を達成した[2]。

　リッツ・カールトンが高業績を上げた要因の1つとして，施設（立地，部屋のインテリアなど）への投資があげられる。リッツ・カールトンは開業時に，約600億円にものぼる大規模な設備投資を行った。しかし，リッツ・カールトンのこだわりは，あくまでも従業員のサービスにある。設備の充実などでのサービスには顧客はすぐに慣れ，感動するサービスは生み出せない。それに対して，ソフト面での従業員によるパーソナル・サービスが顧客の感動を生みだし，リピーター獲得につながるとリッツ・カールトンが考えているためである[3]。このサービス・クオリティ重視の姿勢は，異業種であるトヨタ自動車が「レクサス」ブランドを展開する際に，日本にいる「レクサス」のマネジャーを接客技術向上のためにリッツ・カールトンに派遣したという例にも表れている。

　リッツ・カールトンでは，サービスによって他のホテルと差別化を図るとともに，満足以上の「感動」を与えられるサービスを実現するために，以下にあげる6つのマネジメントを行っている。

　① CLASSと呼ばれる情報システム

第10章 経営管理論の今日的課題

　②　エンパワーメント（従業員への権限委譲）
　③　「No」と言わないサービス
　④　部署ごとに行われる毎日のミーティング
　⑤　クレドと呼ばれる基本方針
　⑥　顧客満足度と従業員満足度の向上

　第一に，CLASSと呼ばれる情報システムについて述べる。これは，世界中の全従業員による情報共有システムである。たとえば，リッツ・カールトン大阪で「羽根枕ではなく蕎麦殻の枕を使いたい」という顧客の要望を受けると，それに応えるためにすぐに蕎麦殻の枕を手配する。さらに，次回から同じ顧客が来た際には世界中のどのリッツ・カールトンでも蕎麦殻枕が手配されるように，情報をデータ化して保存し，世界中のリッツ・カールトンで共有するという仕組みである。

　第二に，エンパワーメント（従業員への権限委譲）について述べる。リッツ・カールトンでは，全従業員に1日上限20万円までの決裁権を与えている。この決裁権はクレーム処理や，顧客に感動のサービスを提供するために用いられる。これは，トラブルが生じた場合に，早急に問題に対処することができるだけでなく，全従業員に一定金額の決裁権を与えることによって，顧客と責任を持って向き合う姿勢を作り出すことができる。

　第三に，「No」と言わないサービスについて述べる。これは，リッツ・カールトンが満室のときでも予約を断らず，顧客に確認し近くのホテルの予約をとるといった，顧客の要望に対して否定的な態度を取らないことを指す。これによって他のホテルとの差別化を図っている。

　第四に，部署ごとに毎日実施されるラインアップと呼ばれるミーティングについて述べる。このミーティングによって，情報の早期伝達が可能となる。そのため，顧客に不信感を抱かせる直接的な原因となりうる，対応の遅れや伝達不足を取り除くことができる。

　第五に，クレドと呼ばれる基本方針について述べる。リッツ・カールトンの全従業員は，クレドカードと呼ばれるカードを常に携帯している。このカードには，リッツ・カールトンの理念と行動指針が記されている。しかし，マニュアルのような具体的な指示は書かれていない。つまり，このクレドに

書かれた基本に沿って，各従業員が自分でその場に適したサービスを考え提供する。

最後に，顧客満足度と従業員満足度の向上について述べる。リッツ・カールトンには，「ファイブスター制度」と呼ばれるスタッフへの賞賛制度がある。優秀な社員は「ファイブスター社員」と呼ばれ，3ヶ月に一度経営幹部によって5人が選ばれる。スタッフに正当な「評価」を与えることによって，スタッフに誇りを持たせ，モティベーションを高めている[4]。これは従業員満足度の高さが顧客満足度の向上につながるためである。

❸ 分　析

(1) 分析の視点

本ケースでは，世界に誇るサービス・クオリティとも言われているリッツ・カールトンを主に，サービス業の特徴である量と質の関係を考えながら分析する。

(2) 問題点

多くのサービス組織が生産性とクオリティの双方を向上させることを望んでいるが，両者は常に両立するわけではない。サービス業においては，量と質はトレード・オフの関係にある場合が多い。

たとえば，ある美容師が顧客と一言も言葉を交えず，すべてのプロセスを手早く急いで機械的にすませることにより，時間当たりの扱い顧客数を増やしたとする。この場合，ヘアカット自体が良いものであっても，顧客は全体としてのサービスにいい評価を下さないであろう[5]。

また，サービス財の特性として，不確実性が高いことがあげられる。サービス財が提供される時点では，需要者と供給者の相互作用的な協働が発生する。つまり，サービス財の生産工程の中に顧客が入り込んでくる。

これを供給企業（サービス企業）の側から見ると，顧客という不完全にしかコントロールできない他者が，サービス製造工場の中に，自社の熟練工の相棒として参加してくることになる。したがって，顧客の行動が生産効率に大きな影響を及ぼす。不確実性が高く，生産計画に乱れが生じやすい[6]。

第10章 経営管理論の今日的課題

図表10-2-1　サービス財における量と質の関係性

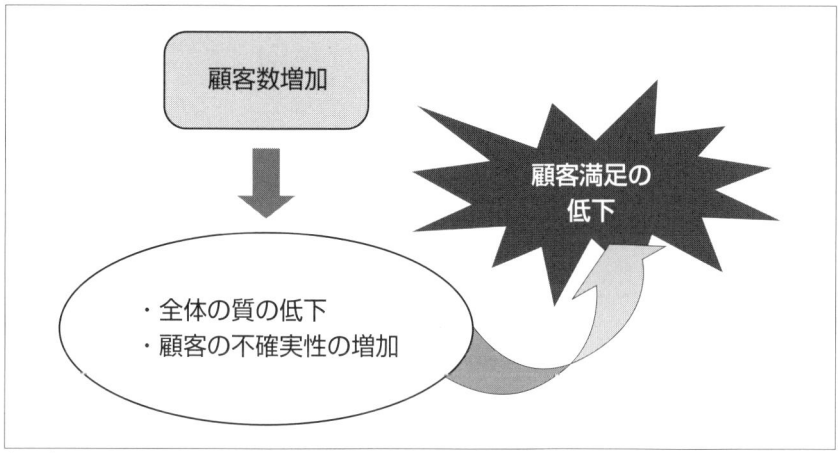

顧客数増加
→
・全体の質の低下
・顧客の不確実性の増加
→
顧客満足の低下

（出所）筆者作成。

　リッツ・カールトンは，ケースで示されたように，顧客に対して質の高いサービスを行っている。しかし，サービスの質の向上に関しては多くの対策を行っているが，そのサービスをすべての顧客一律に行っている。これがリッツ・カールトンの問題点である。

　すべての顧客に一律のサービスを行うことは，量と質のトレード・オフの関係から全体としてサービスの質の低下につながる。また，サービス財を多くの人に与えていくことは，不確実性の増加にもつながる。

　サービスに関して定義すると，クオリティの定義は顧客満足と同じものと捉えられ，顧客満足は「知覚されたサービス÷期待されたサービス」であらわすことができる[7]。つまり，サービスの質の低下や不確実性の増加は「知覚されたサービス」の減少につながり，顧客満足の低下につながる。

(3) 課　題

　上記の問題点を踏まえて，課題について検討する。

　リッツ・カールトンの課題としては，顧客数の拡大とサービスの質がトレード・オフであることを認識し，サービスの量である顧客を調整していくことがあげられる。顧客数が多い状態で，サービスの質を高めようとすると多

くのコストがかかり利益につながらない。また，サービスの量が多すぎると，前述したように全体としての顧客満足の低下につながる。

　また，顧客に対しての不確実性をなくすことが必要である。顧客の不確実性をなくすためには，顧客についての詳しい情報を知っておく必要がある。顧客についての情報を持っていれば，不確実性は減少し，全体として問題が発生することは少なくなる。

　つまり，リッツ・カールトンの問題点としては，顧客の数を調整しサービスの質が劣らないようにすることや，不確実性を増加させないことが課題になってくる。

(4) 解決策

　サービス業には，大きく分けて 4 つの顧客グループがある（図表10-2-2）。「テロリスト」と「伝道師」は，サービス組織にとって特に重要な意義を持っている。「テロリスト」は，自身の怒りや不満の気持ちを他の誰かれなく共有しようとする。彼らは可能な限りマイナスの口コミを広めることに専心する。「伝道師」は，サービスに非常に満足している顧客であり自身の熱狂的支持を他の人々に伝え，共有したいという強い想いを持っている。彼らは，非常にロイヤルティが高く，その明白な満足ぶりはほかの顧客をも惹き付ける[8]。

　ここで，リッツ・カールトンの解決策としては，顧客満足は大きいがロイヤルティの低い「傭兵」を「伝道師」にすることがあげられる。

　現在の顧客にインセンティブを与え，ロイヤルティを保持し，購買を継続してもらうことについてよく知られている戦略に，多くの航空会社で導入している「フリークエント・フライヤー・プログラム」がある。

　このプログラムでは，航空各社は顧客の個々のフライト毎の利用の詳細について把握する精緻なシステムを導入している。システムにより，会員顧客ごとのマイレージ状況は常に把握されており，無料航空券への交換もスムーズに行われる[9]。このように，ロイヤルティを高めるため顧客にインセンティブを与えるプログラムは幅広く採用されている。

　しかし，これでは顧客のすべてが対象になっており，ターゲットを絞った

第10章 経営管理論の今日的課題

図表10-2-2 競争環境と満足―ロイヤルティ関係

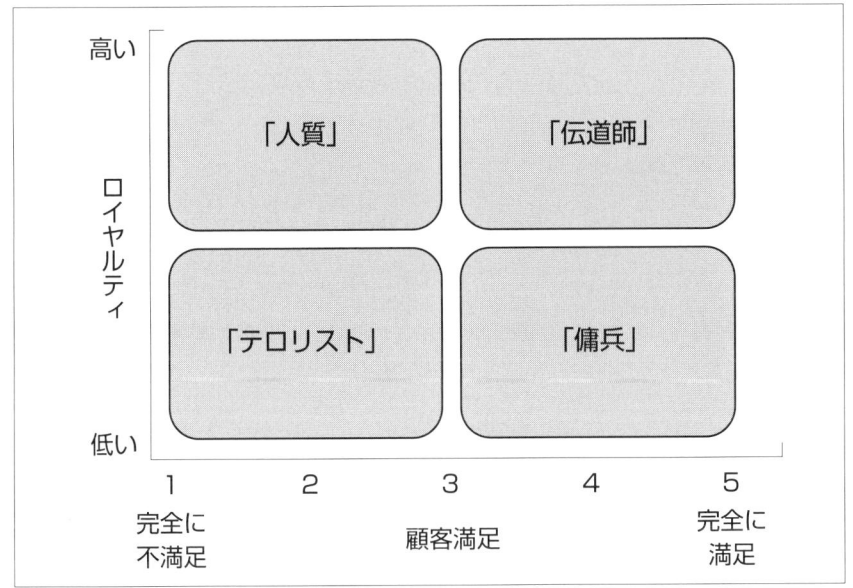

縦軸：ロイヤルティ（高い／低い）
横軸：顧客満足（1 完全に不満足 ～ 5 完全に満足）

- 左上：「人質」
- 右上：「伝道師」
- 左下：「テロリスト」
- 右下：「傭兵」

（出所）Thomas, O. J and W. Earl Sasser, Jr.［1995］p.91を参考にして筆者作成。

ロイヤルティ増加にはつながらない。

　今後，企業が顧客を選び能動的にインセンティブを与えていく必要がある。例として，来店回数などの切り口で「傭兵」のグループに属すると判断できる顧客にベテランのスタッフを専属でつけることによって企業と顧客の関係ではなく，人と人との関係にシフトさせロイヤルティを高めることがあげられる。こうした関係は美容室などで行われているものであり，現実にロイヤルティを高めることに貢献している。

　サービス業においては供給限度が決まっている。つまり，今後，サービス業全体において企業にとって利益をもたらしてくれる顧客を重要視した対応を行うことが，サービスの質や確実性を得る上で重要となってくる。

1）Bart Van Looy = Roland Van Dierdonck = Paul Gemmel［1998］14頁。
2）IT mediaエグゼクティブ。
3）林田正光［2007］16頁。

4）同上書197頁。
5）Lovelock, C. H. = Wright, L. K. ［1999］129頁。
6）田中滋=野村清 ［1989］158頁。
7）Lovelock, C. H. = Wright, L. K. ［1999］107頁。
8）同上書119頁。
9）荒川圭基 ［2003］64頁。

参考文献

Bart Van Looy = Roland Van Dierdonck = Paul Gemmel ［1998］, *Services Management: An Integrated Approach,* Financial Times Management.（平林祥（訳）［2004］『サービス・マネジメント―総合的アプローチ上』ピアソンエデュケーション。）

Lovelock, C. H. = Wright, L. K. ［1999］*Principles of Service and Management,* Prentice-Hall College Div.（小宮路雅博監訳 ［2002］『サービス・マーケティング原理』白桃書房。）

Thomas, O. J. = Sasser, Jr. W. E. ［1995］"Why Satisfied Customers Defect," *Harvard Business Review.*

荒川圭基 ［2003］『顧客満足型マーケティング』PHP研究所。
岸川善光 ［2006］『経営戦略要論』同文舘出版。
岸川善光編 ［2007a］『ケースブック　経営診断要論』同文舘出版。
岸川善光 ［2007b］『経営診断要論』同文舘出版。
高野登 ［2005］『リッツ・カールトンが大切にする サービスを超える瞬間』かんき出版。
田中滋=野村清 ［1989］『サービス業の発想と戦略―モノからサービス経済へ―』電通出版。
林田正光 ［2007］『『No』は言わない！ナンバー1ホテルの「感動サービス」革命』講談社。
IT mediaエグゼクティブ＜http://mag.executive.itmedia.co.jp/＞
アシストプラン＜http://www.assist-plan.co.jp/＞
J. D. Power Asia Pacific, Inc.＜http://www.jdpower.co.jp/＞
リッツ・カールトン大阪HP＜http://www.ritz-carlton.co.jp/＞

3 経営管理教育

❶ このケースを読む前に

「経営管理教育マニュアル」などといったいわゆるマニュアル本は書店に行けば数多く目にすることができる。しかし，その本の通りに教育を行えば企業の業績が伸びるとは限らない。教育には適切な環境を用意することが必要である。本ケースでは，企業と個人の関係に着目しながら，経営管理教育と適切な環境について考察する。

(1) 設 問

教育の本質は，本来人間が有している素質を開花し，望ましい方向に自己努力するよう動機づけ，目標達成のプロセスを援助するところにあり，人間の成長と発達を助成する作用である[1]。経営管理教育においてもその本質は同様であり，企業が成長を続けていく上でも，個人の成長は欠かせない。では，経営管理教育（人材育成）の効果を極大化させるにはどのような環境が必要なのであろうか。

(2) キーワード

コンピテンシー[2]：コンピテンシーとは，各職種の好業績者の思考・行動様式（仕事をする上で何を考え，どこに重点を置き行動しているか）を分析することにより，業績確保に向けた組織行動のパターンを見出そうとするものである。分析結果から導き出された行動特性を行動基準として，組織としての期待成果の獲得に結びつけるものである。

人材マネジメント[3]：人材はほかの経営資源（モノ・カネ・情報）とは違い，意欲や能力を高めることによって成果に大きな違いが出てくる。また，仕事を通じて成長し，価値が高まっていくという特徴も持っている。人的資源管理の考え方から，人の特徴である意欲と能力の拡大と成長にも力点を置き，

人材を人と資源の両面から捉えていこうというのが人材マネジメントの考え方である。

❷ ケース

(1) **企業概要**
　　企　業　名：日本製紙株式会社
　　設　　　立：1949年8月1日
　　資　本　金：104,873百万円
　　事業内容：紙・パルプ，紙関連，木材・建材・土木関連事業等
　　売　上　高：633,976百万円（2007年度）
　　経常利益：〈連結〉32,800百万円（2007年度）
　　　　　　　〈単体〉10,207百万円（2007年度）
　　従業員数：12,584名（2007年3月31日現在）

(2) **ケース**

　日本製紙株式会社（以下，日本製紙）は，経済成長期には，重厚長大産業として安定的な成長を続けてきた。しかし，近年になると紙需要の減少や，輸入紙の流入により，安穏としていられない状況が続いていた。そこで，製紙産業の厳しい将来において，日本製紙をこれまでとは違った視点で牽引していくことのできる次世代リーダーの育成を目標に，人材マネジメントに着手した。

〈コンピテンシー・モデル〉

　まず，日本製紙は求める人材を「何をすべきか考え成し遂げる自律型人材」とし，理想像を基に15項目ほどからなるコンピテンシー・モデルを構築し，15項目を評価システムの軸にした。そして，全社員に対しこのコンピテンシー・モデルを元に，絶対評価，上司によるフィードバック面接を行い，選抜型教育（MBA留学，経営幹部養成研修）や選択型教育（研修プログラム，通信教育），ジョブローテーション，OJTなどへと進み，再びコンピテンシー・モデルと比較し評価を行う。以上のようなサイクルを1年間かけて運用する。

図表10-3-1　コンピテンシー管理システムのサイクル

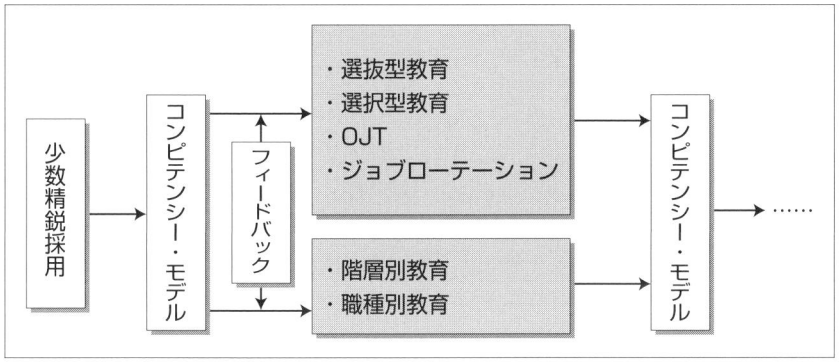

少数精鋭採用 → コンピテンシー・モデル → フィードバック → ・選抜型教育／・選択型教育／・OJT／・ジョブローテーション／・階層別教育／・職種別教育 → コンピテンシー・モデル → ……

(出所) 日経 bp special HP《http://premium.nikkeibp.co.jp/》に基づいて筆者作成。

コンピテンシー・モデルを評価基準とすることによって，個々人の長所を確認し，課題の発見や自己の能力開発への取り組み意欲を高める。また，日本製紙という組織が必要とする理想の人物像を明確にし，企業の目的に適う人材育成を行っている（図表10-3-1参照）[4]。

〈人材育成の5つの重点〉

日本製紙では従業員と会社がともに成長していくことのできる良好な関係を築くために，行動憲章に「会社の発展と個人の幸福の一致を図り，夢と希望にあふれた会社を創造する」という項目を掲げ，個人の成長と自律的な企業風土の醸成，会社の発展を図っている。これは，得られた利益を従業員などに還元し，さらにモティベーションを高めるという好循環を生み出すことを目的としている。

その基礎となる人材育成について，以下の5つに重点をおいている[5]。

① 自己啓発と自律的なキャリア形成の支援
② 次世代リーダーの早期育成
③ 現場力の強化
④ 生涯生活設計・キャリア設計の支援
⑤ 適材適所の人員配置

加えて，日本製紙は総合職に関して少数精鋭採用を行っており，入社の時点から将来的に日本製紙を牽引していくことのできる人材育成を始めている。

また，雇用に関しては，従業員に日本製紙で人生を組み立て，最後まで日本製紙社員であることを理想としている[6]。

❸ 分　析

(1) 分析の視点

本ケースでは，日本製紙における企業と個人の関係は，教育効果を極大化するために適切な関係であるか考察する。

(2) 問題点

日本製紙が行う人材育成上の問題点を2つ指摘する。

第1に，「自律型人材」についての問題点をあげる。一言に「自律型人材」といっても，企業内部には，図表10-3-2に示されるように，タイプA（非自律・仕事中心），タイプB（自律・仕事中心），タイプC（自律・仕事以外の生活中心）の従業員が存在する。

まず，日本製紙が求める人材は自律していても，自己実現は仕事を通じて行われるタイプBの人材であると考えられる。

しかし，仕事以外での生活での自己実現を求めるような自律人であるタイ

図表10-3-2　個人の自律の状況

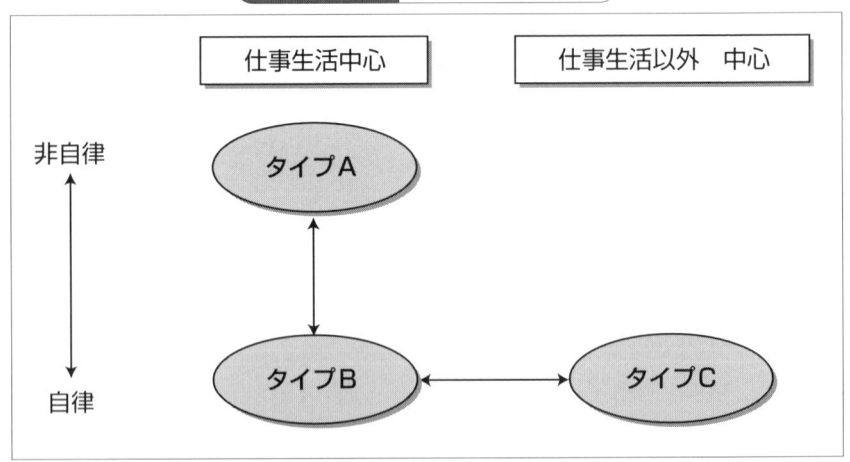

（出所）片岡信之［2004］76頁を筆者が一部修正。

プCは想定されていない。タイプCに該当する個人は，組織目的の達成に向けての努力が個人目的の達成と矛盾しない範囲において，組織目的に向かって努力をはらう。しかし，それが個人目的の妨げになるような場合，日本製紙から離脱することも考えられる。また，タイプAに当てはまる非自律人は，日本製紙がコンピテンシー評価などを通し自律を促進させているシステムには適合できないことが考えられる[7]。

このように，社内に様々なタイプが混在する状況では，同様にコンピテンシー・サイクルを適用しても，教育効果の極大化をはかることはできない。

第2に，企業と個人の関係についての問題点をあげる。

日本製紙は，生涯生活設計・キャリア設計の支援にも積極的に取り組んでいる。具体的には，コンピテンシー評価や，社内公募制度を採用し，個人の志向を考慮しながら，各人の適性と職種のマッチングを図っている。しかし，たとえば，「企業」という組織の特性上本人の望むようなキャリアを必ずしも用意できるとは限らない。

そのような場合，いくら日本製紙の理想の人材像にマッチした人材であっても，転職を助言するしかない[8]。

(3) 課　題

上述した問題点を踏まえ，課題をあげる。まず，自律型人材について考えられる課題は，タイプAとタイプCの従業員を，いかにしてタイプBにする（または，タイプBであるかのようにする）ことである。個人がそれぞれの価値観を持つことを認める以上，それぞれのタイプにはそれぞれの対応によって，企業と個人の幸福の一致を図っていかなければならない。

次に，企業と個人の関係についての課題である。企業が成長する上で，個人の成長は不可欠である。どのような企業と個人の関係が企業の成長に最も適しているのであろうか。また，個人の成長に不可欠な教育は，どのような環境においてその効果を極大化することができるのであろうか。

(4) 解決策

課題で示した通り，まず自律型人材についてそれぞれの自律状況に応じて

解決策を考える。先に述べたように，タイプAについては非自律人であるため自律促進型のシステムに適合しがたい。しかし，日本製紙は少数精鋭採用を行っているので，入社の段階においてタイプAは不採用となる。つまり，日本製紙の必要とするタイプBもしくはタイプCが入社していることになる。よって，日本製紙の場合，タイプCをタイプBのように振舞わせることを考える。

タイプCは組織目的が個人目的に矛盾しない限りはタイプBとして，組織に大きな貢献をなす。しかし，組織目的が個人目的に寄与する程度が小さいと判断した場合は，組織外での自己実現に向かってしまう[9]。

そこで，日本製紙は個人目的に寄与するであろうと考えられる職務を提供する必要がある。社内公募制度に加え，職務内容や職務に必要なスキル，職務を通して習得できるスキルを明確化し，個人が個人目的に寄与する職務を選択できる環境を提供することで解決を図る。

次に，日本製紙は，こうして生まれた自律型人材（個人）との間にどのような関係を築くことができれば，教育効果を極大化することができるのであろうか。

近年，企業が社員に環境の変化に受動的に適応することではなく，経営課題を能動的に作り出すことを求めるようになり，図表10-3-3に示されるように，経営資源としてのヒトが生み出す価値の極大化を目指すパラダイムシ

図表10-3-3　ヒトの管理のパラダイムシフト

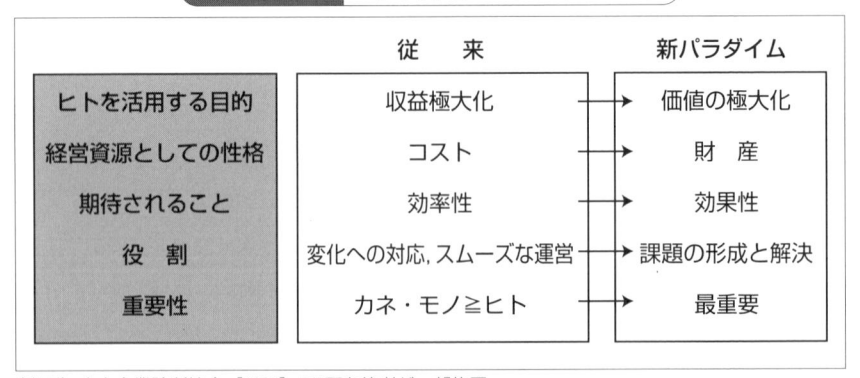

	従来	新パラダイム
ヒトを活用する目的	収益極大化	価値の極大化
経営資源としての性格	コスト	財産
期待されること	効率性	効果性
役割	変化への対応，スムーズな運営	課題の形成と解決
重要性	カネ・モノ≧ヒト	最重要

（出所）中小企業診断協会［2004］471頁を筆者が一部修正。

フトが起きている。従来，経営資源としてのヒトの重要度はカネ，モノなどの同列か下に位置されていた。

　一方，新パラダイムでは，知的生産が企業競争力の源泉になっている現代では[10]，ヒトが最も重要な経営資源であり，ヒトが生み出す価値の極大化を目的としている。新パラダイムから導き出されることは，企業活動に支障をきたすことがない限り，経営資源としてのヒトである個人は何よりも重要であり，個人を尊重することが企業価値の極大化にもつながるということである。

　日本製紙は社員の求める職務においてチャレンジの場を与え，社員は個人の役割である経営課題の形成と解決を果たす。そのために，日本製紙はコンピテンシー・サイクルやキャリア設計などを通し，教育を行うことで個人の成長を支援する。この繰り返しによる個人の成長が，結果的には日本製紙の成長へと繋がっていくのである。

　経営学はその特性上，実学という性格を多分に持つ。したがって，最後に経営管理の原理的な知識と，経営管理の実際的な経験の両方が必要である[11]。その点についてはMintzberg, H.［2004］が述べているように[12]，日本の企業ではOJTなどによって，知識と経験の融合が行われていると考える。日本製紙においてもコンピテンシー・サイクルが活用され，知識と経験の融合が行われている。理論や知識として打ち立てられた仮説が，実践を通して有効であると検証されていく経験を積み上げていくことによって，優秀なマネジャーの育成が可能であると考えられる。

　しかし，どのような取り組みを行ったとしても，ヒトは機械や工場などの設備とは違い，いつでも自社を捨てて出て行ってしまう[13]。優秀な人材を育成するとともに，彼らを引き止めておく要素ともなりうる教育は，日本製紙が行っているキャリア設計などの人材マネジメントに加え，個人の尊重やチャレンジの場の提供など，まさに，個人が有している素質を開花し，望ましい方向に自己努力するよう動機づけ，目標達成のプロセスを援助することが十分にできる環境が整ってこそ効果を発揮できよう。

1）経営教育学会25周年記念編纂委員会［2006］172頁。
2）同上書215頁。
3）経営教育学会25周年記念編纂委員会［2006］59頁。
4）日経bp special HP。
5）日本製紙HP。
6）日経bp special HP。
7）片岡信之［2004］76頁。
8）ハーバード・ビジネス・レビュー編集部［2006］194頁。
9）片岡信之［2004］79-80頁。
10）経営教育学会25周年記念編纂委員会［2006］59頁。
11）岸川善光［1999］254頁。
12）Mintzberg, H.［2004］訳書231頁。
13）ハーバード・ビジネス・レビュー編集部［2006］194頁。

参考文献

Mintzberg, H.［2004］, *MANAGERS NOT MBAs.*（池村千秋訳［2006］『MBAが会社を滅ぼす～正しいマネージャーの育て方～』日経ＢＰ社。）

太田肇［1996］『個人尊重の組織論』中央公論社。

片岡信之編［2004］『現代企業社会における個人の自律性』文眞堂。

岸川善光［1999］『経営管理入門』同文舘出版。

岸川善光［2007］『経営診断要論』同文舘出版。

中小企業診断協会［2004］『コンサルティングイノベーション 進化する診断・支援への挑戦』同友館。

日本経営教育学会25周年記念編纂委員会［2006］『経営教育辞典』学文社。

ハーバード・ビジネス・レビュー編集部［2006］『コーチングがリーダーを育てる』ダイヤモンド社。

EDINET≪http://info.edinet-fsa.go.jp/＞。

日経ＢＰ社bp special HP≪http://premium.nikkeibp.co.jp/＞。

日本製紙HP≪http://www.np-g.com/＞。

第10章 経営管理論の今日的課題

まとめと今後の研究課題

　『経営管理要論』の第10章のテーマは，経営管理論の今日的課題について理解を深めることである。『経営管理要論』では，近い将来，教科書の独立した章として記述されると思われる重要な課題を5つ（知的財産権と経営管理，サービス・マネジメント，M＆A，環境経営，経営管理教育）選択した。

　【ケース1】角川グループホールディングスでは，近年，経営管理において，重要課題になりつつある知的財産権と密接な関係性を有するコンテンツ・ビジネスについて考察している。【ケース1】では，コンテンツ・ビジネスの典型であり，かつ出版不況といわれている出版業界におけるコンテンツ・ビジネスに言及している。特に，【ケース1】では，今後想定される収益モデル（類似物財化型，物財帰着型，サービス帰着型）について焦点をあてて考察している。

　今後の研究課題として，放送，出版，音楽，映画，ゲームなどの分野において，デジタル化の実態，コンテンツ・ビジネスの実態をまず把握する必要がある。情報ネットワークの進展に伴って，従来のメディアの形態，業界の構造が激変することは間違いない。情報の持つ複写容易性などの特性を踏まえて，コンテンツ・ビジネスの全体像を描かないと，部分的な課金システムなどのように構築するかといった類の議論だけでは，抜本的なソリューション（問題解決）にはなり得ないであろう。

　【ケース2】ザ・リッツ・カールトン大阪では，サービス・マネジメントについて考察している。【ケース2】では，サービス・マネジメントの世界的な権威であるラブロック＝ライトのフレームワークに準拠しつつ，問題点，課題，解決策について言及している。【ケース2】で取り上げたサービスには，時間・空間の特定性，非自存性，非貯蔵性，一過性，不可逆性，無形性，認識の困難性などの特性がある。これらのサービスの特性のせいもあり，ＧＤＰ全体に占めるサービス業の比率が年々増加しているにも関わらず，サービス・マネジメントに関する研究はあまり進んでいない。

今後の研究課題として，①サービスとは何か，②サービスと物はどこが違うのか，③サービスにまつわる現象にはどのような特徴があるのか，④サービス産業に特有の経営問題とは何か，⑤サービス産業に利用可能な戦略技法は何か，⑥サービス産業は今後どのような道を目指すべきか，など基本的なテーマについて掘り下げた研究が不可欠である。

　【ケース３】日本製紙では，経営管理教育について考察している。【ケース３】では，自律型人材モデルに準拠して，経営管理教育の効果を最大化ならしめるために，どのような方策があるかについて言及している。教育の本質は，本来人間が有している素質を開花し，望ましい方向に自己努力するように動機づけ，目標達成のプロセスを援助することである。経営管理教育においてもこの本質は変わらない。

　今後の研究課題として，成果主義万能の時期に，多くの企業が人材育成を疎かにし，人材を労働市場から直接調達する動きが強まったが，その理由を丁寧に検証する必要がある。ヒトという経営資源は，もともとモノ，カネ，情報とは様々な面で大きく異なる。モノと同じように，コストとしてとらえ，短期的な効率性のみを重視すると，中長期的な企業の成長はあり得ない。ヒトという経営資源を再度多面的に考察すべきである。

　本章では，上述した３つのケースを選択したが，とりあげなかったテーマ（M＆A，環境経営）も，近年の経営管理において極めて重要である。M＆Aについては，近い将来，間違いなく教科書の独立した章になるであろう。M＆Aは，規制緩和，税制改革，独禁法緩和などの潮流に合致し，経営資源の迅速な調達，市場支配力の強化など多くの利点がある。反面，わが国の文化に根ざしたメンタルな抵抗など，検討すべき過大が山積している。環境経営についても，すでに独立した章としている教科書も存在する。社会性と営利性の両立を目指して，「戦略的社会性」の追求が環境経営の本質として次第に認識されつつある。

▼ 索 引 ▲

あ 行

アスクル ……………………………… 104
アップル ………………………………… 3
アップル・イン・コーポレイテッド …… 4
アライアンス ………………………… 131
委員会設置会社 ……………………… 20
イトーヨーカ堂 …………………… 244
イノベーション ……………………… 199
異文化経営 …………………………… 243
インディテック ……………………… 236
オリエンタルランド ………………… 76

か 行

海外子会社 …………………………… 229
価値連鎖 ……………………………… 103
角川グループホールディングス …… 255
環境コスト …………………………… 13
環境創造 …………………………… 3,27
環境適応 ……………………………… 27
監査役設置会社 ……………………… 20
企業間システム …………………… 65,83
企業の社会的責任 ………………… 11,28
企業倫理 ……………………………… 47
技術戦略 ……………………………… 151
機能的定義 …………………………… 4
機能別管理 …………………………… 59
規模の経済 …………………………… 171
キヤノン ……………………………… 152
供給連鎖 ……………………………… 235
業際化 ………………………………… 207
競争戦略 ……………………………… 95
近代的管理論 ………………………… 55

グーグル ……………………………… 32
グローバル経営 …………………… 230
グローバル・ロジスティクス … 235,237
研究開発 ……………………………… 151
行動変革 ……………………………… 71
コーポレート・ガバナンス ……… 19,28
コーポレートブランド ……………… 162
コスト・リーダーシップ戦略 ……… 39
古典的管理論 ……………………… 31,55
コミュニケーション ………………… 75
コンテンツ …………………………… 255
コンピテンシー・モデル ………… 272

さ 行

サービス ……………………………… 263
ザ・リッツ・カールトン大阪 …… 263
差別化戦略 …………………………… 95
差別優位性 …………………………… 97
CSR …………………………………… 28
市場細分化 …………………………… 87
資生堂 ………………………………… 159
シナジー ……………………………… 151
シナジー効果 ………………………… 39
シャープ ……………………………… 200
社会的管理論 ……………………… 47,55
需要連鎖 ……………………………… 103
情報 …………………………………… 179
情報システム ………………………… 179
ジョンソン・エンド・ジョンソン …… 48
新古典的管理論 …………………… 31,55
人的資源管理 ………………………… 143
人的ネットワーク …………………… 67
人本主義 ……………………………… 31

ステークホルダー満足	16
製品差別化	87
製品・市場戦略	87
製品ブランド	162
セグメント	193
セブン-イレブン・ジャパン	207
戦略的管理論	39,55
戦略的社会性	11,28
総合経営管理	59
組織間関係	131
組織の時代	27
組織の動態化	115
組織文化	123,137
組織論的期待モデル	34,35
ソフトバンク	169,171,172

═══ た 行 ═══

ダイエー	39,40
ダイバーシティー	145
タイレノール事件	49
多角化戦略	39
多国籍企業	227
知識創造	199
適応的管理論	55
東京ディズニーランド	76
トップダウン	205
トップ・マネジメント	67
ドトール・日レスホールディングス	132
ドミナント	243
ドメイン	3
ドメイン・コンセンサス	6,7
トヨタ自動車	12
ドワンゴ	123

═══ な 行 ═══

内部統制	19
内部統制システム	28
ニーズの束	90
日本アイ・ビー・エム	143
日本コカ・コーラ	96
日本製紙	272

═══ は 行 ═══

ハマー=チャンピー	220
範囲の経済	171
ビジネス・システム	103,106
ビジネス・プロセス	215
ビジネス・プロセス・リエンジニアリング	215
ビジネス・モデル	173
富士通	68
物理的定義	4
プラットフォーム	108
プラットフォーム・ビジネス	187
ブランド	159
プロクター・アンド・ギャンブル・ジャパン	228
プロジェクト組織	115
プロダクト・ライフサイクル	39
分社制	115
ポーター	95,103
ボトムアップ	205

═══ ま 行 ═══

マーケティング	159
前川製作所	116
松下電器	216
ミスミグループ本社	169,180
三菱自動車工業	20

ミドル・アップダウン ……… 199,205	利害関係者 …………………………11
ミドル・マネジメント ………………67	リレーションシップ・マーケティング
メディア・リッチネス ……………179	……………………………………207
持たざる経営 ………………………181	連結の経済 …………………………171
モティベーション …………………75	ロイヤルティ ………………………263
	ロジスティクス………………………61
	ロワー・マネジメント ………………67

━━━━ や 行 ━━━━

ヤマト運輸 ……………………………60
ユニクロ ………………………………87
ゆらぎ/カオス ………………………199

━━━━ わ 行 ━━━━

ワン・トゥ・ワン …………………106

━━━━ ら 行 ━━━━

楽天 ……………………………169,188

《編著者略歴》
岸川善光（KISHIKAWA, Zenko）

- 学歴：東京大学大学院工学系研究科博士課程（先端学際工学専攻）修了。博士（学術）。
- 職歴：産業能率大学経営コンサルティングセンター主幹研究員，日本総合研究所経営システム研究部長，同理事，東亜大学大学院教授，久留米大学教授（商学部・大学院ビジネス研究科），横浜市立大学教授（国際総合科学部・大学院国際マネジメント研究科），同副学長を経て，現在，横浜市立大学名誉教授。その間，通商産業省（現経済産業省）監修『情報サービス産業白書』白書部会長を歴任。1981年，経営コンサルタント・オブ・ザ・イヤーとして「通商産業大臣賞」受賞。
- 主要著書：『ロジスティクス戦略と情報システム』産業能率大学，『ゼロベース計画と予算編成』（共訳）産能大学出版部，『経営管理入門』同文舘出版，『図説経営学演習（改訂版）』同文舘出版，『環境問題と経営診断』（共著）同友館（日本経営診断学会・学会賞受賞），『ベンチャー・ビジネス要論（改訂版）』（編著）同文舘出版，『イノベーション要論』（編著）同文舘出版，『ビジネス研究のニューフロンティア』（共著）五弦社，『経営戦略要論』同文舘出版，『経営診断要論』同文舘出版（日本経営診断学会・学会賞（優秀賞）受賞），『ケースブック経営診断要論』（編著）同文舘出版，『ケースブック経営管理要論』（編著）同文舘出版，『エコビジネス特論』（編著）学文社，『アグリビジネス特論』（編著）学文社，『コンテンツビジネス特論』（編著）学文社，『サービス・ビジネス特論』（編著）学文社，『スポーツビジネス特論』（編著）学文社，『経営環境要論』（編著）同文舘出版など多数。

平成21年7月1日　初 版 発 行　　　　　　　　（検印省略）
平成27年3月16日　初版3刷発行　　　　　　　略称：ケース経営管理

ケースブック　経営管理要論

編 著 者　　岸　川　善　光
発 行 者　　中　島　治　久

発 行 所　　同 文 舘 出 版 株 式 会 社
東京都千代田区神田神保町1-41　〒101-0051
営業（03）3294-1801　　編集（03）3294-1803
振替 00100-8-42935　http://www.dobunkan.co.jp

©Z. KISHIKAWA　　　　　　　　　　　　　製版　一企画
Printed in Japan 2009　　　　　　　　　　印刷・製本　三美印刷

ISBN978-4-495-37841-7

JCOPY 〈(社) 出版者著作権管理機構 委託出版物〉
本書の無断複写は著作権法上での例外を除き禁じられています。複写される場合は，そのつど事前に，(社) 出版者著作権管理機構（電話 03-3513-6969，FAX 03-3513-6979, e-mail: info@jcopy.or.jp）の許諾を得てください。

経営学要論シリーズ

●岸川善光 (編)著

1. 経営学要論*
2. 経営管理要論*
   ケースブック　経営管理要論
3. 経営戦略要論
4. 経営組織要論*
5. 経営情報要論*
6. イノベーション要論
7. グローバル経営要論*
8. 経営診断要論
   ケースブック　経営診断要論
9. 経営環境要論
10. ベンチャー・ビジネス要論

*は未刊